6年

実力アップ
漢字練習ノート

特別ふろく

JN098620

教科書の順に練習できる!

光村図書版
完全準拠

年	組	名前

「漢字練習ノート」はとりはずして使用できます。

もくじ

漢字練習ノート　光村図書版　国語6年

		教科書ページ	ノートのページ
1	帰り道　(1)	25～40	3
2	帰り道　(2)	25～40	4
3	公共図書館を活用しよう／漢字の形と音・意味　(1)	41～45	5
4	漢字の形と音・意味　(2)	44～45	6
5	漢字の広場①　5年生で習った漢字	52	7
6	[練習]笑うから楽しい／時計の時間と心の時間	53～64	8
7	文の組み立て　(1)	66～67	9
8	文の組み立て　(2)／たのしみは／天地《てんち》の文《ふみ》	66～73	10
9	デジタル機器と私たち／私と本／星空を届けたい　(1)	76～97	11
10	星空を届けたい　(2)	89～97	12
11	名づけられた葉／インターネットでニュースを読もう／文章を推敲《こう》しよう	100～109	13
12	漢字の広場②　5年生で習った漢字	110	14
13	やまなし／[資料]イーハトーヴの夢	111～134	15
14	漢字の広場③　5年生で習った漢字	135	16
15	熟語の成り立ち　(1)	136～137	17
16	熟語の成り立ち　(2)	136～137	18
17	みんなで楽しく過ごすために／伝えにくいことを伝える	140～147	19
18	話し言葉と書き言葉／古典芸能の世界／狂《きょう》言「柿山伏《かきやまぶし》」を楽しもう	148～154	20
19	『鳥獣《ちょうじゅう》戯《ぎ》画《が》』を読む／発見、日本文化のみりょく	155～169	21
20	カンジー博士の漢字学習の秘伝　(1)	170～171	22
21	カンジー博士の漢字学習の秘伝　(2)／漢字の広場④　5年生で習った漢字　(1)	170～172	23
22	漢字の広場④　5年生で習った漢字　(2)／ぼくのブック・ウーマン／おすすめパンフレットを作ろう	172～193	24
23	詩を朗読してしょうかいしよう／知ってほしい、この名言／日本の文字文化／漢字の広場⑤　5年生で習った漢字	196～204	25
24	「考える」とは／使える言葉にするために	205～216	26
25	大切にしたい言葉／今、私は、ぼくは／海の命	221～246	27
26	漢字の広場⑥　5年生で習った漢字	247	28
答え			29～31

この本の使い方

- ✪教科書に出てくる漢字を、単元ごとに練習しましょう。
- ✪６年生で学習する漢字191字を、全て出題しています。
- ✪全ての漢字を、正しく書けるようになれば、合格です。

帰り道 (1)

/18問

第1回

☆ □に漢字を書きましょう。〔　〕には、漢字とひらがなを書きましょう。（☆は、新しい漢字の別の読み方です。）

1 登場人物の□□《してん》。

2 □《すな》ぼこりが舞《ま》う。

3 □《はら》が減った。

4 □□《かいだん》を上る。

5 かたを〔　〕《ならべる》。

6 雨が〔　〕《ふる》。

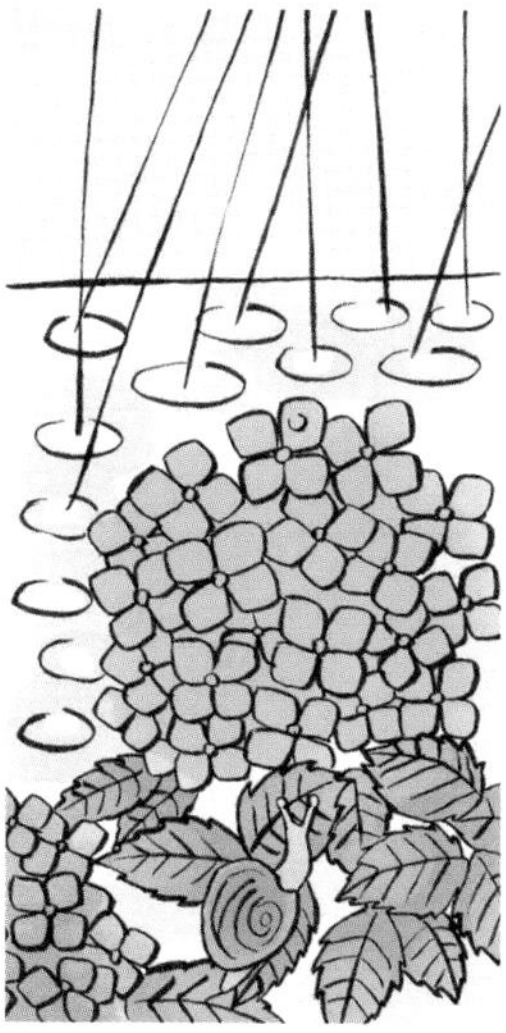

7 水滴《てき》を雨と〔　〕《みとめる》。

8 よごれを〔　〕《あらい》流す。

9 □□《しかい》が開ける。

10 □□《しりょく》検査を受ける。

11 公園の□□《すなば》。

12 □□《だんらく》ごとの内容。

13☆ □□《さてつ》を集める。

14☆ 山の□□《ちゅうふく》で休む。

15☆ いちょうの□□《なみき》。

16☆ 電車を〔　〕《おりる》。

17☆ 五時□□《いこう》は入れない。

18☆ □《せん》たくをする。

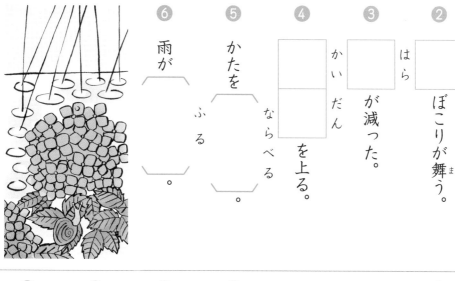

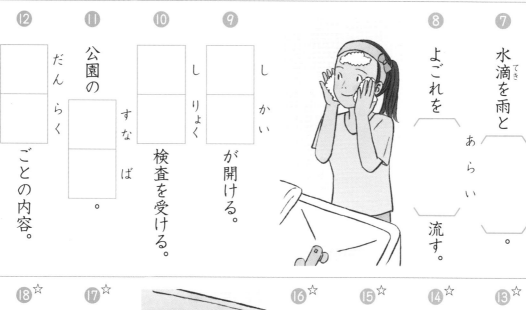

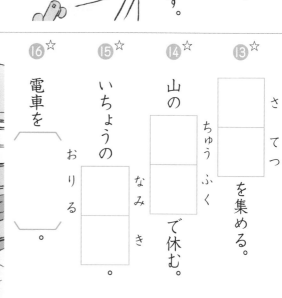

帰り道　(2)

/21問

第2回

☆ □に漢字を書きましょう。〔　〕には、漢字とひらがなを書きましょう。（☆は、新しい漢字の別の読み方です。）

1. □□《いぶつ》が消える。
2. □□《たんじゅん》すぎる自分。
3. 西日の□□《はんしゃ》。
4. □□《せなか》をおされる。
5. あまい考えを〔　　〕《すてる》。
6. 犬が□《した》を出す。

7. 太鼓《こ》を□□《らんだ》する。
8. □□《いこく》の文化。
9. □□《いぎ》を唱える。
10. □□《じゅんしん》な心。
11. ワクチンを□□《ちゅうしゃ》する。
12. □□《ちょくしゃ》日光をさける。
13. リュックを□《せ》負う。
14. □《した》つづみを打つ。

15. ごみが□□《さんらん》する。
16. ☆意見が□《こと》なる。
17. ☆矢を〔　　〕《いる》。
18. ☆□《せい》比べをする。
19. ☆絵画の□□《はいけい》。
20. ☆□□□□《ししゃごにゅう》。
21. ☆列が〔　　〕《みだれる》。

公共図書館を活用しよう
漢字の形と音・意味　(1)

第3回

/20問

☆ □に漢字を書きましょう。〔　〕には、漢字とひらがなを書きましょう。（☆は、新しい漢字の別の読み方です。）

公共図書館を活用しよう

1. □□《ちいき》の図書館。
2. □□《ざっし》を読む。
3. □□《えいぞう》資料を見る。
4. □□《かくだい》読書機。
5. 資料を□□《てんじ》する。

6. 本や資料を□□《しょぞう》する。
7. 図書館を□□《ほうもん》する。
8. □□□《しゅうかんし》を買う。
9. □□《えいが》を見る。
10. 情報が□□《かくさん》する。
11. 町が□□《はってん》する。
12. □□□《れいぞうこ》に入れる。
13. ☆ 鏡に顔を〔　　〕《うつす》。

漢字の形と音・意味　(1)

14. ☆ 祖母の家を〔　　〕《たずねる》。
15. □□《われわれ》の要求。
16. 祭りを□□《でんしょう》する。
17. □□《じょうき》機関車。
18. □□《さいしん》の注意をはらう。
19. 無理を□□《しょうち》でたのむ。
20. 水分が□□《じょうはつ》する。

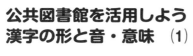

漢字の形と音・意味　(2)

/22問

☆ □に漢字を書きましょう。〔　〕には、漢字とひらがなを書きましょう。（☆は、新しい漢字の別の読み方です。）

1. 問題に□□《たいしょ》する。
2. 兄が□□《しゅうしょく》する。
3. □□《りんかい》地区を整備する。
4. 言いつけに〔　〕《したがう》。
5. 命の□□《おんじん》。
6. □□□《さいばんかん》の仕事。
7. 日本の□□《ほうりつ》。
8. □《のう》の働きを研究する。
9. □□《しんぞう》の音。
10. □《ちょう》の検査。
11. □《はい》で呼吸《こきゅう》する。
12. □《い》がじょうぶだ。
13. ごみ□□□《しょりじょう》。
14. 社長に□□《しゅうにん》する。
15. □□《りんじ》列車に乗る。
16. つるの□《おん》返し。
17. □《さい》ほうが得意だ。
18. □□《きりつ》を守る。
19. □□《しゅのう》会談が行われる。
20. □□《ぞうき》を移植する。
21. ☆ □□□《じゅうぎょういん》をやとう。
22. ☆ 法廷《てい》で〔　〕《さばく》。

漢字の広場①　5年生で習った漢字

第5回

/22問

★ □に漢字を書きましょう。〔　〕には、漢字とひらがなを書きましょう。

① □《さくら》の花のさかり。

② 東北地方の奥羽《おうう》□□《さんみゃく》。

③ 古くから伝わる□□《ぶつぞう》。

④ 日本の□□《れきし》。

⑤ □□□《ぶんかざい》を守る。

⑥ 迷子を□□《ほご》する。

⑦ 畑を〔　〕《たがやす》。

⑧ 土に□□《ひりょう》を混ぜる。

⑨ 立ち入り□□《きんし》。

⑩ 鉄道の□□《ふっきゅう》工事。

⑪ □□《げんいん》をつきとめる。

⑫ 大きな□□《だんち》。

⑬ アパートに□□《にゅうきょ》する。

⑭ バスで□□《おうふく》する。

⑮ タクシーが□□《ていしゃ》する。

⑯ 周りをさくで〔　〕《かこむ》。

⑰ □□《ぼうさい》訓練を行う。

⑱ 〔　〕《もえる》ように赤い夕日。

⑲ 太平洋《たいへいよう》を□□《こうかい》する。

⑳ □□《すいしつ》のよい川。

㉑ 市場□□《ちょうさ》をする。

㉒ 市役所を□□《かいちく》する。

[練習]笑うから楽しい
時計の時間と心の時間

第6回　/20問

□に漢字を書きましょう。〔　〕には、漢字とひらがなを書きましょう。（☆は、新しい漢字の別の読み方です。）

[練習]笑うから楽しい

1 □《わたし》たちの体。

2 □□《みっせつ》に関係する。

3 気持ちを〔　〕《よび》起こす。

4 □□《こきゅう》が変化する。

5 □□《せいみつ》な機械。

6 そうじ機で□□《きゅういん》する。

7☆ 好きな□□《しふく》を着る。

8☆ 〔　〕《すい》こむ力が強い。

時計の時間と心の時間

9 身近な□□《そんざい》。

10 決まった□□《じこく》。

11 刺《し》□《げき》が多い。

12 □□《かんたん》な実験。

13 □《つくえ》を指でたたく。

14 とても〔　〕《むずかしい》。

15 □□《ぎもん》に思う。

16☆ 食品を□□《ほぞん》する。

17☆ 心に〔　〕《きざむ》。

18☆ 〔　〕《はげしい》風がふく。

19☆ □□《さいなん》にあう。

20☆ 兄の話を〔　〕《うたがう》。

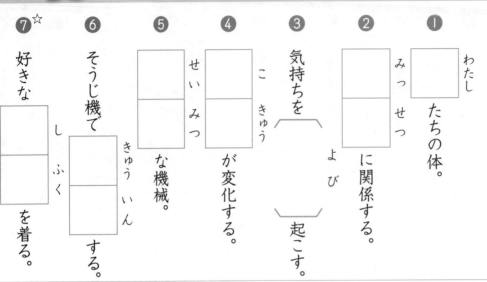

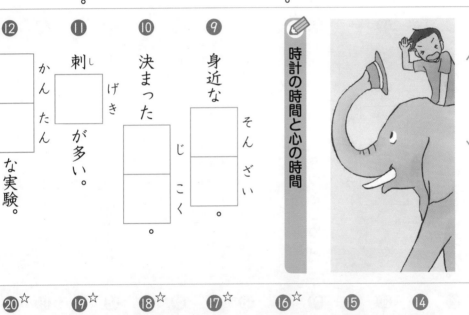

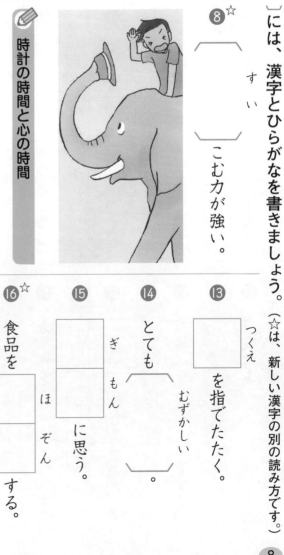

文の組み立て　(1)

/20問　第7回

☆ □に漢字を書きましょう。〔　〕には、漢字とひらがなを書きましょう。（☆は、新しい漢字の別の読み方です。）

① 駅の□□□《けんばいき》。

② 車が□□《こしょう》する。

③ □□《りっぱ》な王様。

④ □□□《けいさつしょ》。

⑤ □□《せんとう》で入浴する。

⑥ 会社に〔　　〕《つとめる》。

⑦ □□□《しょがいこく》の首脳。

⑧ 食事を□□《ていきょう》する。

⑨ □□□《にゅうじょうけん》を買う。

⑩ □□□《しょうがいぶつ》競走。

⑪ □□《しょうじ》が破れる。

⑫ 茶《さ》道の□□《りゅうは》。

⑬ □□《けいこく》を無視する。

⑭ □□《しょめい》を集める。

⑮ □□《きんせん》を受け取る。

⑯ 小笠原《おがさわら》□□《しょとう》。

⑰ 電気の□□《きょうきゅう》。

⑱☆ 空港に□□《きんむ》する。

⑲☆ お墓に花を〔　　〕《そなえる》。

⑳☆ 父のお□《とも》をする。

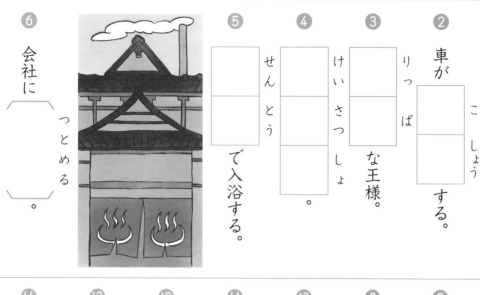

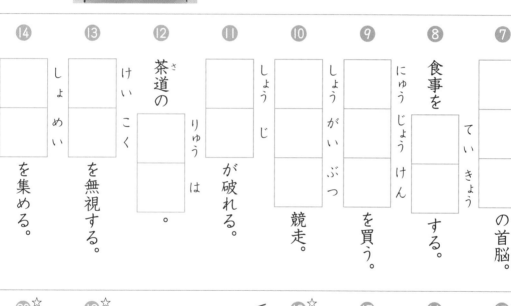

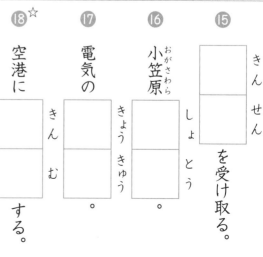

文の組み立て (2)
たのしみは
天地《てんち》の文《ふみ》

第8回

/19問

☆ □に漢字を書きましょう。〔　〕には、漢字とひらがなを書きましょう。（☆は、新しい漢字の別の読み方です。）

文の組み立て (2)

1 衣類を□□《しゅうのう》する。

2 □□《にまい》の色紙。

3 草花で布を〔　　〕《そめる》。

4 開会を□□《せんげん》する。

5 水分を□□《きゅうしゅう》する。

6 □□《のうぜい》の義務。

7 □□《まいすう》を確かめる。

8 商品を□□《せんでん》する。

9☆ 成功を〔　　〕《おさめる》。

10☆ 会費を〔　　〕《おさめる》。

たのしみは

11 日常の〔　　〕《くらし》。

12 「たのしみ」を〔　　〕《さがす》。

13 □□《せいざ》を見つける。

14 日が〔　　〕《くれる》。

天地《てんち》の文《ふみ》

15 電車の□□《ざせき》が空く。

16 和室で□□《せいざ》する。

17☆ 町の中を□□《たんけん》する。

18 〔　　〕《おさない》とき。

19☆ かぶとむしの□□《ようちゅう》。

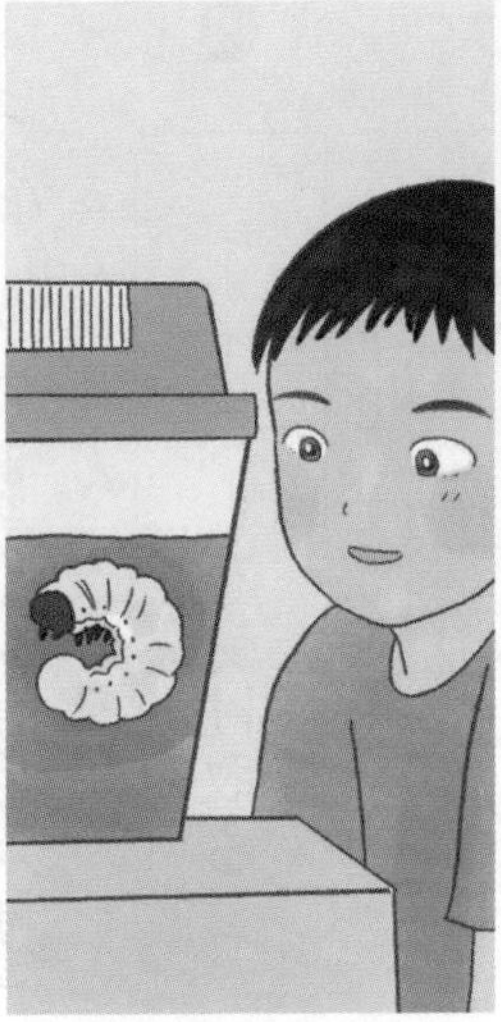

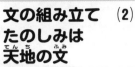

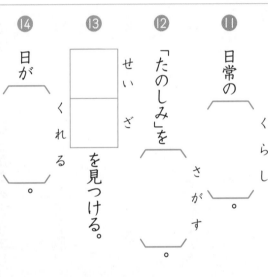

デジタル機器と私たち
私と本
星空を届けたい　(1)

第9回

/19問

□に漢字を書きましょう。〔　〕には、漢字とひらがなを書きましょう。（☆は、新しい漢字の別の読み方です。）

デジタル機器と私たち

1 □□□《ちょさくけん》の保護。

2 たがいに□□《そんちょう》し合う。

3 消防□《ちょう》のウェブサイト。

4 話題の本の□□《ちょしゃ》。

5 基本的□□《じんけん》を守る。

6 □□□《きしょうちょう》の観測。

7☆ 命は〔　〕《とうとい》ものだ。

8☆ ルールを〔　〕《たっとぶ》。

私と本

9 風力発電の□□《そうち》。

10 手紙を〔　〕《とどける》。

11 テーマに〔　〕《そう》。

12 □□《さんさつ》の本。

13 □□《ふくそう》を整える。

14 たなの上に手が〔　〕《とどく》。

15 □□□《しょうさっし》を読む。

星空を届けたい　(1)

16☆ 地下鉄の□□《えんせん》。

17 □□《うちゅう》に関する解説。

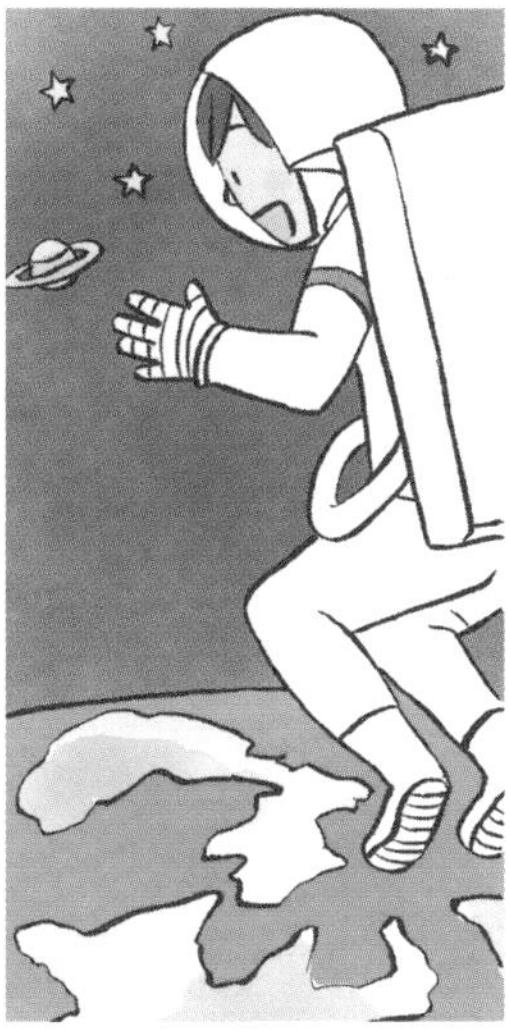

18 □□《はいく》を作る。

19 □《ちゅう》返りをする。

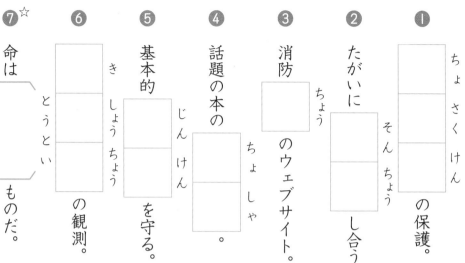

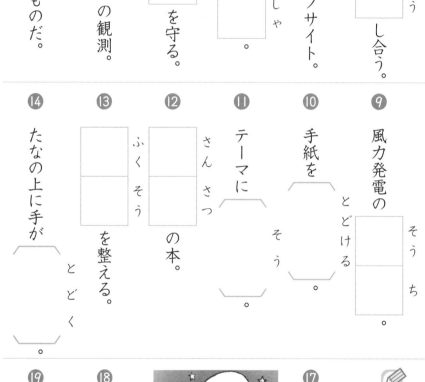

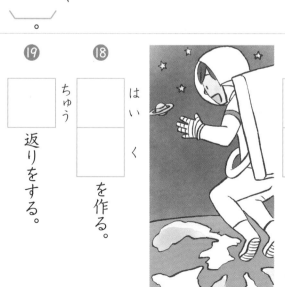

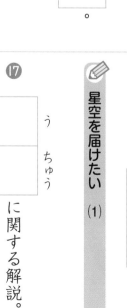

星空を届けたい　(2)

第10回

/20問

☆ □に漢字を書きましょう。〔　〕には、漢字とひらがなを書きましょう。（☆は、新しい漢字の別の読み方です。）

1. 老若《ろうにゃく》□《なん》女《にょ》が集まる。
2. 試行錯《さく》□《ご》を重ねる。
3. □□《じまく》を読む。
4. □□《まいばん》星空をながめる。
5. 望遠鏡の□□《もけい》。
6. のぞき□《まど》であるレンズ。
7. バスの路線を〔　《のばす》　〕。
8. 集まって□□《ぎろん》する。
9. □□《ごじ》を正す。

10. 大会が□□《かいまく》する。
11. □□《さくばん》は早くねた。
12. 画家の□□《ばんねん》の作品。
13. 水玉□□《もよう》。
14. 銀行の□□《まどぐち》。
15. □□《けつろん》を出す。
16. ☆〔　《あやまり》　〕に気づく。
17. ☆江戸《えど》に□□《ばくふ》を開く。
18. ☆□□□《だいきぼ》な工事。

19. ☆□□《しゃそう》から見える景色。
20. ☆運動会が□□《えんき》になる。

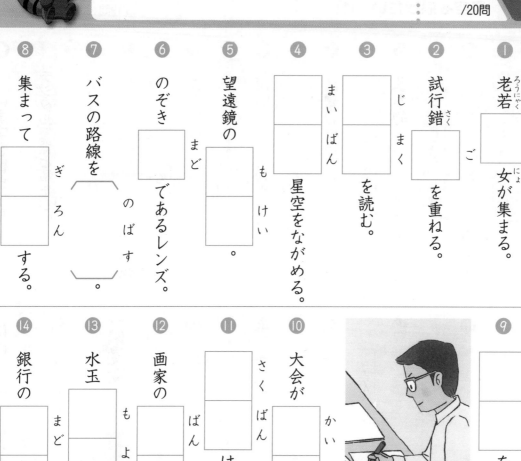

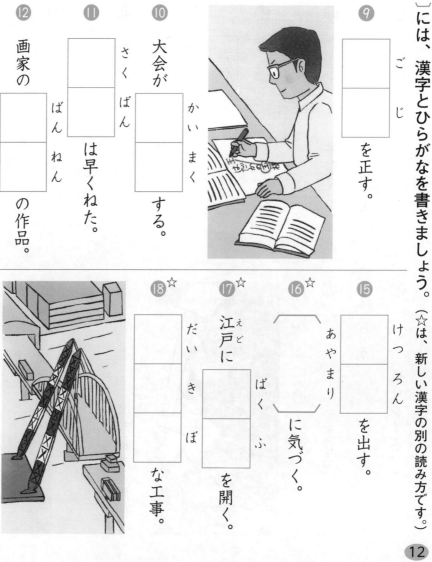

名づけられた葉
インターネットでニュースを読もう
文章を推敲《こう》しよう

/19問

第11回

☆ □に漢字を書きましょう。〔　〕には、漢字とひらがなを書きましょう。（☆は、新しい漢字の別の読み方です。）

名づけられた葉

① ぶなの木の□□《じゅえき》。

インターネットでニュースを読もう

② サイトを閲《えつ》□《らん》する。

③ □《ね》上げのニュース。

④ 新たな観光□□《しげん》。

⑤ 三回戦で□□《はいたい》する。

⑥ 〔　　〕《きびしい》残暑が続く。

⑦ □□《はいゆう》のSNS《エスエヌエス》を見る。

⑧ 大きさを□□《すいてい》する。

⑨ □□《きちょう》な発見。

⑩ □□□《かいらんばん》を届ける。

⑪ □□《ねふだ》を調べる。

⑫ スポーツ選手の□□《いんたい》。

⑬ □□《ゆうしょう》を目指す。

⑭ □□《すいり》小説を読む。

⑮☆ 商品の□□《かち》。

⑯☆ 生命の□《みなもと》。

⑰☆ 反対意見を〔　　〕《しりぞける》。

⑱☆ □□《げんじゅう》な警備。

文章を推敲《こう》しよう

⑲ □□《たいさく》が進む。

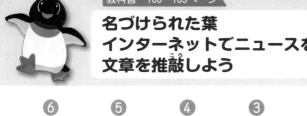

漢字の広場②　5年生で習った漢字

/22問

第12回

☆ □に漢字を書きましょう。（　）には、漢字とひらがなを書きましょう。

① □□《りゃくず》をかく。

② □□《どうぞう》が建つ。

③ 外出の□□《きょか》を得る。

④ 受け取りは□□《かのう》だ。

⑤ ごみを（　）《へらす》。

⑥ □□《ようき》に入れる。

⑦ たのみを（　）《ことわる》。

⑧ □□《そふ》の家に行く。

⑨ □□□《にがおえ》をかく。

⑩ □□《おおぜい》の人。

⑪ □□《じょうけん》が合う。

⑫ 時間を（　）《たしかめる》。

⑬ はしごを（　）《ささえる》。

⑭ □□《じゅんじょ》を決める。

⑮ 料理が（　）《あまる》。

⑯ 目を（　）《とめる》。

⑰ □□《きそく》を守る。

⑱ 道路が□□《こんざつ》する。

⑲ 数を（　）《ふやす》。

⑳ 重さを（　）《くらべる》。

㉑ 本の（　）《かし》出し。

㉒ □□《さんみ》のある飲み物。

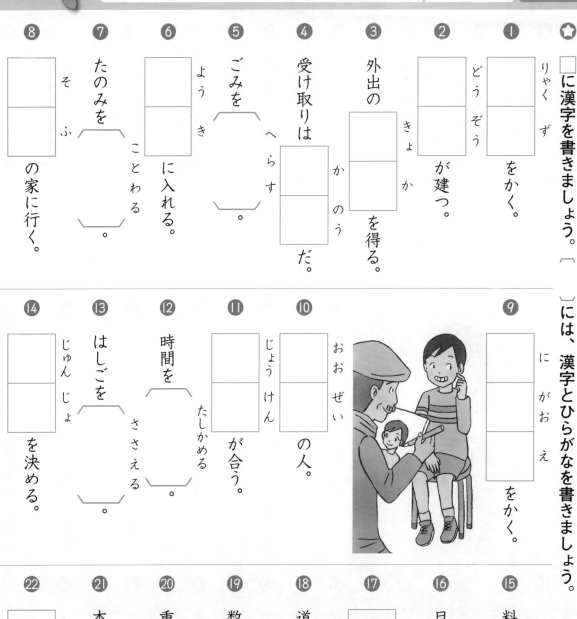

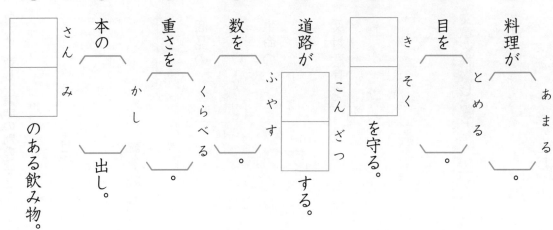

やまなし
[資料]イーハトーヴの夢

/20問　第13回

☆ □に漢字をかきましょう。〔　〕には、漢字とひらがなをかきましょう。（☆は、新しい漢字の別の読み方です。）

やまなし

1 のびたり〔　〕《ちぢんだり》する。

2 まっすぐな□《ぼう》。

3 実が□《じゅく》す。

4 □□《じゅくご》の成り立ち。

5☆ □□《しゅくしょう》コピー。

[資料]イーハトーヴの夢

6 大工さんが使う曲《かね》□《じゃく》。

7 □□《すんぽう》を測る。

8 楽団の□□□《しきしゃ》。

9 心の〔　〕《いたみ》。

10 □□《ひひょう》の言葉。

11 心が□《きず》つく。

12 農家の□□《わかもの》たち。

13 協会を〔　〕《とじる》。

14 □□《いしょ》を残す。

15 □□《よくじつ》の朝。

16 実力を□□《はっき》する。

17 政策を□□《ひはん》する。

18☆ □□《ずつう》がする。

19☆ □□□《ふしょうしゃ》の手当て。

20☆ □□□《へいかいしき》が始まる。

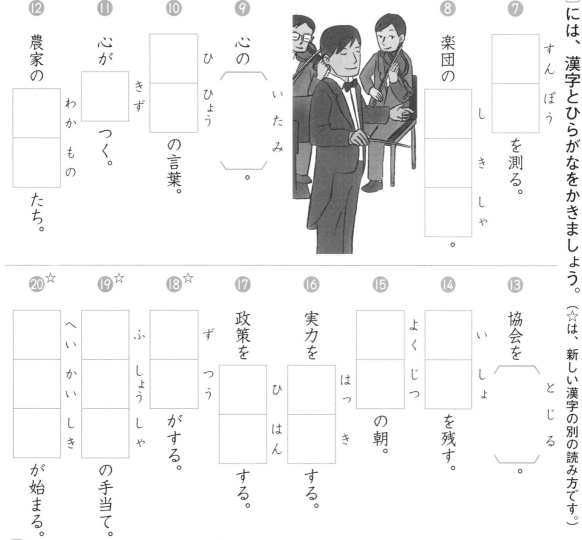

漢字の広場③　5年生で習った漢字

/22問

☆ □に漢字を書きましょう。〔　〕には、漢字とひらがなを書きましょう。

① 〔　　〕《ひさし》ぶりに会う。

② □□《はくしき》な人。

③ 先生に□□《しつもん》する。

④ □□《かんしゃ》の気持ち。

⑤ 車で□□《いどう》する。

⑥ □□□《しょうたいじょう》を出す。

⑦ 池でこいを〔　　〕《かう》。

⑧ □□《かいてき》な生活。

⑨ 家具が□□《はそん》する。

⑩ 木の□《えだ》を切る。

⑪ 体力の□□《げんかい》。

⑫ 太陽が〔　　〕《あらわれる》。

⑬ 〔　　〕《けわしい》表情。

⑭ □□《せいぎ》の味方。

⑮ □《ゆめ》がかなう。

⑯ □□《きしょう》情報を調べる。

⑰ 道に〔　　〕《まよう》。

⑱ □□□《さっぷうけい》。

⑲ けが人の□□《きゅうじょ》。

⑳ 友人と□□《さいかい》する。

㉑ 〔　　〕《ひとり》立ちをする。

㉒ 無事を〔　　〕《よろこぶ》。

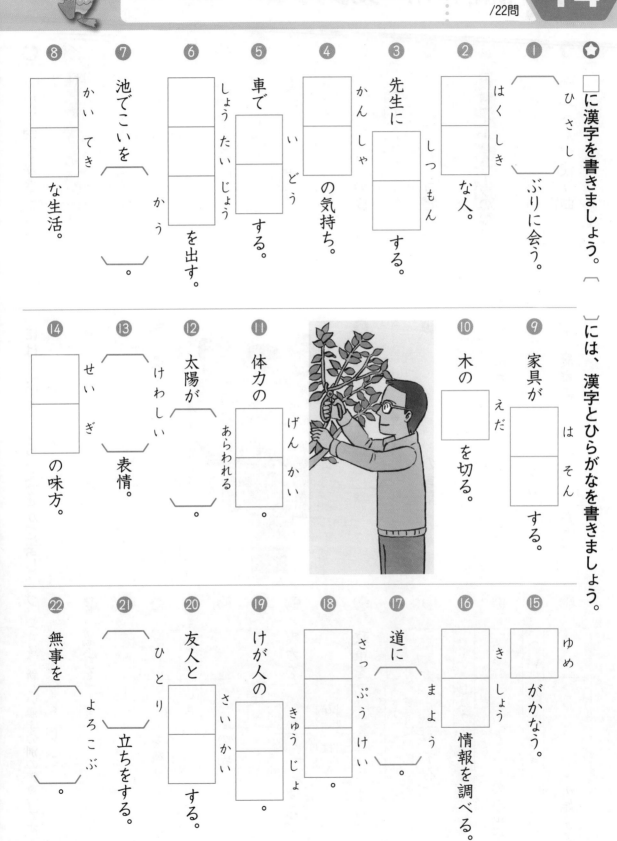

熟語の成り立ち　(1)

/19問

☆ □に漢字を書きましょう。〔　〕には、漢字とひらがなを書きましょう。（☆は、新しい漢字の別の読み方です。）

1. □□《じゅうおう》につらぬく。
2. □□《さんちょう》に立つ。

3. □□《せんがん》をする。
4. □□《ちゅうせい》をちかう。
5. □□《きょうてき》に立ち向かう。
6. □□《ようさん》がさかんな地域。

---

7. □□《ぎょくせき》が入りまじる。
8. □□《じこ》しょうかい。
9. 日本列島を□□《じゅうだん》する。
10. 三角形の□□《ちょうてん》。
11. □□《ちゅうじつ》な家臣。
12. □□《ちゅうこく》を聞き入れる。
13. □□《せいい》を示す。
14. 素《す》□《てき》な部屋。

---

15. □□□《りこてき》な考え。
16. ☆ □《たて》書きのノート。
17. ☆ 高い山の□《いただき》。
18. ☆ 雪を〔　　〕《いただく》山。
19. ☆ □《かいこ》を飼う。

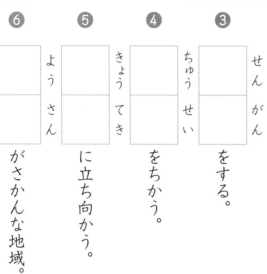

熟語の成り立ち　(2)

第16回

/20問

☆ □に漢字を書きましょう。〔　〕には、漢字とひらがなを書きましょう。（☆は、新しい漢字の別の読み方です。）

1 家の前を□□《じょせつ》する。

2 □□《くらく》をともにする。

3 □□《じんあい》の心。

4 □□《おんせん》につかる。

5 □□《うらにわ》に木を植える。

6 □□□《ぎんがけい》。

7 国連の□□□《かめいこく》。

8 □□□《いよくてき》に働く。

9 □□□《かくいってき》な表現。

10 □□□□《かぶしきがいしゃ》。

11 □□《じょや》のかね。

12 □□《じんぎ》を重んじる。

13 □□《げんせん》からお湯を引く。

14 くつ下を□《うら》返しにぬぐ。

15 電気□□《けいとう》が故障する。

16 外国との□□《どうめい》。

17 □□《しょくよく》がある。

18 木の切り□《かぶ》にすわる。

19☆ よごれを取り〔　　〕《のぞく》。

20☆ □《いずみ》がわく。

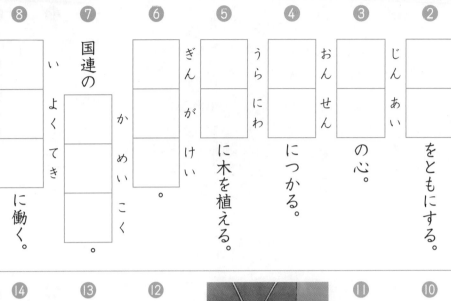

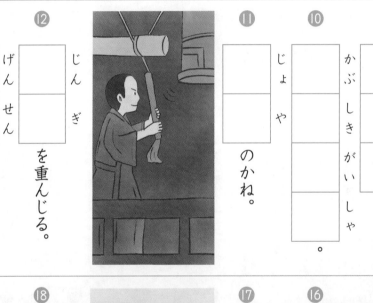

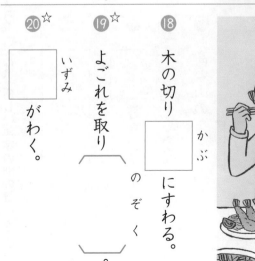

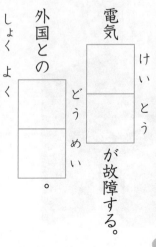

みんなで楽しく過ごすために
伝えにくいことを伝える

第17回　/20問

□に漢字を書きましょう。〔　〕には、漢字とひらがなを書きましょう。（☆は、新しい漢字の別の読み方です。）

みんなで楽しく過ごすために

1. □□□《かいぜんてん》を挙げる。
2. □《はん》ごとに考える。
3. □□《きけん》のない遊び。
4. □□《やくわり》を決める。
5. □□《ぜんりょう》な人。
6. □□《はんちょう》が先頭を歩く。
7. ☆〔　　〕《あぶない》場所。
8. ☆窓ガラスが〔　　〕《われる》。

伝えにくいことを伝える

9. □□□《ひていてき》な意見。
10. 表情や□□《くちょう》。
11. □□《しきゅう》の用事。
12. 五時に□□《きたく》する。
13. □□《さとう》を入れる。
14. お客に□□《こうちゃ》を出す。
15. □□《あんぴ》をたずねる。
16. □□《とうじ》にゆず湯に入る。
17. □□□《たくはいびん》が届く。
18. □□《とうぶん》をひかえる。
19. ☆現在に〔　　〕《いたる》。
20. ☆赤い□□《くちべに》。

話し言葉と書き言葉
古典芸能の世界
狂言《きょうげん》「柿山伏《かきやまぶし》」を楽しもう

第18回

/15問

☆ □に漢字を書きましょう。〔　〕には、漢字とひらがなを書きましょう。（☆は、新しい漢字の別の読み方です。）

話し言葉と書き言葉

1 □《たまご》からかえる。

2 地元産の□□《ぎゅうにゅう》。

3 □□《そうぎょう》から十年がたつ。

4 □□□《にゅうせいひん》をとる。

5 物語を□□《そうさく》する。

古典芸能の世界

6☆ 赤ちゃんがお□《ちち》を飲む。

7 三味線《しゃみせん》で伴《ばん》□《そう》する。

8 歌舞伎《かぶき》が□□《たんじょう》する。

9 楽器の□□《えんそう》。

10 □□《せいたん》百年を祝う。

狂言《きょうげん》「柿山伏《かきやまぶし》」を楽しもう

11 〔　　〕《こまる》ことはない。

12 □□《かんびょう》してもらう。

13 大きな□□《かんばん》。

14 母は□□□《かんごし》だ。

15☆ 完成は□□《こんなん》だ。

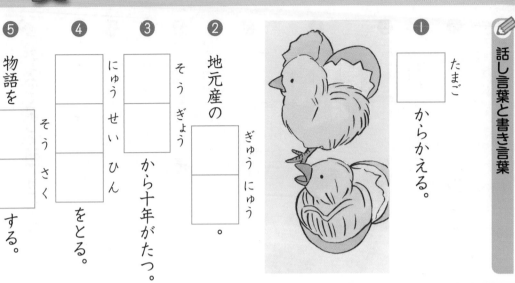

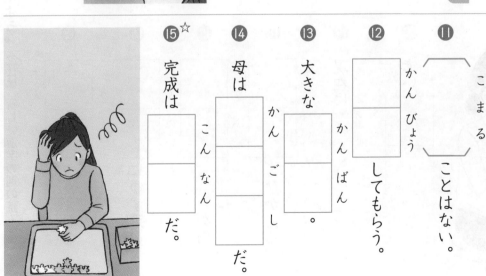

『鳥獣戯画《ちょうじゅうぎが》』を読む
発見、日本文化のみりょく

/20問

第19回

☆ □に漢字を書きましょう。〔　〕には、漢字とひらがなを書きましょう。（☆は、新しい漢字の別の読み方です。）

『鳥獣戯画《ちょうじゅうぎが》』を読む

1 いく□《すじ》かの線。

2 背中が〔　〕《もり》上がる。

3 □□《こっかく》を正確に描《えが》く。

4 『鳥獣《ちょうじゅう》人物戯画《ぎが》』甲《こう》□《かん》。

5 □□《こくほう》の絵画。

6 □□《せすじ》をのばす。

7 かごに果物を〔　〕《もる》。

8 うでを□□《こっせつ》する。

9 □□《かんまつ》のあとがき。

10 美しい□□《ほうせき》。

11☆ □□《きんにく》をつける。

12☆ □《ほね》休めをする。

13☆ 包帯を〔　〕《まく》。

14☆ □□□《えまきもの》を開く。

15☆ 人類の□《たから》。

発見、日本文化のみりょく

16 □□《きょうど》料理を作る。

17 自然を〔　〕《うやまう》。

18 なつかしい□□《こきょう》。

19☆ □□《そんけい》する先生。

20☆ □□《けいご》を使って話す。

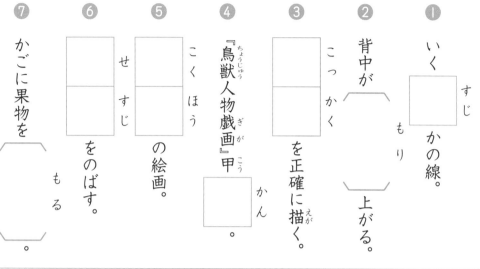

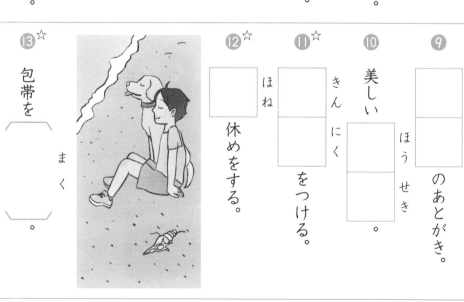

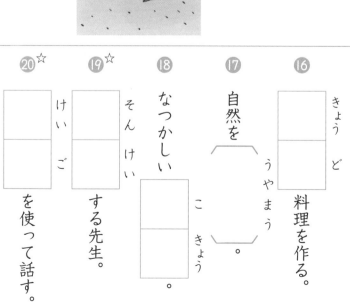

カンジー博士の漢字学習の秘伝　(1)

/18問

第20回

☆ □に漢字をかきましょう。〔　〕には、漢字とひらがなをかきましょう。（☆は、新しい漢字の別の読み方です。）

① □□《ひでん》をさずける。

② □□《せいか》ランナー。

③ □《きぬ》のスカーフ。

④ 手を合わせて〔　　〕《おがむ》。

⑤ □□《てっこう》の製造。

⑥ □□□□《じゅうにんといろ》。

⑦ □□《しぼう》事故を防ぐ。

⑧ 梅〔　　〕《ぼし》を食べる。

⑨ □□《きょうり》からの手紙。

⑩ □□《かんしゅう》がどよめく。

⑪ □□《ひみつ》を打ち明ける。

⑫ □□□《しんぴてき》な光景。

⑬ キリスト教の□□《せいしょ》。

⑭ ビル建設に使う□□《こうざい》。

⑮ 外国に□□《ぼうめい》する。

⑯ ふとんを〔　　〕《ほす》。

⑰ □□□《しゅうぎいん》の解散。

⑱☆ 神社に□□《さんぱい》する。

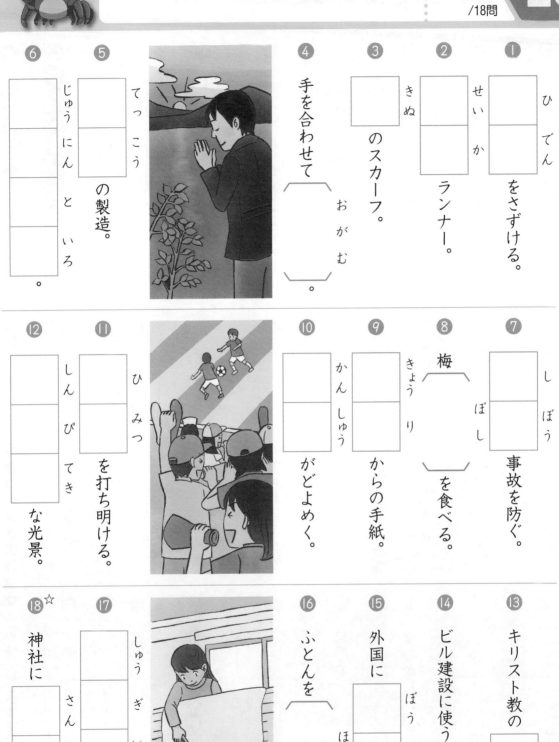

カンジー博士の漢字学習の秘伝　(2)
漢字の広場④　5年生で習った漢字　(1)

/18問

第21回

☆ □に漢字を書きましょう。〔　〕には、漢字とひらがなを書きましょう。（☆は、新しい漢字の別の読み方です。）

カンジー博士の漢字学習の秘伝　(2)

1 □□《ゆうびん》が届く。

2 □□《やちん》をはらう。

3 親に□□《こうこう》する。

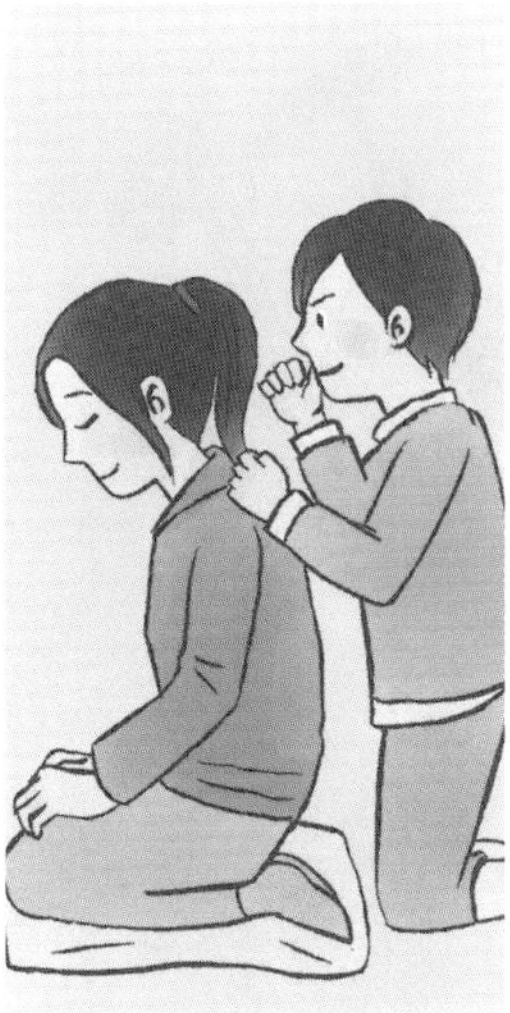

4 銀行に□□《よきん》する。

5 □□《こくもつ》を食べる。

6 □□《こめだわら》を運ぶ。

7 □□□《でんしゃちん》をもらう。

8 □□《ざっこく》入りのご飯。

9 □《たわら》の形のおにぎり。

10☆ 荷物を〔　　〕《あずける》。

11☆ □□《どひょう》ですもうをとる。

漢字の広場④　(1)

12 外国との□□《ぼうえき》。

13 □□《ぜいきん》の使いみち。

14 □□《ほうどう》番組を見る。

15 □□《りえき》を追求する。

16 ニュースの□□《かいせつ》。

17 優勝□□《しょうひん》を受け取る。

18 □□《ふくすう》の案が出る。

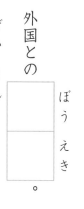

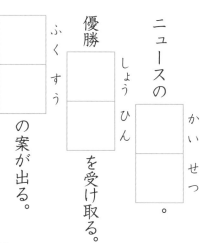

漢字の広場④　5年生で習った漢字　(2)
ぼくのブック・ウーマン
おすすめパンフレットを作ろう

第22回

/19問

☆ □に漢字を書きましょう。〔　〕には、漢字とひらがなを書きましょう。（☆は、新しい漢字の別の読み方です。）

漢字の広場④　(2)

1 役者の□□《えんぎ》。

2 □□《しっそ》な生活。

3 問題に□□《せいかい》する。

4 □□□《せいじか》の話。

5 提案に□□《さんせい》する。

6 □□《せいせき》が上がる。

7 石油を□□《ゆにゅう》する。

8 意見を〔　　〕《のべる》。

9 選手を□□《しどう》する。

ぼくのブック・ウーマン

10 □□《しりょう》をまとめる。

11 英語を日本語に□《やく》す。

12 道を〔　　〕《わすれる》。

13 □《だん》炉《ろ》を囲む。

14 □□《つうやく》の仕事。

15 □□《おんだん》な気候。

16☆ □《わけ》を話す。

おすすめパンフレットを作ろう

17☆ 〔　　〕《あたたかい》部屋。

18 合唱曲を□□《さくし》する。

19 好きな曲の□□《かし》。

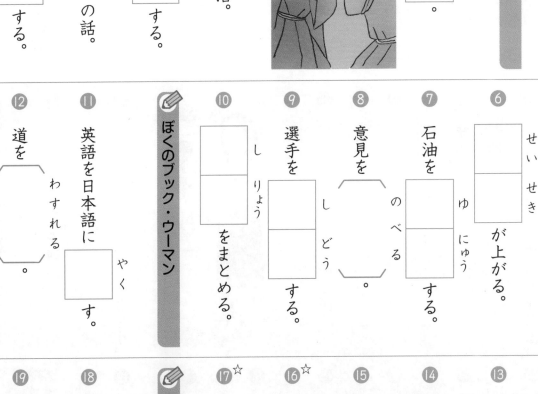

詩を朗読してしょうかいしよう
知ってほしい、この名言／日本の文字文化
漢字の広場⑤　5年生で習った漢字

第23回

/16問

☆ □に漢字をかきましょう。〔　〕には、漢字とひらがなをかきましょう。（☆は、新しい漢字の別のよみかたです。）

詩を朗読してしょうかいしよう

1 詩を□□《ろうどく》する。

知ってほしい、この名言

2 □《むね》を打たれる。

3☆ □□《きょうい》を測る。

日本の文字文化

4 □《かた》仮名《かな》を使う。

5 □□《かたほう》のくつがぬげる。

漢字の広場⑤

6 □□《きょうみ》をもつ。

7 薬が〔　　　《きく》〕。

8 親切に□□《おうたい》する。

9 店員が□□《せっきゃく》する。

10 □□《せいけつ》なエプロン。

11 □□□《けつえきがた》を知る。

12 □□《はんがく》で買う。

13 □□《べんとう》を食べる。

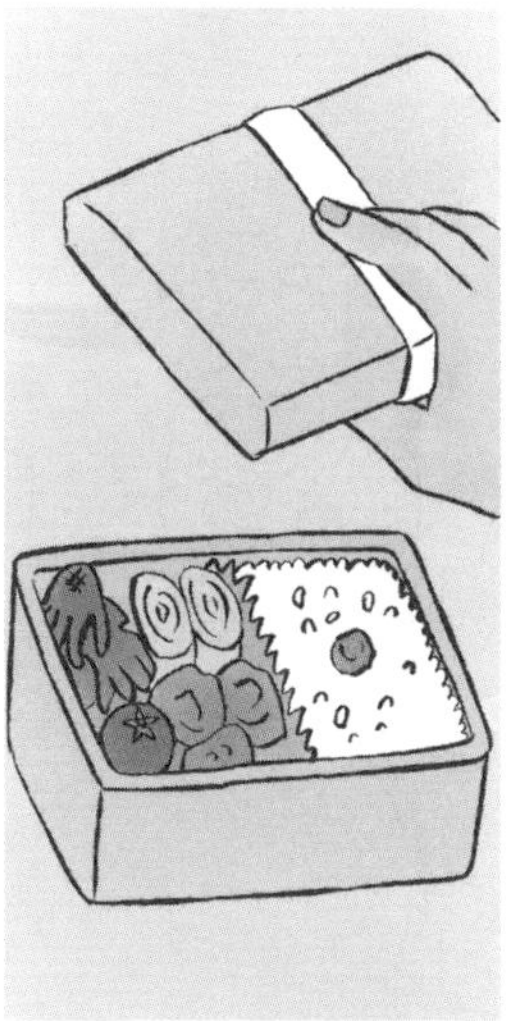

14 □□《しょうどく》をする。

15 □□□《りょうしゅうしょ》。

16 □□《げいじゅつ》作品。

「考える」とは 使える言葉にするために

第24回

/18問

☆ □に漢字を書きましょう。〔　〕には、漢字とひらがなを書きましょう。（☆は、新しい漢字の別の読み方です。）

「考える」とは

1 □□《えんげき》サークル。

2 □□《しょうらい》のことを考える。

3 □□《げきだん》を旗揚《あ》げする。

4 戦国時代の□□《ぶしょう》。

使える言葉にするために

5 歴代の□□《てんのう》。

6 □□《こうごう》の位。

7 国王□□《へいか》。

8 日本国□□《けんぽう》。

9 □□《せいとう》の支持率。

10 新しい□□《ないかく》。

11 □□《かいかく》を行う。

12 さまざまな□□《しゅうきょう》。

13 □□《すいちょく》に交わる線。

14 化石をふくむ□□《ちそう》。

15 □□《じしゃく》を使った実験。

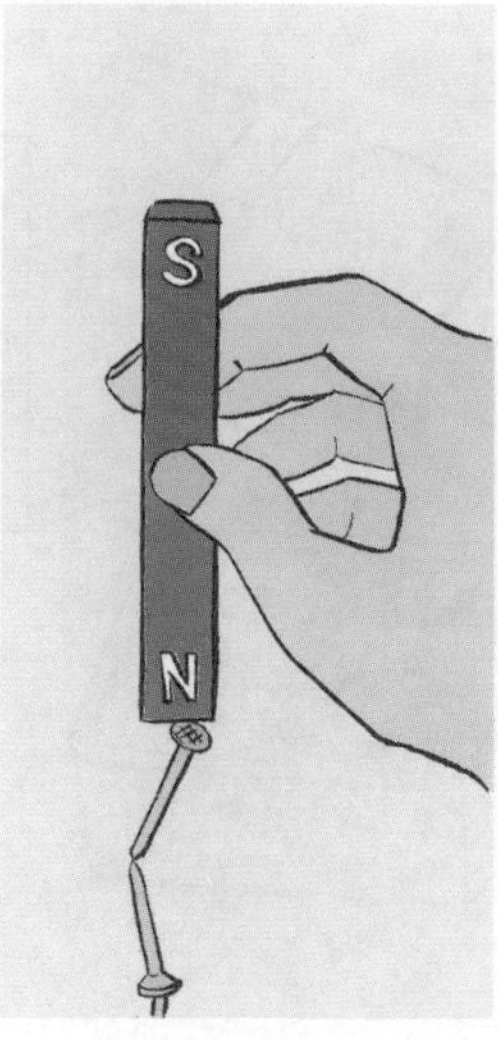

16 □□《かくめい》が起こる。

17 □□《こうそう》ビルが建つ。

18☆ つり糸を〔　　〕《たらす》。

大切にしたい言葉
今、私は、ぼくは
海の命

第25回　/19問

□に漢字を書きましょう。〔　〕には、漢字とひらがなを書きましょう。（☆は、新しい漢字の別の読みかたです。）

大切にしたい言葉

1. □□《たいそう》の選手。
2. □□□《りっこうほ》を迷う。
3. 主役を□□《たんとう》する。
4. 練習する□《すがた》を見る。
5. 機械を□□《そうさ》する。
6. ☆ 言葉を〔　〕《おぎなう》。
7. ☆ □□《しせい》を正す。

今、私は、ぼくは

8. 問題点を□□《けんとう》する。

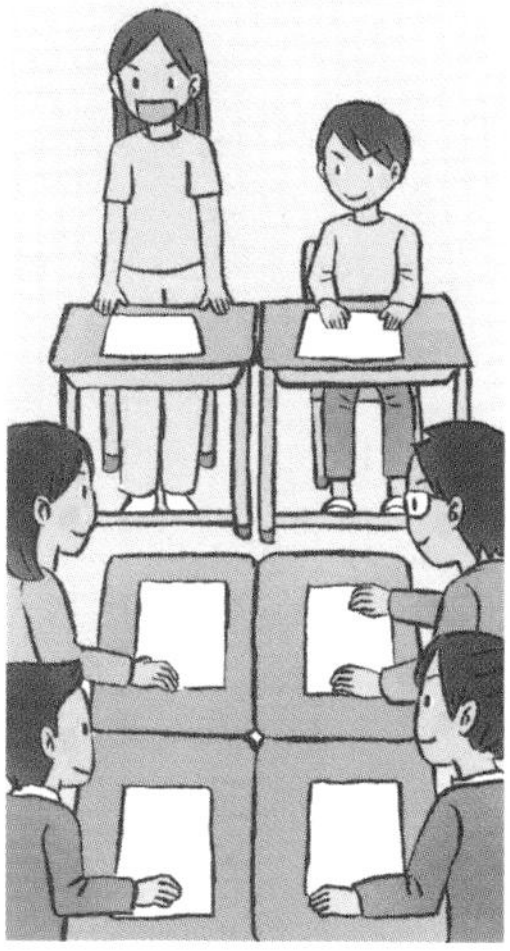

海の命

9. □□《せんぞく》の管理栄養士。
10. □《しお》の流れ。
11. つり□《ばり》にえさを付ける。
12. □《あな》のおく。
13. □□《はいいろ》のくちびる。
14. □□《こうふん》する。
15. 殺さないで〔　〕《すむ》。
16. ☆ □□《まんちょう》の時刻。
17. ☆ 会社の経営□□《ほうしん》。
18. ☆ 勇気を〔　〕《ふるう》。
19. ☆ □□《けいざい》の動きを知る。

漢字の広場⑥　5年生で習った漢字

第26回　/22問

☆ □に漢字をかきましょう。

① □□《きほん》を学ぶ。
② 小学校の□□《こうしゃ》。
③ □□《ゆうじょう》を深める。
④ □□《せきにん》をもつ。
⑤ 毎日の生活□□《しゅうかん》。
⑥ 色を□□《とういつ》する。
⑦ □□《しょぞく》するクラブ。
⑧ □□□《しんかんせん》に乗る。

⑨ □□□□《しゅうがくりょこう》。
⑩ □□《こうりつ》のよいやり方。
⑪ □□《とくい》な教科。
⑫ □□《えいきゅう》に変わらない。
⑬ クラスが□□《だんけつ》する。
⑭ 敵に□□《あっしょう》する。
⑮ 貴重な□□《けいけん》。
⑯ 雑誌の□□《こうせい》を考える。

⑰ □□□《さいこうせい》の送辞。
⑱ □□《たいし》をいだく。
⑲ □□□□《そつぎょうしょうしょ》。
⑳ □□《じゅぎょう》を受ける。

㉑ □□□□《せいぞうかてい》。
㉒ 結果を□□《ほうこく》する。

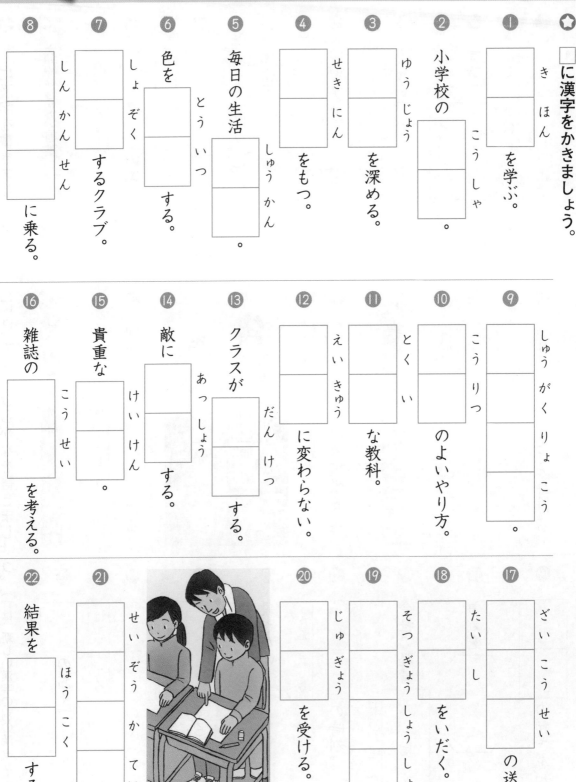

答え

第1回

①視点 ②砂 ③腹
④階段 ⑤並べる ⑥降る
⑦認める ⑧洗い ⑨視界
⑩視力 ⑪砂場 ⑫段落
⑬砂鉄 ⑭中腹 ⑮並木
⑯降りる ⑰以降 ⑱洗

第2回

①異物 ②単純 ③反射
④背中 ⑤捨てる ⑥舌
⑦乱打 ⑧異国 ⑨異議
⑩純真 ⑪注射 ⑫直射
⑬背 ⑭舌 ⑮散乱
⑯異 ⑰射る ⑱背
⑲背景 ⑳四捨五入
㉑乱れる

第3回

①地域 ②雑誌 ③映像
④拡大 ⑤展示 ⑥所蔵
⑦訪問 ⑧週刊誌 ⑨映画
⑩拡散 ⑪発展 ⑫冷蔵庫
⑬映す ⑭訪ねる
⑮我々（我我） ⑯伝承
⑰蒸気 ⑱細心 ⑲承知
⑳蒸発

第4回

①対処 ②就職 ③臨海
④従う ⑤恩人 ⑥裁判官
⑦法律 ⑧脳 ⑨心臓
⑩腸 ⑪肺 ⑫胃
⑬処理場 ⑭就任 ⑮臨時
⑯恩 ⑰裁 ⑱規律
⑲首脳 ⑳臓器 ㉑従業員
㉒裁く

第5回

①桜 ②山脈 ③仏像
④歴史 ⑤文化財 ⑥保護
⑦耕す ⑧肥料 ⑨禁止
⑩復旧 ⑪原因 ⑫団地
⑬入居 ⑭往復 ⑮停車
⑯囲む ⑰防災 ⑱燃える
⑲航海 ⑳水質 ㉑調査
㉒改築

第6回

①私 ②密接 ③呼び
④呼吸 ⑤精密 ⑥吸引
⑦私服 ⑧吸い
⑨存在 ⑩時刻 ⑪激
⑫簡単 ⑬机 ⑭難しい
⑮疑問 ⑯保存 ⑰刻む
⑱激しい ⑲災難 ⑳疑う

第7回

①券売機 ②故障 ③立派
④警察署 ⑤銭湯
⑥勤める ⑦諸外国
⑧提供 ⑨入場券
⑩障害物 ⑪障子 ⑫流派
⑬警告 ⑭署名 ⑮金銭
⑯諸島 ⑰供給 ⑱勤務
⑲供える ⑳供

第8回

①収納 ②二枚 ③染める
④宣言 ⑤吸収 ⑥納税
⑦枚数 ⑧宣伝 ⑨収める
⑩納める
⑪暮らし ⑫探す ⑬星座
⑭暮れる ⑮座席 ⑯正座
⑰探検
⑱幼い ⑲幼虫

第9回

①著作権 ②尊重 ③庁
④著者 ⑤人権 ⑥気象庁
⑦尊い ⑧尊ぶ
⑨装置 ⑩届ける ⑪沿う
⑫三冊 ⑬服装 ⑭届く
⑮小冊子 ⑯沿線
⑰宇宙 ⑱俳句 ⑲宙

第10回

①男 ②誤 ③字幕
④毎晩 ⑤模型 ⑥窓
⑦延ばす ⑧議論 ⑨誤字
⑩開幕 ⑪昨晩 ⑫晩年
⑬模様 ⑭窓口 ⑮結論
⑯誤り ⑰幕府 ⑱大規模
⑲車窓 ⑳延期

答え

第11回

1 樹液
2 覧　3 値　4 資源
5 敗退　6 厳しい　7 俳優
8 推定　9 貴重　10 回覧板
11 値札　12 引退　13 優勝
14 推理　15 価値　16 源
17 退ける　18 厳重
19 対策

第12回

1 略図　2 銅像　3 許可
4 可能　5 減らす　6 容器
7 断る　8 祖父　9 似顔絵
10 大勢　11 条件
12 確かめる　13 支える
14 順序　15 余る　16 留める
17 規則　18 混雑　19 増やす
20 比べる　21 貸し　22 酸味

第13回

1 縮んだり　2 棒　3 熟
4 熟語　5 縮小
6 尺　7 寸法　8 指揮者
9 痛み　10 批評　11 傷
12 若者　13 閉じる　14 遺書
15 翌日　16 発揮　17 批判
18 頭痛　19 負傷者
20 閉会式

第14回

1 久し　2 博識　3 質問
4 感謝　5 移動　6 招待状
7 飼う　8 快適　9 破損
10 枝　11 限界　12 現れる
13 険しい　14 正義　15 夢
16 気象　17 迷う　18 殺風景
19 救助　20 再会　21 独り
22 喜ぶ

第15回

1 縦横　2 山頂　3 洗顔
4 忠誠　5 強敵　6 養蚕
7 玉石　8 自己　9 縦断
10 頂点　11 忠実　12 忠告
13 誠意　14 敵　15 利己的
16 縦　17 頂　18 頂く
19 蚕

第16回

1 除雪　2 苦楽　3 仁愛
4 温泉　5 裏庭　6 銀河系
7 加盟国　8 意欲的
9 画一的　10 株式会社
11 除夜　12 仁義　13 源泉
14 裏　15 系統　16 同盟
17 食欲　18 株　19 除く
20 泉

第17回

1 改善点　2 班　3 危険
4 役割　5 善良　6 班長
7 危ない　8 割れる
9 否定的　10 口調　11 至急
12 帰宅　13 砂糖　14 紅茶
15 安否　16 冬至　17 宅配便
18 糖分　19 至る　20 口紅

第18回

1 卵　2 牛乳　3 創業
4 乳製品　5 創作　6 乳
7 奏　8 誕生　9 演奏
10 生誕

第19回

1 筋　2 盛り　3 骨格
4 巻　5 国宝　6 背筋
7 盛る　8 骨折　9 巻末
10 宝石　11 筋肉　12 骨
13 巻く　14 絵巻物　15 宝
16 郷土　17 敬う　18 故郷
19 尊敬　20 敬語

第20回

1 秘伝　2 聖火　3 絹
4 拝む　5 鉄鋼
6 十人十色　7 死亡
8 干し　9 郷里　10 観衆
11 秘密　12 神秘的　13 聖書
14 鋼材　15 亡命　16 干す
17 衆議院　18 参拝
11 困る　12 看病　13 看板
14 看護師　15 困難

第21回

1 郵便　2 家賃　3 孝行
4 預金　5 穀物　6 米俵
7 電車賃　8 雑穀　9 俵

⑩預ける ⑪土俵
⑫貿易 ⑬税金 ⑭報道
⑮利益 ⑯解説 ⑰賞品
⑱複数

第22回

①演技 ②質素 ③正解
④政治家 ⑤賛成 ⑥成績
⑦輸入 ⑧述べる ⑨指導
⑩資料
⑪訳 ⑫忘れる ⑬暖
⑭通訳 ⑮温暖 ⑯訳
⑰暖かい
⑱作詞 ⑲歌詞

第23回

①朗読
②胸 ③胸囲
④片 ⑤片方
⑥興味 ⑦効く ⑧応対
⑨接客 ⑩清潔 ⑪血液型
⑫半額 ⑬弁当 ⑭消毒
⑮領収書 ⑯芸術

第24回

①演劇 ②将来 ③劇団
④武将
⑤天皇 ⑥皇后 ⑦陛下
⑧憲法 ⑨政党 ⑩内閣
⑪改革 ⑫宗教 ⑬垂直
⑭地層 ⑮磁石 ⑯革命
⑰高層 ⑱垂らす

第25回

①体操 ②立候補 ③担当
④姿 ⑤操作 ⑥補う
⑦姿勢
⑧検討 ⑨専属
⑩潮 ⑪針 ⑫穴
⑬灰色 ⑭興奮 ⑮済む
⑯満潮 ⑰方針 ⑱奮う
⑲経済

第26回

①基本 ②校舎 ③友情
④責任 ⑤習慣 ⑥統一
⑦所属 ⑧新幹線
⑨修学旅行 ⑩効率
⑪得意 ⑫永久 ⑬団結
⑭圧勝 ⑮経験 ⑯構成
⑰在校生 ⑱大志
⑲卒業証書 ⑳授業
㉑製造過程 ㉒報告

わくわくシール

★学習が終わったら、ページの上に好きなふせんシールをはろう。
　がんばったページやあとで見直したいページなどにはってもいいよ。
★実力判定テストが終わったら、まんてんシールをはろう。

まんてんシール

ふせんシール

わくわくポスター　国語　6年

四《よ》字《じ》熟《じゅく》語《ご》

教科書ワーク

性格や気持ちなどを表すもの

意《い》気《き》投《とう》合《ごう》

● 考えや気持ちがぴったりと合うこと。

以《い》心《しん》伝《でん》心《しん》

● 言葉に出さなくても、心が通じ合うこと。

一《いち》日《じつ》千《せん》秋《しゅう》

● とても待ち遠しいこと。

注「いちにちせんしゅう」とも読む。

我《が》田《でん》引《いん》水《すい》

● 物事を自分に都合がいいようにもっていくこと。

注「他人のことを考えず、自分の田だけに水を引く」の意味。

疑《ぎ》心《しん》暗《あん》鬼《き》

● 一度疑《うたが》い出すと、何もかもが疑わしく思えてしまうこと。

心《しん》機《き》一《いっ》転《てん》

● あることをきっかけに、気持ちを新たにすること。

注「新機一転」「心気一転」としないように。

行動の様子などを表すもの

異《い》口《く》同《どう》音《おん》

● 大勢の人が同じことを言うこと。大勢の人の意見がそろうこと。

注「異句同音」としないように。

言《ごん》語《ご》道《どう》断《だん》

● あきれて言葉も出ないくらいひどいこと。

注「げんごどうだん」としないように。

自《じ》画《が》自《じ》賛《さん》

● 自分のしたことを自分でほめること。

針《しん》小《しょう》棒《ぼう》大《だい》

● 小さなことをおおげさに言うこと。

注「針《はり》ほどの小さなことを棒ほどに大きく言う」の意味。

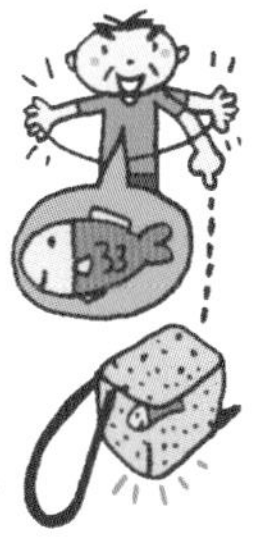

単《たん》刀《とう》直《ちょく》入《にゅう》

● 前置きなしに、いきなり本題に入ること。

注「短刀直入」としないように。

無《む》我《が》夢《む》中《ちゅう》

● 他のことを忘《わす》れ、一生けんめいになること。

臨《りん》機《き》応《おう》変《へん》

● 時と場の変化に対応して、適切な処置《しょ》をすること。

時間や経験に関係するもの

一《いっ》朝《ちょう》一《いっ》夕《せき》

● わずかな期間のこと。

注 ひと朝とひと晩《ばん》のことから。

空《くう》前《ぜん》絶《ぜっ》後《ご》

● 今までに例がなく、今後も起こらないと思えるほど、めずらしいこと。

前《ぜん》代《だい》未《み》聞《もん》

● 今まで一度も聞いたことがないような、めずらしいこと。

大《たい》器《き》晩《ばん》成《せい》

● 大人物は、立派《りっぱ》になるまで時間がかかるということ。

注「大きな器《うつわ》は簡単《かんたん》にはできあがらない」の意味。

電《でん》光《こう》石《せっ》火《か》

● 非常に短い時間。また、動作や行動が速いこと。

注「かみなりや火打ち石の火花のような、一瞬《いっしゅん》の光」の意味。

日《にっ》進《しん》月《げっ》歩《ぽ》

● 絶え間なく進歩すること。

注「日新月歩」としないように。

その場の様子を表すもの

危《き》機《き》一《いっ》髪《ぱつ》

● 危険《きけん》がすぐそばまで近づいている状態。

注「危険が髪《かみ》の毛一本ほどのところまでせまっている」の意味。

起《き》死《し》回《かい》生《せい》

● 非常に悪い状態のものを立ち直らせること。

絶《ぜっ》体《たい》絶《ぜつ》命《めい》

● どうにもにげられない、追いつめられた状態。

注「絶対絶命」としないように。

ちがいを表すもの

十《じゅう》人《にん》十《と》色《いろ》

● 好みや考えは人それぞれちがうということ。

注「じゅうにんじっしょく」としないように。

千《せん》差《さ》万《ばん》別《べつ》

● 多くのものがあって、それぞれにちがいがあること。

大《だい》同《どう》小《しょう》異《い》

● 小さなちがいはあるが、だいたい同じであること。

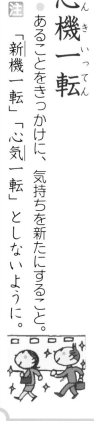

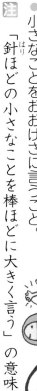

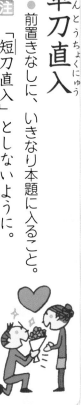

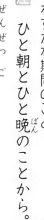

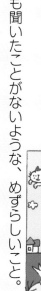

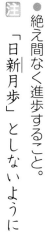

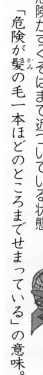

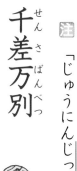

わくわくポスター

6年 国語 教科書ワーク

6年生で習う漢字①

☆6年生で習う漢字を五十音順にならべてあります。
☆赤い文字は送りがなです。
☆（　）は小学校では習わない読み方です。

- 胃 9画 イ 胃腸
- 異 11画 イ こと 異性
- 遺 15画 イ（ユイ） 遺伝
- 域 11画 イキ 海域
- 宇 6画 ウ 宇宙
- 映 9画 エイ うつる うつす（はえる） 映画
- 延 8画 エン のびる のべる のばす 延期
- 沿 8画 エン そう 沿道
- 恩 10画 オン 恩師
- 我 7画 （ガ） われ（わ） 我に返る
- 灰 6画 （カイ） はい 灰色
- 拡 8画 カク 拡張
- 革 9画 カク（かわ） 皮革
- 閣 14画 カク 神社仏閣
- 割 12画 （カツ） わる わり われる（さく） 割れる
- 株 10画 かぶ 切り株
- 干 3画 カン ほす（ひる） 物干し
- 巻 9画 カン まく まき 全巻
- 看 9画 カン 看護
- 簡 18画 カン 簡単
- 危 6画 キ あぶない（あやうい）（あやぶむ） 危険
- 机 6画 （キ） つくえ 学習机
- 揮 12画 キ 指揮
- 貴 12画 キ（たっとい）（とうとい）（たっとぶ）（とうとぶ） 貴金属
- 疑 14画 ギ うたがう 半信半疑
- 吸 6画 キュウ すう 呼吸
- 供 8画 キョウ（ク） そなえる とも 供える
- 胸 10画 キョウ むね（むな） 度胸
- 郷 11画 キョウ（ゴウ） 故郷
- 勤 12画 キン（ゴン） つとめる つとまる 勤勉
- 筋 12画 キン すじ 筋肉
- 系 7画 ケイ 銀河系
- 敬 12画 ケイ うやまう 尊敬
- 警 19画 ケイ 警備
- 劇 15画 ゲキ 演劇
- 激 16画 ゲキ はげしい 感激
- 穴 5画 （ケツ） あな 穴が開く
- 券 8画 ケン 入場券
- 絹 13画 （ケン） きぬ 絹糸
- 権 15画 ケン（ゴン） 権力
- 憲 16画 ケン 憲法
- 源 13画 ゲン みなもと 川の源
- 厳 17画 ゲン（ゴン）（おごそか） きびしい 厳重
- 己 3画 コ（キ）（おのれ） 自己満足
- 呼 8画 コ よぶ 点呼
- 誤 14画 ゴ あやまる 誤解
- 后 6画 コウ 皇后
- 孝 7画 コウ 親孝行
- 皇 9画 コウ オウ 法皇
- 紅 9画 コウ（ク） べに（くれない） 紅茶
- 降 10画 コウ おりる おろす ふる 降下
- 鋼 16画 コウ（はがね） 鉄鋼
- 刻 8画 コク きざむ 時刻
- 穀 14画 コク 穀物
- 骨 10画 コツ ほね 骨格
- 困 7画 コン こまる 困難
- 砂 9画 サ（シャ） すな 砂時計
- 座 10画 ザ（すわる） 星座
- 済 11画 サイ すむ すます 経済
- 裁 12画 サイ（たつ） さばく 裁判
- 策 12画 サク 散策
- 冊 5画 サツ（サク） 冊子
- 蚕 10画 サン かいこ 蚕を飼う
- 至 6画 シ いたる 至急
- 私 7画 シ わたくし わたし 私物
- 姿 9画 シ すがた 姿勢
- 視 11画 シ 視線
- 詞 12画 シ 歌詞
- 誌 14画 シ 雑誌
- 磁 14画 ジ 磁石
- 射 10画 シャ いる 発射
- 捨 11画 シャ すてる 取捨
- 尺 4画 シャク 巻き尺
- 若 8画 （ジャク）（ニャク） わかい（もしくは） 若葉
- 樹 16画 ジュ 樹木
- 収 4画 シュウ おさめる おさまる 収集
- 宗 8画 シュウ（ソウ） 宗教
- 就 12画 シュウ（ジュ）（つく）（つける） 就任
- 衆 12画 シュウ（シュ） 観衆
- 従 10画 ジュウ（ショウ）（ジュ） したがう したがえる 従順
- 縦 16画 ジュウ たて 操縦
- 縮 17画 シュク ちぢむ・ちぢまる ちぢめる ちぢれる ちぢらす 縮尺
- 熟 15画 ジュク（うれる） 完熟
- 純 10画 ジュン 純毛
- 処 5画 ショ 処分
- 署 13画 ショ 警察署
- 諸 15画 ショ 諸国
- 除 10画 ジョ（ジ） のぞく 除去
- 承 8画 ショウ（うけたまわる） 承知
- 将 10画 ショウ 主将
- 傷 13画 ショウ きず（いたむ）（いためる） 負傷
- 障 14画 ショウ（さわる） 故障
- 蒸 13画 ジョウ（むす）（むれる）（むらす） 水蒸気
- 針 10画 シン はり 針路
- 仁 4画 ジン（ニ） 仁愛

故事成語

五十歩百歩《ごじっぽひゃっぽ》

意味　少しのちがいはあるが、大きなちがいではないこと。

由来　孟子《もうし》という人物が、となりの国の王様よりもよく国を治めているつもりの王様に、「戦場で、五十歩にげた兵が、百歩にげた兵を笑ったとしたらどうか。」ときいた。王様は「どちらも戦場からにげたことに変わりはない。」と答え、自分の国ととなりの国がほとんど変わらないことに気づいた。

蛇《だ》足《そく》

意味　必要のないものをつけ加えること。

由来　だれがへびの絵をいちばん早くかけるか、競争をした。いちばん早くかいた男が、調子に乗ってへびに足をかいた。すると、二番目にかきあげた男に、「へびに足はないのに、なぜ足がかけるんだ。」と言われて、負けてしまった。

漁《ぎょ》夫《ふ》の利《り》

意味　二人が争っている間に、関係のない他の人が、苦労せずに得をすること。

由来　蘇代《そだい》という人物が、ある国をせめようとする王様に、「鳥が貝の肉を食べようとすると、貝はからをとじて、鳥のくちばしをはさんだ。たがいに相手をはなさずにいると、漁師が通りかかり、両方をつかまえてしまった。」というたとえ話をして、せめることを思いとどまらせた。

矛《む》盾《じゅん》

意味　つじつまが合わないこと。りくつに合わないこと。

由来　矛《ほこ》（先のとがった武器）と盾《たて》を売る人が、矛はするどく、なんでもつき通すし、盾はかたくて、これをつき通せるものはないとじまんした。そこで、そこにいた人が「その矛でその盾をつくとどうなるのか。」ときくと、この人は答えられなかった。

背《はい》水《すい》の陣《じん》

意味　にげられない場所に身を置いて、必死に取り組むこと。

由来　韓信《かんしん》という将軍《しょうぐん》は、戦いのとき、わざと川を後ろにして陣地《じんち》を張った。兵たちは、後ろに下がることができないので、必死に戦い、敵をやぶった。

朝《ちょう》三《さん》暮《ぼ》四《し》

意味　目の前のちがいに気をとられて、同じ結果であると気づかないこと。

由来　さるの飼い主が、さるのえさを減らそうとした。えさのとちの実を朝に三つ、夕方に四つやろうと言ったら、さるたちがおこったので、とちの実を朝に四つ、夕方に三つにしようと言ったら、さるたちは喜んだ。

推《すい》敲《こう》

意味　詩や文章の言葉を、よりよくしようと、何度も書き直すこと。

由来　賈島《かとう》という詩人は、詩の中の言葉を「推《お》す」にしようか「敲《たた》く」にしようかと、夢中になって考えていて、都の長官の韓愈《かんゆ》の行列にぶつかってしまった。賈島が理由を話すと、韓愈は「敲く」がよいだろうと言った。

蛍《けい》雪《せつ》の功《こう》

意味　苦労して勉強し、成果を上げること。

由来　車胤《しゃいん》という人は貧《まず》しくて、明かりの油が買えなかったので、蛍《ほたる》の光で勉強した。また、孫康《そんこう》という人も貧しかったので、雪明かりで勉強した。やがて、この二人はともに出世した。

杞《き》憂《ゆう》

意味　必要のないことをあれこれ心配すること。

由来　杞《き》の国に、天がくずれ落ちてこないかと心配して、食べ物がのどを通らない人がいた。

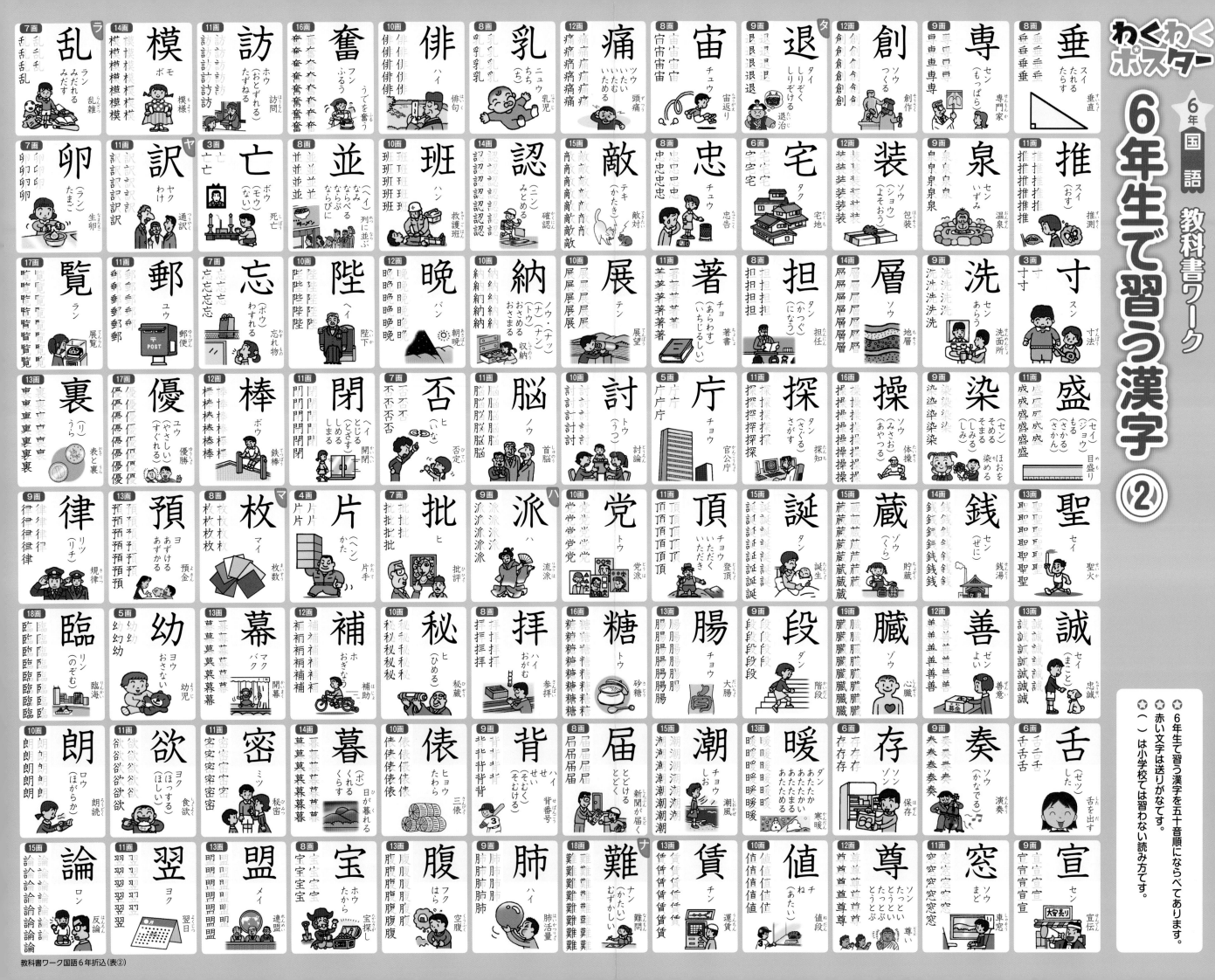

わくわくポスター

6年 国語 教科書ワーク

6年生で習う漢字②

☆6年生で習う漢字を五十音順にならべてあります。
☆赤い文字は送りがなです。
☆（　）は小学校では習わない読み方です。

- 垂（8画）スイ　たれる　たらす　垂直《すいちょく》
- 推（11画）スイ　（おす）　推測《すいそく》
- 寸（3画）スン　寸法《すんぽう》
- 盛（11画）（セイ）（ジョウ）　もる　（さかる）（さかん）　目盛《めも》り
- 聖（13画）セイ　聖火《せいか》
- 誠（13画）セイ　（まこと）　忠誠《ちゅうせい》
- 舌（6画）（ゼツ）　した　舌《した》を出《だ》す
- 宣（9画）セン　宣伝《せんでん》
- 専（9画）セン　（もっぱら）　専門家《せんもんか》
- 泉（9画）セン　いずみ　温泉《おんせん》
- 洗（9画）セン　あらう　洗面所《せんめんじょ》
- 染（9画）（セン）　そめる　そまる　（しみる）（しみ）　ほおを染《そ》める
- 銭（14画）セン　（ぜに）　銭湯《せんとう》
- 善（12画）ゼン　よい　善意《ぜんい》
- 奏（9画）ソウ　（かなでる）　演奏《えんそう》
- 窓（11画）ソウ　まど　車窓《しゃそう》
- 創（12画）ソウ　（つくる）　創作《そうさく》
- 装（12画）ソウ　（ショウ）（よそおう）　包装《ほうそう》
- 層（14画）ソウ　地層《ちそう》
- 操（16画）ソウ　（みさお）（あやつる）　体操《たいそう》
- 蔵（15画）ゾウ　（くら）　貯蔵《ちょぞう》
- 臓（19画）ゾウ　心臓《しんぞう》
- 存（6画）ソン　ゾン　保存《ほぞん》
- 尊（12画）ソン　たっとい　とうとい　たっとぶ　とうとぶ　尊《とうと》い
- タ　退（9画）タイ　しりぞく　しりぞける　退治《たいじ》
- 宅（6画）タク　宅地《たくち》
- 担（8画）タン　（かつぐ）（になう）　担任《たんにん》
- 探（11画）タン　（さぐる）　さがす　探知《たんち》
- 誕（15画）タン　誕生《たんじょう》
- 段（9画）ダン　階段《かいだん》
- 暖（13画）ダン　あたたか　あたたかい　あたたまる　あたためる　寒暖《かんだん》
- 値（10画）チ　ね　（あたい）　値段《ねだん》
- 宙（8画）チュウ　宙返《ちゅうがえ》り
- 忠（8画）チュウ　忠告《ちゅうこく》
- 著（11画）チョ　（あらわす）（いちじるしい）　著書《ちょしょ》
- 庁（5画）チョウ　官公庁《かんこうちょう》
- 頂（11画）チョウ　いただく　いただき　登頂《とうちょう》
- 腸（13画）チョウ　大腸《だいちょう》
- 潮（15画）チョウ　しお　潮風《しおかぜ》
- 賃（13画）チン　運賃《うんちん》
- 痛（12画）ツウ　いたい　いたむ　いためる　頭痛《ずつう》
- 敵（15画）テキ　（かたき）　敵対《てきたい》
- 展（10画）テン　展望《てんぼう》
- 討（10画）トウ　（うつ）　討論《とうろん》
- 党（10画）トウ　党派《とうは》
- 糖（16画）トウ　砂糖《さとう》
- 届（8画）とどける　とどく　新聞《しんぶん》が届《とど》く
- ナ　難（18画）ナン　（かたい）　むずかしい　難問《なんもん》
- 乳（8画）ニュウ　ちち　（ち）　乳児《にゅうじ》
- 認（14画）（ニン）　みとめる　確認《かくにん》
- 納（10画）ノウ・（ナッ）　（ナ）・（ナン）　（トウ）　おさめる　おさまる　収納《しゅうのう》
- 脳（11画）ノウ　首脳《しゅのう》
- ハ　派（9画）ハ　流派《りゅうは》
- 拝（8画）ハイ　おがむ　参拝《さんぱい》
- 背（9画）ハイ　せ　せい　（そむく）（そむける）　背番号《せばんごう》
- 肺（9画）ハイ　肺活量《はいかつりょう》
- 俳（10画）ハイ　俳句《はいく》
- 班（10画）ハン　救護班《きゅうごはん》
- 晩（12画）バン　朝晩《あさばん》
- 否（7画）ヒ　（いな）　否定《ひてい》
- 批（7画）ヒ　批評《ひひょう》
- 秘（10画）ヒ　（ひめる）　秘蔵《ひぞう》
- 俵（10画）ヒョウ　たわら　三俵《さんびょう》
- 腹（13画）フク　はら　空腹《くうふく》
- 奮（16画）フン　ふるう　うでを奮《ふる》う
- 並（8画）（ヘイ）　なみ　ならべる　ならぶ　ならびに　列《れつ》に並《なら》ぶ
- 陛（10画）ヘイ　陛下《へいか》
- 閉（11画）ヘイ　とじる　（とざす）　しめる　しまる　開閉《かいへい》
- 片（4画）（ヘン）　かた　片手《かたて》
- 補（12画）ホ　おぎなう　補助《ほじょ》
- 暮（14画）（ボ）　くれる　くらす　日《ひ》が暮《く》れる
- 宝（8画）ホウ　たから　宝探《たからさが》し
- 訪（11画）ホウ　（おとずれる）　たずねる　訪問《ほうもん》
- 亡（3画）ボウ　（モウ）（ない）　死亡《しぼう》
- 忘（7画）（ボウ）　わすれる　忘《わす》れ物《もの》
- 棒（12画）ボウ　鉄棒《てつぼう》
- マ　枚（8画）マイ　枚数《まいすう》
- 幕（13画）マク　バク　開幕《かいまく》
- 密（11画）ミツ　秘密《ひみつ》
- 盟（13画）メイ　連盟《れんめい》
- 模（14画）モ　ボ　模様《もよう》
- ヤ　訳（11画）ヤク　わけ　通訳《つうやく》
- 郵（11画）ユウ　郵便《ゆうびん》
- 優（17画）ユウ　（やさしい）（すぐれる）　優勝《ゆうしょう》
- 預（13画）ヨ　あずける　あずかる　預金《よきん》
- 幼（5画）ヨウ　おさない　幼児《ようじ》
- 欲（11画）ヨク　（ほっする）（ほしい）　食欲《しょくよく》
- 翌（11画）ヨク　翌日《よくじつ》
- ラ　乱（7画）ラン　みだれる　みだす　乱雑《らんざつ》
- 卵（7画）（ラン）　たまご　生卵《なまたまご》
- 覧（17画）ラン　展覧《てんらん》
- 裏（13画）（リ）　うら　表《おもて》と裏《うら》
- 律（9画）リツ　（リチ）　規律《きりつ》
- 臨（18画）リン　（のぞむ）　臨海《りんかい》
- 朗（10画）ロウ　（ほがらか）　朗読《ろうどく》
- 論（15画）ロン　反論《はんろん》

教科書ワーク
もくじ

光村図書版
国語6年

動画 コードを読みとって、下の番号の動画を見てみよう。

	教科書ページ	基本・練習のワーク	まとめのテスト
準備	20～21	2～3	
帰り道／公共図書館を活用しよう	25～43	4～9	12～13
漢字の形と音・意味 動画①／季節の言葉１　春のいぶき	44～47	10～11	
聞いて、考えを深めよう／漢字の広場①　５年生で習った漢字	48～52	14～15	
[練習]笑うから楽しい／時計の時間と心の時間／[情報]主張と事例	53～65	16～21	24～25
文の組み立て 動画②	66～67	22～23	
たのしみは	68～71	26～27	
天地《てんち》の文《ふみ》／[情報]情報と情報をつなげて伝えるとき	72～75	28～29	
デジタル機器と私たち／季節の言葉２　夏のさかり	76～83	30～33	
私と本／星空を届けたい	84～97	34～37	38～39
せんねん　まんねん	98～99	40～41	
名づけられた葉	100～101	42～43	
いちばん大事なものは／インターネットでニュースを読もう	102～107	44～45	
文章を推敲《こう》しよう／漢字の広場②　５年生で習った漢字	108～110	46～47	
やまなし／[資料]イーハトーヴの夢／漢字の広場③　５年生で習った漢字	111～135	48～57	60～61
熟語の成り立ち 動画③・④／季節の言葉３　秋の深まり	136～139	58～59	
みんなで楽しく過ごすために／伝えにくいことを伝える／話し言葉と書き言葉	140～149	62～63	
古典芸能の世界／狂《きょう》言「柿山伏《かきやまぶし》」を楽しもう	150～154	64～67	
『鳥獣《ちょうじゅう》戯《ぎ》画《が》』を読む	155～165	68～71	74～75
発見、日本文化のみりょく	166～169	72～73	
カンジー博士の漢字学習の秘伝 動画⑥／漢字の広場④　５年生で習った漢字	170～172	76～77	
ぼくのブック・ウーマン／おすすめパンフレットを作ろう／季節の言葉４　冬のおとずれ	173～195	78～81	82～83
詩を朗読してしょうかいしよう	196～197	84～85	
知ってほしい、この名言／日本の文字文化 動画⑦／仮名《かな》づかい	198～203	86～87	
漢字の広場⑤　５年生で習った漢字／**「考える」とは**	204～214	88～93	94～95
使える言葉にするために／日本語の特徴《ちょう》	215～220	96～97	
大切にしたい言葉／今、私は、ぼくは	221～230	98～99	
海の命／漢字の広場⑥　５年生で習った漢字	231～247	100～103	104～105
生きる	252～255	106～107	
人間は他の生物と何がちがうのか	256～260	108～109	
付録 **物語の世界を作る表現／詩から表現の工夫を学ぶ**	266～271		110～111
付録 **平和のとりでを築く**	272～275		112

実力判定テスト(全４回) ……巻末折りこみ
答えとてびき(とりはずすことができます)……別冊

【イラスト】artbox、かつまたひろこ、クリエイティブ・ノア、林菜々子、福留鉄夫
【写真提供】アフロ、ピクスタ　【図版提供】光村図書出版

基本のワーク

準備

教科書 20～21ページ

答え 1ページ

勉強した日　月　日

学習の目標
●言葉の順序がちがうところや、くり返しの表現の効果を考えて読もう。
●だれに、何をよびかける詩なのかを考えよう。

次の詩を読んで、問題に答えましょう。

準備

高階《たかしな》　杞一《きいち》

待っているのではない
①準備をしているのだ
飛び立っていくための
②見ているのではない
測ろうとしているのだ
風の向きや速さを

1 「①準備をしているのだ」とありますが、何のためですか。

（　　　　　）

言葉の順序がふつうとはちがっているよ。

2 「②見ているのではない」とありますが、何を、どうしようとしているのですか。

（　　　　　）

3 「③おそれてはいけない」について答えましょう。

(1) だれによびかけていますか。五字の言葉を書きぬきましょう。

□□□□□

(2) 何を「おそれてはいけない」とよびかけていますか。詩の中から二つ書きぬきましょう。

（　　　　　）（　　　　　）

言葉の意味プラス
12行　おそれる…こわがる。　13行　世…世の中。

初めての位置
初めての高さを
こどもたちよ
おそれてはいけない
この世のどんなものもみな
「初めて」から出発するのだから
落ちることにより
初めてほんとうの高さがわかる
うかぶことにより
初めて
雲の悲しみがわかる

(3) 「おそれてはいけない」のは、なぜですか。

この世のものはみな、「（　　　　）」から出発するから。

4 よく出る 「落ちることにより／……／雲の悲しみがわかる」とありますが、作者は、どのようなことを伝えたいのですか。一つに○をつけましょう。

ア（　）ちょうせんする前に、何度でも練習を重ねる必要があるということ。

イ（　）ちょうせんすることによって、初めてわかることがあるということ。

ウ（　）失敗したのは、ちょうせんするのがまだ早かったからだということ。

くり返し出てくる言葉に注目しよう。

5 よく出る この詩の表現の効果を説明したものとして、合うもの一つに○をつけましょう。

ア（　）「こどもたち」を「雲」にたとえることによって、自由気ままに生きてほしいという願いを伝えている。

イ（　）言葉の順序をふつうとはちがう形にすることによって、人生は思いどおりにはいかないことを伝えている。

ウ（　）「初めて」や「わかる」という言葉のくり返しによって、新たなちょうせんを後おしする気持ちを伝えている。

ものしりメモ

作者の高階杞一《たかしなきいち》さんは、1951年大阪《おおさか》市生まれ。大学時代、農学を学ぶかたわら、詩を作り始めたそうだよ。

視点や作品の構成に着目して読み、印象に残ったことを伝え合おう

基本のワーク

帰り道
公共図書館を活用しよう

教科書 25～43ページ

答え 1ページ

勉強した日 月 日

学習の目標

- 視点のちがいに着目し、人物像をとらえよう。
- 人物の心情を想像しながら読もう。

漢字練習ノート3～5ページ

新しい漢字

教科書ページ	漢字	読み	画数
25	視	シ	11画
27	砂	サ すな	9画
27	腹	フク はら	13画
28	段	ダン	9画
29	並	なみ ならべる ならびに	8画
30	降	コウ おりる ふる	10画
30	認	みとめる	14画
30	洗	セン あらう	9画
30	異	イ こと	11画
30	純	ジュン	10画
32	射	シャ いる	10画
32	背	ハイ せ せい	9画
33	捨	シャ すてる	11画
35	舌	した	6画
36	乱	ラン みだれる	7画
41	域	イキ	11画
42	誌	シ	14画
42	映	エイ うつる	9画
42	拡	カク	8画
42	展	テン	10画
43	蔵	ゾウ	15画
43	訪	ホウ たずねる	11画

◀練習しましょう。

視 砂 腹 段 並 降 認 洗

異 純 射 背 捨 舌 乱 域

誌 映 拡 展 蔵 訪

1 漢字の読み　読み仮名《がな》を横に書きましょう。

○新しく学習する漢字
●読み方が新しい漢字

① 砂ぼこり
② 階段
③ 並べる
④ 降る
⑤ 洗い流す
⑥ 異物
⑦ 単純
⑧ 背中
⑨ 捨てる
⑩ 舌
⑪ 乱打
⑫ 雑誌
⑬ 映像
⑭ 拡大
⑮ 所蔵

2 漢字の書き　漢字を書きましょう。

① □《はら》が減る。
② 実力を□《みと》める。
③ 西日の□□《はんしゃ》。
④ □□《ちいき》の図書館。
⑤ 作品の□□《てんじ》。
⑥ 外国を□□《ほうもん》する。

内容をつかもう！

帰り道　教科書を読んで、答えましょう。

1 いつの出来事が書かれていますか。一つに○をつけましょう。　教科書26ページ

ア（　）学校へ行くとき。
イ（　）学校での授業中。
ウ（　）学校から帰るとき。

2 だれの視点から書かれているかを、場面ごとにまとめました。順番になるよう、（　）に1・2を書きましょう。　教科書26～37ページ

（　）「周也《しゅうや》」の視点から。
（　）「律《りつ》」の視点から。

同じ出来事が、二人の人物の視点から書かれている物語だよ。視点とは、「語り手がどこから見て語っているか」ということだよ。

3 言葉の意味　○をつけましょう。

① 28ページ 話のテンポについていく。
ア（　）長さ。
イ（　）速さ。
ウ（　）おもしろさ。

② 29 天をあおぐ。
ア（　）見上げる。
イ（　）ふり向く。
ウ（　）無視する。

③ 30 とっさに頭にうかぶ。
ア（　）すぐさま。
イ（　）しばらく。
ウ（　）ぼんやり。

④ 32 ばつの悪さをかくす。
ア（　）子どもらしさ。
イ（　）行いの悪さ。
ウ（　）はずかしさ。

⑤ 32 しばし まばたきを止める。
ア（　）ずっと。
イ（　）少しの間。
ウ（　）急いで。

⑥ 34 母親の小言が頭をかすめる。
ア（　）ずっとはなれない。
イ（　）何度も出てくる。
ウ（　）現れてすぐ消える。

ものしりメモ
森絵都《もりえと》さんは、2006年に「風に舞《ま》いあがるビニールシート」という作品で直木《なおき》賞を受賞しているんだ。直木賞は、芥川《あくたがわ》賞と並んで毎回話題になる文学賞だよ。

練習のワーク1

帰り道

教科書 25～43ページ

答え 2ページ

勉強した日　月　日

できるナビ
●律《りつ》の心情や人物像をとらえよう。
●律から見た周也《しゅうや》の人物像を読み取ろう。

次の文章を読んで、問題に答えましょう。

「ああ、腹減った。今日の夕飯、何かなあ。あしたの給食、何かなあ。」

「な、律《りつ》。昨日の野球、見たか。」

「夏休みまで、あと何日だったっけ。」

周也《しゅうや》の話があちこち飛ぶのは、いつものこと。なのに、今日のぼくにはついていけない。まるでなんにもなかったみたいに、周也はふだんと変わらない。①ぼくだけがあのことを引きずっているみたいで、一歩前を行く紺《こん》色のパーカーが、どんどんにくらしく見えてくる。

今日の昼休み、友達五人でしゃべっているうちに、「どっちが好き。」って話になった。「海と山は。」「夏と冬は。」「ラーメンとカレーは。」「歯ブラシのかたいのとやわらかいのは。」――みんなで順に質問を出し合い、「海。」「海。」「山。」「海。」と、ぽんぽん答えていく。そのテンポに、ぼくだけついていけなかった。「どっちかなあ。」とか、「どっちもかな。」とか、一人でごにょごにょ言っていたら、周也が急にいらついた目でぼくをにらんだんだ。

「どっちも好きってのは、どっちも好きじゃないのと、いっしょじゃないの。」

1 (1) 「①ぼくだけがあのことを引きずっている」について答えましょう。

「あのこと」とは、どのようなことですか。

今日の［　　　］に、周也が［　　　　　］目で「ぼく」(律)をにらみ、「どっちも好きってのは、どっちも好きじゃないのと、いっしょじゃないの。」と言ったこと。

(2) 「あのこと」があったとき、「ぼく」はどんな気がしましたか。

(　　　　)ものが、(　　　　)の辺りにささった気がした。

(3) 「あのことを引きずっている」という「ぼく」に対して、周也はどのような様子でしたか。

ふだんと(　　　　)様子。

(4) 周也の様子を見て、「ぼく」はどう思いましたか。

周也が(　　　　)思えた。

「一歩前を行く紺色のパーカー」とは周也のことだね。

言葉の意味プラス
20行 みぞおち…おなかの上のほうにある、くぼんだところ。
26行 しだいに…だんだん。少しずつ。

先のとがったするどいものが、みぞおちの辺りにずきっとささった。そのまま今もささり続けて、歩いても、歩いても、ふり落とせない。

返事をしないぼくに白けたのか、周也の口数もしだいに減って、大通りの歩道橋をわたるころには、二人してすっかりだまりこんでいた。②階段を上る周也と、ぼくとの間に、きょりが開く。広がる。ここ一年でぐんと高くなった頭の位置。たくましくなった足取り。ぼくより半年早く生まれた周也は、これからもずっと、どんなこともテンポよく乗りこえて、ぐんぐん前へ進んでいくんだろう。

はぁ。③声にならないため息が、ぼくの口からこぼれて、足元のかげにとけていく。どうして、ぼく、すぐに立ち止まっちゃうんだろう。思っていることが、なんで言えないんだろう。ぼくは海のこんなところが好きだ。山のこんなところも好きだ。その「こんな」をうまく言葉にできたなら、周也とちゃんとかたを並べて、歩いていけるのかな。「どっちも好き」と「どっちも好きじゃない」がいっしょなら、「言えなかったこと」と「なかったこと」もいっしょになっちゃうのかな。考えるほどに、みぞおちの辺りが重くなる。

〈森《もり》絵都《えと》「帰り道」による〉

2 「②階段を上る周也と、ぼくとの間に、きょりが開く。」とありますが、このとき、「ぼく」は周也を見てどう思いましたか。

●頭の位置　ここ一年で［　　　　　］なった。

●足取り［　　　　　］なった。

→ これからもずっと　どんなことも［　　　　　］乗りこえて、［　　　　　　］進んでいくんだろう。

3 よく出る● 「③声にならないため息が、ぼくの口からこぼれて、足元のかげにとけていく。」とありますが、このとき、「ぼく」はどのようなことを思っていますか。一つに○をつけましょう。

ア（　）周也に対して引け目を感じ、思っていることをうまく言葉にできたらいいのにと思っている。

イ（　）自分は、周也のようには思っていることを言えないと思いつつ、別にそれでもよいと思っている。

ウ（　）自分の思っていることを分かってくれない周也に、言葉に表すことのできないいかりを感じている。

「言葉にすること」について、「ぼく」（律）は、どうありたいと考えているだろう。

ものしりメモ　周也《しゅうや》が着ている「パーカー」とは、頭にかぶる「フード」がついている、防寒用の衣服のことだよ。

練習のワーク②

帰り道

教科書 25～43ページ

答え 2ページ

勉強した日　月　日

できるナビ
●周也《しゅうや》の心情や人物像をとらえよう。
●周也から見た律《りつ》の人物像を読み取ろう。

次の文章を読んで、問題に答えましょう。

昼休み、みんなで話をしていたとき、はっきりしない律《りつ》にじりじりして、つい、言わなくてもいいことを言った。軽くつっこんだつもりが、律の顔を見て、重くひびいてしまったのが分かった。まずい、と思うも、もうおそい。以降、絶対にぼくの顔を見ようとしない律のことが気になって、野球の練習を休んでまでげんかん口で待ちぶせをしたのに、いざ並んで歩きだすと、気まずいちんもくにたえられず、また①ぺらぺらとよけいなことばかりしゃべっている自分がいた。

「この前、給食でプリンが出てから、もうずいぶんたつよな。」

「むし歯が自然に治ればなあ。」

「山田んちの姉ちゃん、一輪車が得意なの、知ってたか。」

何を言っても、背中ごしに聞こえてくるのは、さえない足音だけ。ぼくがしゃべればしゃべるほど、その音は遠のいていくような気がする。

ふいに母親の小言が頭をかすめたのは、下校中の人かげがあっちへこっちへ枝分かれして、道がすいてきたころだった。

「周也《しゅうや》。あなた、おしゃべりなくせして、どうして②会話のキャッチボールができないの。会話っていうのは、相手の言葉を受け止めて、それをきちんと投げ返すことよ。あなたは一人で

1 「ぼく」(周也)が律といっしょに帰ろうと思ったのは、なぜですか。

昼休みの出来事以降、（　　　　）から。

「ぼく」は、律をきずつけてしまったと思っているね。

2 「ぼく」が「①ぺらぺらとよけいなことばかりしゃべっている」のは、なぜですか。

直前の「たえられず」の内容をとらえよう。

（　　　　）にたえられないから。

3 「②会話のキャッチボール」とは、具体的にはどうすることですか。

（　　　　）

言葉の意味プラス
1行 じりじり…だんだんいらだつ様子。　12行 さえない…ぱっとしない様子。
35行 たれこめる…低くおおう。　42行 乱打…むやみに打つこと。

ぽんぽん球を放っているだけで、それじゃ、③ピンポンの壁打《かべう》ちといっしょ。」

ピンポン。なんだそりゃ、とそのときは思ったけど、今、こうして壁みたいにだまりこくっている律を相手にしていると、④その意味が分かるような気がしてくる。たしかに、ぼくの言葉は軽すぎる。ぽんぽん、むだに打ちすぎる。もっとじっくりねらいを定めて、いい球を投げられたなら、律だって何か返してくれるんじゃないか。

でも、いい球って、どんなのだろう。考えたとたんに、舌が止まった。何も言えない。言葉が出ない。どうしよう。あわてるほどにぼくの口は動かなくなって、逆に、足は律からにげるようにスピードを増していく。

無言のまま歩道橋をわたった先には、しかも、市立公園が待ち受けていた。道の両側から木々のこずえがたれこめた通り道。人声《ひとごえ》も、車の音も、工事の騒《そう》音も聞こえない緑のトンネル。ぼくはこの静けさが大の苦手だった。

正確にいうと、だれかといるときのちんもくが苦手だ。たちまち、そわそわと落ち着きをなくす。何か言わなきゃってあせる。野球チームに入る前、律とよくいっしょに帰っていたころも、ぼくはこの公園を通りかかるたび、しんとした空気をかき混ぜるみたいに、⑤ピンポン球を乱打せずにいられなかった。律のほうはちんもくなんてちっとも気にせず、いつだって、マイペースなものだったけど。

〈森《もり》絵都《えと》「帰り道」による〉

4 よく出る 「③ピンポンの壁打ちといっしょ」とは、どういうことですか。一つに○をつけましょう。

相手ではなく、壁に向かって打っているということだよ。

ア（　）相手がそこにいるのに話そうとしないで、自分の心の中だけでしゃべっているということ。

イ（　）相手の言葉を受け止めず、自分の言いたいことだけを思いつくままにしゃべっているということ。

ウ（　）自分が言いたいことをよく考えて、それが相手にきちんと伝わるようにしゃべっているということ。

5 「④その意味が分かるような気がしてくる」とありますが、「ぼく」はどういうことに気づいたのですか。

「ぼく」の言葉は（　　）し、（　　）に話しすぎるということ。

6 よく出る 「⑤ピンポン球を乱打せずにいられなかった」について答えましょう。

(1) それはなぜですか。

「ピンポン球を乱打」するとは、どういうことかな。

「ぼく」は□□□□が□□だから。

(2) そのような「ぼく」に対して、律はいつもどのような様子でしたか。

（　　）などちっとも気にしないで、いつでも（　　）な様子。

ものしりメモ

「ピンポン」は英語。球をラケットで打つ音や球がはずむ音から、この名前がついたんだ。ただし、卓《たっ》球の英語での正式な競技名は「テーブルテニス」だよ。

基本のワーク

漢字の形と音・意味
季節の言葉1　春のいぶき

教科書 44～47ページ

答え 2ページ

勉強した日　月　日

学習の目標

●漢字の形と、音・意味の関係について知ろう。
●二十四《にじゅうし》節気《せっき》について知り、春を表す言葉に関心をもとう。

漢字練習ノート5～6ページ

新しい漢字

教科書ページ

教科書ページ	漢字	読み	画数
44	我	われ	7画
44	承	ショウ	8画
44	蒸	ジョウ	13画
44	処	ショ	5画
44	就	シュウ	12画
44	臨	リン	18画
45	従	ジュウ　したがう	10画
45	恩	オン	10画
45	裁	サイ　さばく	12画
45	律	リツ	9画
45	脳	ノウ	11画
45	臓	ゾウ	19画
45	腸	チョウ	13画
45	肺	ハイ	9画
45	胃	イ	9画

◀練習しましょう。

1 漢字の読み

読み仮名《がな》を横に書きましょう。

○新しく学習する漢字
●読み方が新しい漢字

①我々
②伝承
③細心
④対処
⑤就職
⑥臨海
⑦従う
⑧脳
⑨心臓
⑩腸
⑪肺
⑫胃

2 漢字の書き

漢字を書きましょう。

①（じょうき）機関車。
②命の（おんじん）。
③（さいばんかん）。
④（ほうりつ）を守る。

漢字の形と音・意味

3 次の□に合う漢字を□から選んで書きましょう。また、それらの漢字に共通する読み方を書きましょう。

今学期の目□を定める。
代表者を投□で決める。

票　標

読み方（　　）

4 次の三つの□に共通して入る漢字の部分と、その部分が表す意味を□から選んで、記号で答えましょう。

① □昜　□𠂢　□市

部分（　　）　意味（　　）

② □走　□复　□主

部分（　　）　意味（　　）

ア 氵　イ 月　ウ 彳
エ 水に関係する意味。
オ 体に関係する意味。
カ 「行くこと」や「道」などに関係する意味。

季節の言葉1　春のいぶき

5 次の説明に合う言葉を□から選んで、記号で答えましょう。

① だんだんあたたかくなり、すがすがしく、明るい空気に満ちあふれるころ。（四月五日ごろ）（　　）
② こよみのうえで、春が始まる日。（二月四日ごろ）（　　）
③ 雪が雨に変わり、積もった雪が解け始めるころ。（二月十九日ごろ）（　　）

ア 雨水《うすい》　イ 清明《せいめい》　ウ 立春《りっしゅん》

6 次の短歌と俳句《はいく》を読んで、問題に答えましょう。

A 木立《だち》より雪解《げ》のしづ《（ず）》く落つるおと　聞きつつわれは歩みをとどむ　斎藤《さいとう》 茂吉《もきち》
B 啓蟄《けいちつ》の虻《あぶ》はや花粉まみれかな　星野《ほしの》 立子《たつこ》
C 掘《ほ》り返す塊《つちくれ》光る穀雨《こくう》かな　西山《にしやま》 泊雲《はくうん》

1 Aの短歌で、作者は何に春のおとずれを感じていますか。
（　　）が解けて、木立からしずくが落ちる音。

2 B・Cの俳句から、二十四節気《にじゅうしせっき》を表す言葉を書きぬきましょう。
B（　　）
C（　　）

ものしりメモ
漢字の書かれたものが中国《ちゅうごく》から日本に伝わったのは、１世紀ごろではないかといわれているよ。「畑」など、その後に日本で作られた漢字もあるんだ。

まとめのテスト

帰り道
漢字の形と音・意味

教科書 25～47ページ

答え 3ページ

時間 20分

得点　　/100点

勉強した日　月　日

1 次の文章を読んで、問題に答えましょう。

なんだ、と思う間もなく、ぼくのほおに最初の一滴《てき》が当たった。大つぶの水玉がみるみる地面をおおっていく。天気雨――頭では分かっていながらも、ピンポン球のことばかり考えていたせいか、空からじゃんじゃん降ってくるそれが、ぼくの目には一瞬《しゅん》、①無数の白い球みたいにうつったんだ。

ぼくがむだに放ってきた球の逆襲《しゅう》。「うおっ。」と思わずとび上がったら、後ろからも「何これ。」と律《りつ》の声がして、ぼくたちは全身に雨を浴びながら、しばらくの間、ばたばたと暴れまくった。はね上がる水しぶき。びしょぬれのくつ。たがいのあわてっぷり。何もかもがむしょうにおかしくて、雨が通り過ぎるなり、②笑いがあふれ出した。律もいっしょに笑ってくれたのがうれしくて、ぼくは③ことさらに大声を張り上げた。

はっとしたのは、爆《ばく》発的な笑いが去った後、律が急にひとみを険しくしてつぶやいたときだ。

④「ぼく、晴れが好きだけど、たまには、雨も好きだ。ほんとに両方、好きなんだ。」

たしかに、そうだ。晴れがいいけど、こんな雨なら大かんげい。どっちも好きってこともある。心で賛成しながらも、ぼくはとっさにそれを言葉にできなかった。こんなときに限って口

4 ④「ぼく、晴れが好きだけど、たまには、雨も好きだ。ほんとに両方、好きなんだ。」という言葉を聞いたときの「ぼく」（周也《しゅうや》）は、どのような様子でしたか。　完答〔10点〕

心の中で□□しながらも、それを□□にできなかった。

チャレンジ!

5 ⑤「ぼくにうなずき返した」ことから、律のどのような気持ちが分かりますか。一つに○をつけましょう。〔10点〕

ア（　）自分が言ったことに対する答えを、言葉にしてほしいという気持ち。

イ（　）自分が伝えたかったことを、分かってもらえてうれしいという気持ち。

ウ（　）また雨が降ってくるかもしれないから、帰り道を急ぎたいという気持ち。

6 よく出る ⑥「律と並んで再び歩きだし」た「ぼく」は、どのようなことができたと感じましたか。〔10点〕

（　　　　　　　　）ということ。

言葉の意味プラス

6行 逆襲…せめられていたほうが、逆にこうげきすること。
14行 つぶやく…小さな声で独り言を言う。　20行 うなずく…首をたてにふる。

が動かず、できたのは、だまってうなずくだけ。なのに、なぜだか律は雨あがりみたいなえがおにもどって、⑤ぼくにうなずき返したんだ。

「行こっか。」

「うん。」

しめった土のにおいがただようトンネルを、⑥律と並んで再び歩きだしながら、ひょっとして――と、ぼくは思った。投げそこなった。でも、ぼくは初めて、律の言葉をちゃんと受け止められたのかもしれない。

〈森《もり》絵都《えと》「帰り道」による〉

1 「①無数の白い球みたいにうつった」ものは、何でしたか。三字の言葉を書きぬきましょう。〔10点〕

2 「②笑いがあふれ出した」のは、なぜですか。〔12点〕

3 「③ことさらに大声を張り上げた」のは、なぜですか。〔12点〕

2

次の□に合う漢字を□から選んで書きましょう。また、それらの漢字に共通する読み方を書きましょう。　一つ3〔36点〕

① 児童会の会□を選ぶ。
手□に予定を書き記す。
道路を拡□する。
長　張　帳
読み方

② 三角形の面□を求める。
国語の成□が良くなる。
キャプテンとしての□任を果たす。
責　積　績
読み方

③ 卒業の記念に□画を制作する。
十二時になったので、ご□を食べる。
□対の意見を述べる。
反　版　飯
読み方

ものしりメモ　天気雨は、日が照っているのにさっと降るにわか雨。「きつねのよめいり」ともいうよ。

インタビューをして、自分の考えと比べながら聞こう

基本のワーク

聞いて、考えを深めよう

漢字の広場① 五年生で習った漢字

教科書 48～52ページ

答え 3ページ

勉強した日　月　日

学習の目標
●インタビューをして、相手の思いや考えを聞き出す方法を学ぼう。
●五年生で習った漢字を使えるようにしよう。

漢字練習ノート7ページ

1 五年生の漢字　漢字を書きましょう。

① □《さくら》の花がさく。
② 春の□□《くかい》を開く。
③ 町の□□《れきし》を学ぶ。
④ 古い□□《ぶつぞう》を見る。
⑤ □□《さんみゃく》をこえる。
⑥ 自然を□□《ほご》する。
⑦ □□□《ぶんかざい》を守る。
⑧ □□《ふっきゅう》工事を行う。
⑨ 立ち入り□□《きんし》。
⑩ 畑を□《たがや》す。
⑪ □□《ひりょう》をやる。
⑫ 家を□□《かいちく》する。

⑫「かいちく」は、建物をつくりかえることだよ。

⑬ □□《じこ》の防止。
⑭ 仮説を□□《けんしょう》する。
⑮ □□《げんいん》を調べる。
⑯ □□《だんち》に住む。
⑰ □□《にゅうきょ》の準備をする。
⑱ バスが□□《ていしゃ》する。
⑲ 家と駅を□□《おうふく》する。
⑳ □□《ぼうさい》訓練を行う。
㉑ たきぎが□《も》える。
㉒ テーブルを□《かこ》む。
㉓ □□《けんざかい》をこえる。
㉔ □□《かこう》付近の海。
㉕ 川の□□《すいしつ》を保つ。
㉖ □□《ちょうさ》を続ける。

2 インタビューの準備について説明した文として、正しいものには○を、まちがっているものには×をつけましょう。

（　）相手に質問したいことをあらかじめ考え、メモに書いておく。

（　）質問に対して相手がどう答えるかを予想し、話の流れを想定しておく。

（　）相手の考えを大切にするため、聞きたいことに対して自分の考えをもたないでおく。

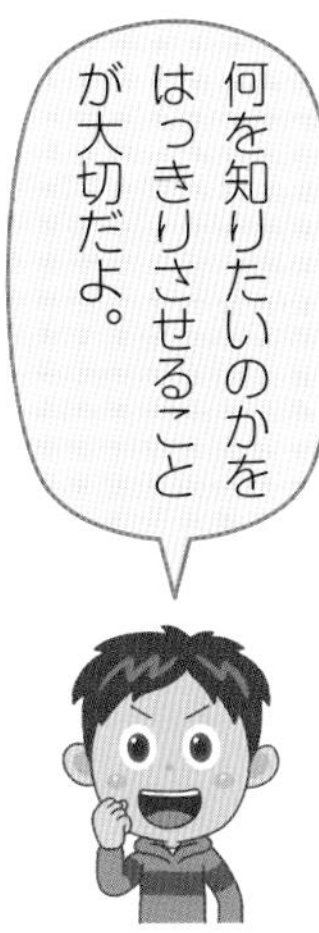
何を知りたいのかをはっきりさせることが大切だよ。

3 ボランティアの人にインタビューをするとき、相手にわかりやすい聞き方はどちらですか。一つに○をつけましょう。

ア（　）ぼくの教室の前にある花だんについて、話を聞かせてください。

イ（　）六年二組の前にある花だんについて、話を聞かせてください。

4 インタビューをするときに気をつけることを、次のようにまとめました。（　）に合う言葉を［　］から選んで書きましょう。

・相手が（①　　）ことをふまえて、説明を加えたり、言葉を（②　　）しながら質問する。

・相手の話を聞くときは、それが（③　　）なのか、思いや（④　　）なのかを考えながら聞くようにする。

・相手から何度も出てくる（⑤　　）に着目するなどして、相手の思いや考えをとらえるようにする。

・相手の話を聞いたら、相手の言葉を（⑥　　）たり、言いかえたりして内容を（⑦　　）ようにする。

・相手の話を聞いて（⑧　　）をもったことは、追加で（⑨　　）したり、自分の考えを述べたりするようにする。

考え　興味　言葉　事実　質問
知っている　くり返し　確かめる　選んだり

ものしりメモ　インタビューというと、取材のために、相手に質問して話を聞き出すことを想像するね。でも、英語では、二人で話し合う「対談」や「面接」という意味も表すよ。

主張と事例の関係をとらえ、自分の考えを伝え合おう

基本のワーク

【練習】笑うから楽しい　時計の時間と心の時間　ほか

教科書 53〜65ページ

答え 3ページ

勉強した日　月　日

学習の目標

●筆者の主張が書かれている段落をおさえよう。

●挙げられている事例と、筆者の主張との関係をとらえよう。

漢字練習ノート8ページ

新しい漢字

▼練習しましょう。

教科書ページ	漢字	読み	画数
53	私	シ　わたし　わたくし	7画
54	密	ミツ	11画
54	呼	コ　よぶ	8画
55	吸	キュウ　すう	6画
56	存	ソン　ゾン	6画
58	刻	コク　きざむ	8画
59	激	ゲキ　はげしい	16画
60	簡	カン	18画
60	机	つくえ	6画
61	難	ナン　むずかしい	18画
63	疑	ギ　うたがう	14画

○新しく学習する漢字
●読み方が新しい漢字

1 漢字の読み　読み仮名《がな》を横に書きましょう。

① ○私

② ○密接

③ ○呼び起こす

④ ●呼○吸

⑤ ○存在

⑥ 時○刻

⑦ 刺《し》○激

⑧ ○簡単

⑨ ○机

⑩ ○難しい

⑪ ○疑問

⑤「存」には音が二つあるから、読み方に注意しよう。

4 言葉の意味　○をつけましょう。

① 54ページ 密接に関係している。

ア（　）非常に深く。

イ（　）知らないうちに。

ウ（　）間にほかのものをおいて。

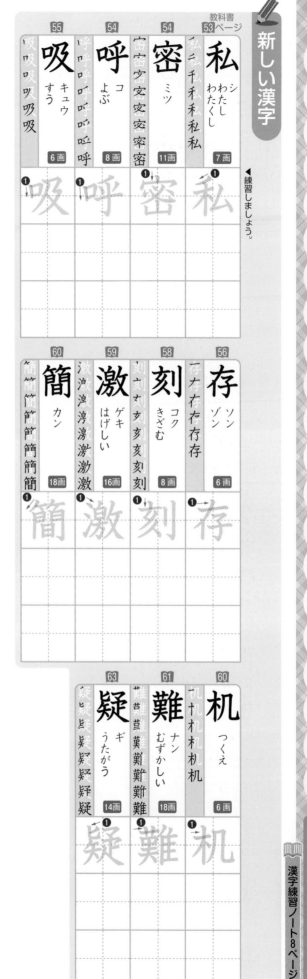

2 漢字の書き

漢字を書きましょう。

① □□《みっせつ》な関係。

② □《よ》び起こす。

③ □□《こきゅう》をする。

④ 身近な□□《そんざい》。

⑤ □《むずか》しい問題。

⑥ □□《ぎもん》に思う。

3 主張と事例

次の主張を支える事例にアを、事例から分かることにイを書きましょう。

学校の昼食は、弁当より給食のほうがいいと思います。

（　）給食は、からだに必要なエネルギーと栄養をとることができる。

（　）給食は、主食、主菜、副菜、牛乳《にゅう》、果物で構成されている。

内容をつかもう！

☆ 笑うから楽しい

教科書 54〜55ページ

「笑うから楽しい」とは、どういうことを表していますか。□に合う言葉を□から選んで書きましょう。

「笑う」という［　　］の動きが［　　］の動きに働きかけて、［　　］気持ちになること。

心　体　悲しい　楽しい

☆ 時計の時間と心の時間

教科書 56〜61ページ

次のうち、「時計の時間」について書かれているものにはアを、「心の時間」について書かれているものにはイを書きましょう。

（　）時計が表す時間。

（　）私たちが体感している時間。

（　）いつ、どこで、だれが計っても同じように進む。

（　）さまざまな事がらのえいきょうを受けて進み方が変わったり、人によって感覚がちがったりする。

---

② 56 「心の時間」に目を向ける。
ア（　）関心をもつ。
イ（　）見向きもしない。
ウ（　）とらわれないようにする。

③ 57 私たちが体感する。
ア（　）経験すること。
イ（　）体に感じること。
ウ（　）心を動かされること。

④ 57 特性がある。
ア（　）特別な性質。
イ（　）共通する性質。
ウ（　）よく見られる性質。

⑤ 60 さまざまな活動のペース。
ア（　）決まったやり方。
イ（　）きっかけになるもの。
ウ（　）速さや進み具合。

⑥ 61 不可欠なもの。
ア（　）なくてもよい。
イ（　）してはいけない。
ウ（　）なくてはならない。

⑦ 61 「心の時間」を頭に入れる。
ア（　）数えてみる。
イ（　）覚えておく。
ウ（　）わすれている。

ものしりメモ
時計のない大昔、人々はどうやって時刻を知ったのだろう？　時計の始まりは、約6,000年前に、エジプトで作られた日時計だといわれているよ。

練習のワーク1

【練習】笑うから楽しい

教科書 53～65ページ

答え 4ページ

勉強した日　月　日

できるナビ
●どんな事例が挙げられているかをおさえよう。
●事例をもとにした筆者の主張を読み取ろう。

次の文章を読んで、問題に答えましょう。

① ①私たちの体の動きと心の動きは、密接に関係しています。例えば、私たちは、悲しいときに泣く、楽しいときに笑うというように、心の動きが体の動きに表れます。しかし、それと同時に、②体を動かすことで、心を動かすこともできるのです。泣くと悲しくなったり、笑うと楽しくなったりするということです。

② 私たちの脳は、体の動きを読み取って、それに合わせた心の動きを呼び起こします。ある実験で、参加者に③口を横に開いて、歯が見えるようにしてもらいました。このときの顔の動きは、笑っているときの表情と、とてもよく似ています。実験の参加者は、自分たちがえがおになっていることに気づいていませんでしたが、④自然と愉《ゆ》快な気持ちになっていました。このとき、脳は表情から「今、自分は笑っている」と判断し、笑っているときの心の動き、

3 「③口を横に開いて、歯が見えるようにして」とありますが、これはどういう表情に似ていますか。文章中から書きぬきましょう。

次の文の「このとき」に注目しよう。

（　　　　　　　　）

4 よく出る 「④自然と愉快な気持ちになっていました」とありますが、それはなぜですか。一つに○をつけましょう。

ア（　）参加者が、自分がえがおになっていることに気づいて、楽しくなったから。

イ（　）参加者どうしが笑っているのを見て、脳が楽しい気持ちを引き起こしたから。

ウ（　）脳が表情から「笑っている」と判断し、楽しい気持ちを引き起こしたから。

実験の参加者たちは、自分たちの表情に気づいていなかったんだよ。

5 「⑤表情によって呼吸が変化し、脳内の血液温度が変わることも、私たちの心の動きを決める大切な要素の一つです。」とありますが、脳内の血液温度が低いと、どのように感じるのですか。

□□□□□ 感じる。

言葉の意味プラス

21行 要素…あることが成り立つために必要な、基本的なもの。
26行 生じる…起こる。あらわれる。　30行 同様…同じ様子であること。

つまり、楽しい気持ちを引き起こしていたのです。

③ ⑤表情によって呼吸が変化し、脳内の血液温度が変わることも、私たちの心の動きを決める大切な要素の一つです。人は、脳を流れる血液の温度が低ければ、ここちよく感じることが分かっています。⑥笑ったときの表情は、笑っていないときと比べて、鼻の入り口が広くなるので、多くの空気を取りこむことができます。えがおになって、たくさんの空気を吸いこむと、脳を流れる血液が冷やされて、楽しい気持ちが生じるのです。

④ 私たちの体と心は、それぞれ別々のものではなく、深く関わり合っています。楽しいという心の動きが、えがおという体の動きに表れるのと同様に、体の動きも心の動きに働きかけるのです。

〈中村《なかむら》 真《まこと》「笑うから楽しい」による〉

1 「①私たちの体の動きと心の動きは、密接に関係しています。」とありますが、例えば、どういうことですか。

（　　　　）ときに泣き、楽しいときに（　　　　）ということ。

2 「②体を動かすことで、心を動かすこともできる」とありますが、例えば、どういうことですか。

（　　　　）と悲しくなったり、笑うと（　　　　）なったりするということ。

6 「⑥笑ったときの表情は、笑っていないときと比べて、鼻の入り口が広くなるので、多くの空気を取りこむことができます。」とありますが、その結果、どうなるのですか。

●脳内の（　　　　）が冷やされる。

↓

●（　　　　）気持ちが生じる。

7 この文章で、筆者はどのような考えを述べていますか。

心の動きが体の動きに表れるのと同様に、

（　　　　　　　　）。

8 よく出る この文章で、筆者の考えのもとになっている事例が取り上げられているのは、どの段落ですか。一つに○をつけましょう。

ア（　）①・②段落

イ（　）②・③段落

ウ（　）③・④段落

筆者は、「笑うから楽しい」といえる理由を、二つの事例をもとに説明しているね。

ものしりメモ

心はどこにあるのかな？　実は、何千年も前から学者たちがなやんできた大問題だったんだ。脳、あるいは、心臓にあると言う人や、肝《かん》臓にあると考えていた人たちもいたよ。

練習のワーク②

時計の時間と心の時間

教科書 53〜65ページ　答え 4ページ

勉強した日　月　日

できるナビ
●主張と事例をおさえよう。
●実験の結果をもとにして、筆者が何を述べているかをとらえよう。

次の文章を読んで、問題に答えましょう。

一日の時間帯によっても、「心の時間」の進み方は変わります。実験①は、①この変化について調べたものです。実験の参加者に、一日四回、決まった時刻に、時計を見ないで三十秒の時間を計ってもらい、そのとき「時計の時間」がどのくらい経過していたかを記録してもらいました。②実験①のグラフは、それぞれの時刻ごとに、記録の平均を示したものです。グラフを見ると、感じた時間は同じ三十秒でも、朝や夜は、昼に比べて長い時間がたっていたことが分かります。つまり、昼よりも時間が速くたつように感じているということなのです。これは、③その時間帯の体の動きのよさと関係があると考えられています。私たちの体は、朝、起きたばかりのときや、夜、ねる前には、動きが悪くなります。すると、昼間であればすぐにできることでも、時間がかかるので、あっというまに時間が過ぎるように感じるのです。

実験①　時間帯による時間の感じ方の変化

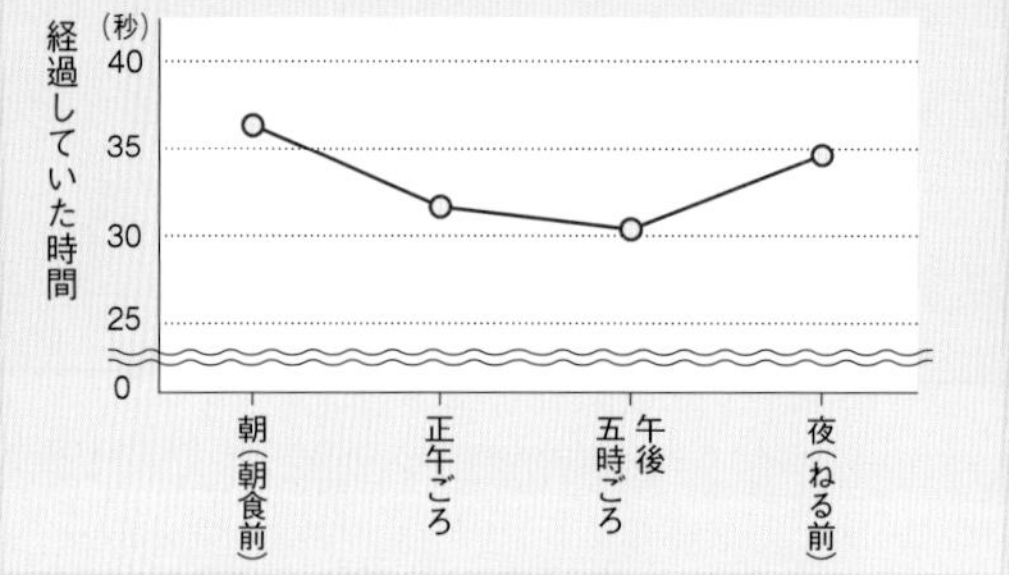

計測した時刻ごとに、複数の参加者の記録を平均し、その数値《ち》をグラフとして表した。

2　「②実験①のグラフ」から分かることについてまとめます。（　）に合う言葉を書きましょう。

感じた時間	「時計の時間」
（❶　　）秒	朝や夜は、昼に比べて（❷　　）時間がたっていた。

←つまり

●朝や夜は、昼よりも時間が（❸　　）たつように感じている。

3　よく出る　「③その時間帯の体の動きのよさと関係がある」とありますが、どういうことですか。

●朝や夜…体の動きが（　　）なる。

←すると

●昼間より動作に時間が（　　）ので、あっというまに時間が過ぎるように感じるということ。

言葉の意味プラス　9行 経過…時間が過ぎること。　20行 環境…周りを取りまいている世界。　23行 刺激…反応を起こさせるもの。　36行 傾向…考えや行動などが、ある方向にかたむくこと。

身の回りの環境《かん》によっても、「心の時間」の進み方は変わります。これは、身の回りから受ける④刺激《し》の多さと関係があります。実験②は、円で表した刺激の数と、時間の感じ方との関わりを調べたものです。複数の参加者に、さまざまな数の円を、同じ時間、映した画面を見てもらいます。そして、円の増減によって、⑤円が表示されていた時間をどのくらいに感じたかを調べました。すると、表示時間が同じでも、円の数が増えるほど、長く映っていたように感じる傾向《けい》があったのです。このような結果から、例えば、物が少ない部屋よりもたくさんある部屋のほうが、身の回りから受ける刺激が多いので、時間の進み方がおそく感じるのではないかと考えられます。

〈一川《いちかわ》 誠《まこと》「時計の時間と心の時間」による〉

実験② 刺激の増減による時間の感じ方の変化

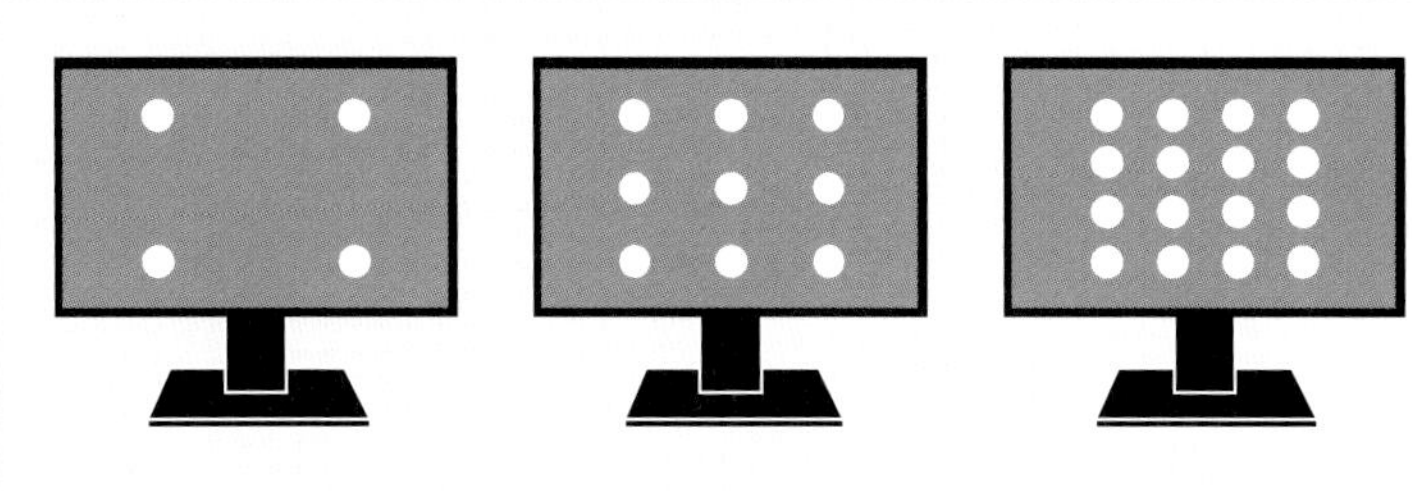

灰《はい》色の画面に、刺激として白い円を表示する。円の数をさまざまに変えて、円が表示された時間が、数によってどのくらいに感じたかを調べる。

1 「①この変化」とありますが、何の変化ですか。

（　　　　）による、（　　　　）の変化。

4 「④刺激の多さ」とありますが、実験②では、「刺激の多さ」を何によって示していますか。一つに○をつけましょう。

ア（　）円の増減。
イ（　）円の大小。
ウ（　）時間の長短。

この実験で、変化しているものは何かな？

5 よく出る 「⑤円が表示されていた時間をどのくらいに感じたかを調べました」とありますが、この結果、どういうことが分かりましたか。一つに○をつけましょう。

ア（　）円の数が減るほど、長く映っていたように感じる傾向があった。
イ（　）円の数が増えるほど、長く映っていたように感じる傾向があった。
ウ（　）円の数が増えたり減ったりすると、長く映っていたように感じる傾向があった。

6 実験②の結果から、筆者は、「心の時間」の進み方について、どのような考えを述べていますか。

考えを述べていることが分かる文末表現を見つけよう。

（　　　　　　　　）

書いてみよう！

7 この文章では、「心の時間」の進み方にえいきょうをあたえるものが二つ挙げられています。それは何と何ですか。六字と七字の言葉を書きぬきましょう。

ものしりメモ

日本では、7世紀に、天智《てんじ》天皇《のう》が水時計を作って時を知らせたという話が残っているよ。この話をもとに、毎年6月10日が「時の記念日」になったんだ。

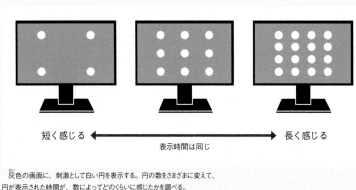

基本のワーク

文の組み立て

教科書 66〜67ページ
答え 5ページ
勉強した日　月　日

学習の目標
●文の中の主語と述語の関係をとらえよう。
●語順や、主語と述語の関係に注意して、文を書けるようにしよう。

漢字練習ノート9〜10ページ

新しい漢字

教科書ページ

教科書ページ	漢字	読み	画数
67	券	ケン	8画
67	障	ショウ	14画
67	派	ハ	9画
67	警	ケイ	19画
67	署	ショ	13画
67	銭	セン	14画
67	勤	キン　つとめる	12画
67	諸	ショ	15画
67	供	キョウ　そなえる　とも	8画
67	収	シュウ　おさめる	4画
67	納	ノウ　おさめる	10画
67	枚	マイ	8画
67	染	そめる	9画
67	宣	セン	9画

◀練習しましょう。

○新しく学習する漢字
●読み方が新しい漢字

1 漢字の読み　読み仮名《がな》を横に書きましょう。

① 券売機
② 故障
③ 立派
④ 警察署
⑤ 銭湯
⑥ 勤める
⑦ 諸外国
⑧ 提供
⑨ 収納

2 漢字の書き　漢字を書きましょう。

① プリントを□□《にまい》ずつ配る。
② 布を青く□《そ》める。
③ 安全を□□《せんげん》する。

3 次のうち、書き言葉の場合、ふつう文末に置くのはどれですか。一つに○をつけましょう。

ア（　）主語
イ（　）述語
ウ（　）修飾《しょく》する言葉

4 次の文には、主語と述語の関係が二つあります。例にならって、主語には——を、述語には═══を引きましょう。

例 空は　青く、雲は　白い。

1 風が　ビュービューと　ふき、雨が　ザーザーと　降る。

2 観光客が　乗った　バスが　城に　着いた。

3 えんぴつが　なかった　うえ、ペンも　なかった。

4 弟が　見つけた　ちょうが　ひらひらと　庭を　飛んだ。

5 次の文は、ア「二つの主語と述語の関係があり、対等に並んでいるもの」、イ「二組の主語と述語の関係があるが、どちらかが文の中心となっているもの」のどちらですか。記号で答えましょう。

1 兄が所属するチームが全国大会に出場した。（　　）

2 鳥が空を飛び、魚が川を泳ぐ。（　　）

6 次の文を、例にならって二つの文に分け、同じ内容を表すように書き直しましょう。

文の中心となる主語を見つけ、指示語を使って分けよう。

例 姉が乗った飛行機がアメリカに着いた。
↓・（姉が飛行機に乗った。　　）
・（その飛行機がアメリカに着いた。）

1 ぼくが作った料理はみんなに好評だった。

2 冷たい水が入っている水とうがかばんの中にある。

3 私が書いたメモがどこかに行ってしまった。

4 たくさんの花がさいた庭がわが家のじまんだ。

ものしりメモ 日本で初めて、鉄道のきっぷを売る自動券売機が登場したのは、1925年ごろといわれている。一つの機械で、さまざまな運賃《ちん》のきっぷを売れるようになったのは、1960年ごろだよ。

まとめのテスト

時計の時間と心の時間

教科書 53〜67ページ
答え 5ページ

時間 20分

得点 /100点

勉強した日 月 日

次の文章を読んで、問題に答えましょう。

さらに、「心の時間」には、人によって感覚が異なるという特性があります。ここで、①簡単な実験をしてみましょう。机を指でトントンと軽くたたいてみてください。しばらくの間、くり返したたくうちに、自分にとってここちよいテンポが分かってくるでしょう。このテンポは人によって異なるもので、歩く速さや会話での間の取り方といった、さまざまな活動のペースと関わりがあることが分かっています。そして、このペースと異なるペースで作業を行うと、ストレスを感じるという研究もあります。みんなで同じことをしていても、私たちは、それぞれにちがう感覚で時間と向き合っているのです。

ここまで見てきたように、②「心の時間」は、心や体の状態、身の回りの環《かん》境などによって、進み方がちがってきます。また、私たちは、それぞれにちがう「心の時間」の感覚をもっています。そうした、「心の時間」のちがいをこえて、私たちが社会に関わることを可能にし、社会を成り立たせているのが、「時計の時間」なのです。このことから、③「時計の時間」が、私たちにとっていかに不可欠なものであるかが分かります。それと同時に、「時計の時間」と「心の時間」には、必ずずれが生まれることにも気づくでしょう。「心の時間」の感覚のちがいもあわせて考えれば、

(2) この実験によって、何が分かりますか。〔10点〕

自分にとって（　　　　）。

2 よく出る● 「②『心の時間』」とありますが、この進み方は何によってちがってきますか。一つ10〔20点〕

●（　　　　）の状態。

●（　　　　）の環境。

3 チャレンジ! 「③『時計の時間』が、私たちにとっていかに不可欠なものであるかが分かります」とありますが、「時計の時間」が不可欠なのは、「時計の時間」にどういう役割《わり》があるからですか。〔20点〕

（　　　　）

4 「④いつも正確に『時計の時間』どおりに作業し続けたり、複数の人が長い時間、同じペースで作業を進めたりすることは、とても難しい」とありますが、それはなぜですか。一つに○をつけましょう。〔10点〕

言葉の意味プラス
4行 テンポ…進み具合。物事を進める速さ。
15行 成り立つ…あるものが存在できるようになる。

④いつも正確に「時計の時間」どおりに作業し続けたり、複数の人が長い時間、同じペースで作業を進めたりすることは、とても難しいことだと分かります。

このように考えると、生活の中で「心の時間」にも目を向けることの大切さが見えてくるのではないでしょうか。⑤さまざまな事がらのえいきょうで、「心の時間」の進み方が変わると知っていれば、それを考えに入れて計画を立てられるでしょう。また、人それぞれに「心の時間」の感覚がちがうことを知っていれば、他の人といっしょに作業するときも、たがいを気づかいながら進められるかもしれません。⑥私たちは、二つの時間と共に生活しています。そんな私たちに必要なのは、「心の時間」を頭に入れて、「時計の時間」を道具として使うという、「時間」と付き合うちえなのです。

〈一川《いちかわ》誠《まこと》「時計の時間と心の時間」による〉

1 「①簡単な実験」について答えましょう。

(1) 実験方法を、具体的に書きましょう。〔5点〕

（　　　）

ア（　）「時計の時間」は必ずずれていくし、複数の人の「時計の時間」を合わせるのはとても難しいことだから。

イ（　）複数の人が同じ作業をするときには、「時計の時間」より「心の時間」をペースの基準にするほうがよいから。

ウ（　）「時計の時間」と「心の時間」には必ずずれが生まれるし、人によって「心の時間」の感覚にちがいがあるから。

5 「⑤さまざまな事がらのえいきょうで、『心の時間』の進み方が変わる」とありますが、このことを知っていれば、どんなことができると筆者は述べていますか。〔10点〕

「心の時間」の進み方が変わることを、□□に入れて□□□□□□ことができる。

6 「⑥私たちは、二つの時間と共に生活しています。」について答えましょう。

(1) 「二つの時間」とは、何と何ですか。一つ5〔10点〕

（　　　）（　　　）

(2) よく出る 「二つの時間」と共に生活している私たちに必要なのは、具体的に何だと筆者は述べていますか。〔15点〕

（　　　）

ものしりメモ 江戸《えど》時代までの日本では、1日の時間を12等分して、十二支の名前を当てていたんだ。昼の12時は「午《うま》の刻」とよんだので、その前後を「午前」「午後」というようになったよ。

表現を工夫して短歌を作り、読み合おう

基本のワーク

たのしみは

教科書 68～71ページ

答え 6ページ

勉強した日 月 日

学習の目標
●短歌を通して、言葉を言いかえたり、並べ方を変えたりする、表現の工夫を身につけよう。

漢字練習ノート10ページ

新しい漢字

◀練習しましょう。

教科書68ページ
暮 くらす 14画

69
探 タン さがす 11画

70
座 ザ 10画

○新しく学習する漢字
●読み方が新しい漢字

1 漢字の読み

読み仮名《がな》を横に書きましょう。

① 暮らし　② 探す　③ 星座

しっかり覚えよう。

2 漢字の書き

漢字を書きましょう。

① ふだんの□《く》らし。

② 科学の本を□《さが》す。

③ □□《せいざ》を見つける。

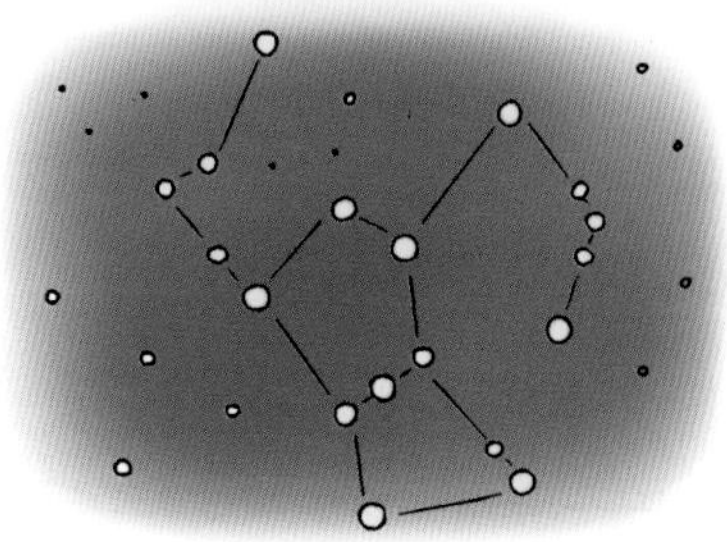

3 五年生の漢字

漢字を書きましょう。

① □□《にちじょう》生活を見直す。

② □《よろこ》びを見いだす。

③ □□《ひょうげん》を工夫する。

④ □《つま》と出かける。

⑤ 言葉の□□《じゅんじょ》。

②「よろこび」の送り仮名《がな》は「び」だけだよ。

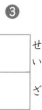

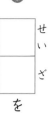

4 短歌の基本ルールを、次のようにまとめました。（　）に合う漢数字を書きましょう。

●五・七・（❶　　）・七・（❷　　）の（❸　　）音からできている。

●小さな「っ」、のばす音、「ん」も、（❹　　）音と数える。

5 次の橘曙覧《たちばなあけみ》の短歌とその意味を読んで、問題に答えましょう。

A　たのしみは妻子《めこ》むつまじくうちつどひ（い）
　頭《かしら》ならべて物をくふ（う）時　　橘　曙覧

私が楽しみとするのは、妻や子どもたちと仲よく集まり、並んでいっしょに何かを食べるときだ。

B　たのしみは朝おきいでて昨日まで
　無かりし花の咲《さ》ける見る時　　橘　曙覧

私が楽しみとするのは、朝起きて、庭に昨日までは咲いていなかった花が美しく咲いているのを見るときだ。

〈「たのしみは」による〉

---

1 Aの短歌は、何をうたっていますか。（　）に合う言葉を[　]から選んで書きましょう。

（　　　）が集まって、何かを（　　　）ときの楽しみ。

[家族　友達　話す　食べる]

2 「昨日までは咲いていなかった花」のことを、短歌では何と表現していますか。九字の言葉を書きぬきましょう。

短歌と意味を照らし合わせながら読もう。

□□□□□□□□□

3 よく出る● AとBの短歌は、何についてうたっていますか。

どちらも、暮らしの中の、（　　　）を感じるときについてうたっている。

ものしりメモ
1994年に当時の天皇皇后《のうこうごう》両陛《へい》下がアメリカを訪問されたとき、アメリカの大統領は、橘曙覧《たちばなあけみ》の「たのしみは」の歌を用いて、かんげいのスピーチをしたんだよ。

基本のワーク

天地《てんち》の文《ふみ》

【情報】情報と情報をつなげて伝えるとき

教科書 72〜75ページ
答え 6ページ
勉強した日 月 日

学習の目標
●それぞれの言葉が、何を説明しているのかを考えながら読もう。
●情報と情報をつなげて伝える方法を知ろう。

漢字練習ノート10ページ

新しい漢字

教科書73ページ

幼 ヨウ おさない 5画
幼幼幼幼幼

▼練習しましょう。
❶幼

○新しく学習する漢字
●読み方が新しい漢字

1 漢字の読み 読み仮名《がな》を横に書きましょう。

① 幼い。

2 漢字の書き 漢字を書きましょう。

① □《おさな》いときを思い出す。

送り仮名《がな》に注意しよう。

★天地《てんち》の文《ふみ》

3 次の文章を読んで、問題に答えましょう。

天地《てんち》日月《じつげつ》。東西南北。きたを背に南に向かひ(い)て右と左に指させば、ひだりは［1］、みぎは［2］。日輪《にちりん》、朝は

東より次第《しだい》にのぼり、暮れはまたにしに没《ぼっ》して、夜くらし。一昼一《いっちゅういち》夜《や》変はり(わ)なく、①界《さかい》を分けし午前午後、前後合はせ(わ)て二十四時、時をあつめて日を計《かぞ》へ(え)、日数《ひかず》つもりて三十の数に満つれば一か月、大と小とにかかはら(わ)ず、あらまし分けし四週日、一週日の名目《みょうもく》は日月火水木金土、一七日《ひとなぬか》に一新し、一年五十二週日、②第一月《げつ》の一日は年たち回る時なれど、春の初めは尚遅《なおおそ》く初めて来《きた》る第三月、春夏秋冬《しゅんかしゅうとう》三月《みつき》づつ(ず)合はせ(わ)て三百六十日、一年一年又《また》一年、百年三万六千日、人生わづ(ず)か五十年、稚《おさな》き時に怠《おこた》らば老いて悔《く》ゆるも甲《か》斐《い》なかるべし。

〈福澤《ふくざわ》諭吉《ゆきち》「天地《てんち》の文《ふみ》」による〉

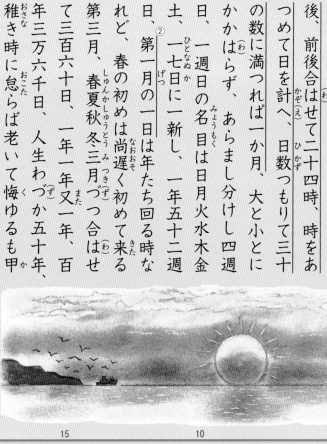

1 [1]・[2]に入る言葉は、方角を表しています。その方角として合うものを[　]から選んで書きましょう。

どちらの方角を向いているかを読み取ろう。

1（　　　　）　2（　　　　）

東　にし　南　きた

2 よく出る ①「界を分けし午前午後、……満つれば一か月」とありますが、これは、どういうことを説明しているのですか。（　）に合う言葉を書きぬきましょう。

一日は、（　　　　）時間で、およそ（　　　　）日で一か月となるということ。

3 書いてみよう! ②「第一月の一日」とは、いつのことですか。

（　　　　）

4 ☆情報と情報をつなげて伝えるとき

山中さんは、環境《かん》問題について調べて次の〔情報〕を集め、それを利用して後の〔文章〕を書きました。これらを読んで、問題に答えましょう。

〔情報〕

○再生可能エネルギーとは

一度利用しても短期間で再生することができるエネルギー。このエネルギーを利用することは、石油や石炭など、限りある資源《げん》を守ることにつながる。また、化石燃料を燃やす場合と比べ、クリーンな自然エネルギーとして注目されている。

○再生可能エネルギーの例

・太陽光発電（パネルに日光を当て、その力で発電する。）
・風力発電（風で風車を回し、その力で発電する。）
・バイオマス発電（動物や植物から生まれた資源を燃やすなどして、発電する。）

〔文章〕

地球の環境を守るための方法の一つとして、再生可能エネルギーを活用することが挙げられる。再生可能エネルギーとは、[1]のことである。[2]、太陽光発電や風力発電、バイオマス発電などがある。このエネルギーの利用は、限りある資源を使いつくさず、今の地球環境を未来まで守ることにつながる。

1 [1]に合う言葉を書きましょう。

（　　　　）

山中さんは、再生可能エネルギーの説明（定義）をしているよ。

2 [2]に合う言葉一つに○をつけましょう。

ア（　）または　イ（　）例えば　ウ（　）なぜなら

[2]の後では、再生可能エネルギーの具体例を挙げているね。

ものしりメモ

福澤諭吉《ふくざわゆきち》は、幕末《ばく》にアメリカやヨーロッパにわたって、西洋の文明を日本にしょうかいし、明治の初めの教育に大きなえいきょうをあたえた人だよ。

基本のワーク

デジタル機器と私たち
季節の言葉2　夏のさかり

教科書 76～83ページ
答え 6ページ

勉強した日　月　日

学習の目標
● 提案する文章の書き方と構成を考えよう。
● 二十四節気《にじゅうしせっき》について知り、夏を表す言葉に関心をもとう。

漢字練習ノート11ページ

新しい漢字

教科書77ページ　著　チョ　11画
77　権　ケン　15画
77　尊　ソン　たっとい　たっとぶ　とうとい　とうとぶ　12画
80　庁　チョウ　5画

▼練習しましょう。

○ 新しく学習する漢字
● 読み方が新しい漢字

1 漢字の読み

読み仮名《がな》を横に書きましょう。

① 著作権
② 尊重
③ 消防庁

2 漢字の書き

漢字を書きましょう。

① （　　　）《ちょさくけん》を（　　）《そんちょう》する。
② （　　　）《しょうぼうちょう》のウェブサイト。

①「そんちょう」の「ちょう」と②「しょうぼうちょう」の「ちょう」は異なる字だよ。

3 五年生の漢字

漢字を書きましょう。

① （　　）《ていあん》する文章。
② （　　　）《せっとくりょく》がある。
③ （　　）《じょうほう》を集める。
④ 課題を（　　）《かいけつ》する。
⑤ 計画が（　　）《じつげん》する。
⑥ 具体的な（　　）《こうか》。
⑦ （　　　）《きゅうきゅうしゃ》。
⑧ （　　）《いしき》をもつ。

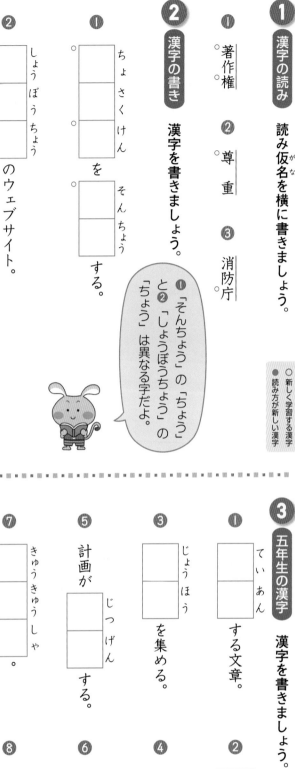

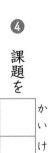

☆デジタル機器と私たち

4 **提案する文章を書くときのポイントを、次のようにまとめました。（　）に合う言葉を[　]から選んで書きましょう。**

●提案の（①　　）や内容が分かりやすく伝わるように書く。

●提案の内容を支える（②　　）を挙げ、説得力のある構成で書く。

●提案の内容が（③　　）で、（④　　）的になっているか気をつける。

実現可能　意図　事実　具体

5 **提案する文章の構成を考えるときの注意点として、正しいものはどれですか。二つに○をつけましょう。**

ア（　）事実と意見を区別するとともに、両者の結び付きを明確にする。

イ（　）後で新たに思いついた内容は、文章の後半にその度に付け加える。

ウ（　）説得力のある提案にするため、事実より意見が多くなるようにする。

エ（　）それぞれの内容をどのような順序で伝えれば説得力が増すかを考える。

提案の内容が分かりやすく、説得力のある構成にすることが大切だよ。

☆季節の言葉2　夏のさかり

6 **次の短歌と俳句《はい》を読んで、問題に答えましょう。**

A　めざましき若葉《わか》の色の日のいろの揺《ゆ》れを静かにたのしみにけり　島木《しまき》 赤彦《あかひこ》

B　①短夜《みじかよ》やあすの教科書揃《そろ（え）》へ寝《ね》る　日野《ひの》 草城《そうじょう》

C　くず餅《もち》の②きな粉しめりし大暑《たいしょ》かな　鈴木《すずき》 真砂女《まさじょ》

1 Aの短歌によまれている葉は、どのような様子ですか。一つに○をつけましょう。

ア（　）緑のあざやかな葉が、強い日ざしに照りはえている。

イ（　）まだ白っぽい葉が、やわらかな日ざしを受けている。

ウ（　）すっかり赤くなった葉が、秋の日にかがやいている。

2 「①短夜」とは、どのような夜のことですか。一つに○をつけましょう。

ア（　）星の明るい夜。

イ（　）すぐに明ける夜。

ウ（　）なかなか明けない夜。

3 「②きな粉しめりし」とありますが、きな粉がしめってしまったのはなぜですか。（　）に合う言葉を、考えて書きましょう。

一年のうちで（①　　）が最もきびしいころのため、気温も湿《しっ》度も（②　　）から。

「大暑」のころは、じっとりとむし暑いよね。

ものしりメモ　暑中にあいさつとして出す便りが「暑中見まい」。立秋《りっしゅう》を過ぎてから出す場合は、「残暑見まい」になるよ。

練習のワーク

デジタル機器と私たち

教科書 76〜83ページ

答え 7ページ

勉強した日 月 日

できるナビ
- 提案に説得力の出る文章の構成を考えよう。
- 提案とそれを支える事実との結び付きを考えよう。

次の岩木さんたちの提案する文章を読んで、問題に答えましょう。

1. 提案のきっかけ

1

(1) 私たちの体験と、調べて分かったこと

外を歩いているときに、向こうから来る人がスマートフォンの画面を見ていて、ぶつかりそうになったことはないだろうか。私たちのグループでは、みんながこの経験をしていた。インターネットで調べてみると、鉄道会社やけいたい電話会社が、「歩きスマホ」をしないように呼びかけていることが分かった。「歩きスマホ」とは、歩きながらスマートフォンをそうさすることだ。東京消防庁のウェブサイトによると、平成28年から令和2年までの5年間で、歩きスマホなどによる事故で、196人が救急車で運ばれている。

また、静かな図書館で着信音が鳴って、いやな気持ちになったことがある人もいた。

2

(2) 解決したい課題

スマートフォンを使うときに気配りをわすれると、周りの人にめいわくをかけたり、時には、自分や周りの人がけがをしてしまったりすることがある。私たち小学生にも、スマートフォンを持つ人が多くなっているので、この課題を解決する方法を提案したい。

2. 提案

3

「使う場所」に合わせた使い方をしよう

どこにでも持ち運べて便利なスマートフォンだからこそ、自分の都合ではなく「使う場所」に合わせるという意識をもつことを、私たちは提案する。なぜなら、スマートフォンのそうさに集中していると、周囲に注意が向かなくなり、めいわくをかけるおそれがあるからだ。具体的には、次の二つを提案する。

(1)「歩きスマホ」はしない。外でスマートフォンを使う必要があるときは、ベンチなどにすわったり、安全な場所で立ち止まったりしてそうさする。

(2) 公共の場所では、音が出ないようにする。電車やバス、図書館など、みんなが利用する場所では、マナーモードに設定するなどし、電話がかかってきたら、別の場所に移動して話すなど、周りに気を配る。

〈「デジタル機器と私たち」による〉

言葉の意味 プラス

32行 公共…社会全体に関わること。

1 よく出る● 岩木さんたちは、提案のきっかけとなった体験として、どういうことを書いていますか。二つ書きましょう。

（　　　　）

（　　　　）

2 岩木さんたちは、調べて分かったこととして、どういうことを書いていますか。

●鉄道会社やけいたい電話会社が、（　　　　）こと。

●東京消防庁のウェブサイトによると、平成二十八年から令和二年までの五年間で、（　　　　）で、百九十六人が救急車で運ばれていること。

3 岩木さんたちは、解決したい課題として、どういうことを書いていますか。

「(2)解決したい課題」から読み取ろう。

スマートフォンを使うときに（　　　　）をわすれると、周りの人に（　　　　）をかけたり、時には、自分や周りの人が（　　　　）をしてしまったりすることがあること。

4 「『使う場所』に合わせる」とありますが、次のような場合、岩木さんたちは、具体的にどうすることを提案していますか。

(1) 外でスマートフォンを使う必要がある場合

（　　　　）

(2) みんなが利用する場所で電話がかかってきた場合

（　　　　）

5 よく出る● 岩木さんたちは、[1]〜[3]の部分で、どのような内容を書いていますか。合うものを[ ]から選んで、記号で答えましょう。

1（　）　2（　）　3（　）

ア　課題
イ　具体的な提案内容
ウ　体験・調べて分かったこと

6 よく出る● 岩木さんたちは、どのような工夫をして提案していますか。その工夫として合わないもの一つに○をつけましょう。

「提案のきっかけ」と「提案」の結び付きに注目しよう。

ア（　）自分たちの提案に対する反論《はんろん》を予想したうえで、それに対する考えを示している。

イ（　）課題を解決する方法を大まかに提案したうえで、具体的な方法をくわしく説明している。

ウ（　）自分たちの体験として取り上げた二つの事実に対応する形で、二つの具体的な提案をしている。

ものしりメモ
常に持ち運ぶことのできる「けいたい電話」のサービスが日本で始まったのは、1987年。現在のスマートフォンよりかなり大きくて重かったんだよ。

基本のワーク

私と本
星空を届けたい SDGs

教科書 84～97ページ

答え 7ページ

勉強した日　月　日

学習の目標
- 挙げられている事例をおさえながら読もう。
- 筆者の思いを考えながら読もう。

漢字練習ノート11～12ページ

新しい漢字

練習しましょう。

教科書ページ	漢字	読み	画数
86	装	ソウ	12画
87	届	とどける	8画
88	沿	エン　そう	8画
88	冊	サツ	5画
89	宇	ウ	6画
89	宙	チュウ	8画
90	俳	ハイ	10画
91	誤	ゴ　あやまる	14画
95	幕	マク　バク	13画
95	晩	バン	12画
96	模	モ　ボ	14画
97	窓	ソウ　まど	11画
97	延	エン　のばす	8画
97	論	ロン	15画

1 漢字の読み

読み仮名《がな》を横に書きましょう。

① 装置　② 届ける　③ 沿う　④ 宇宙　⑤ 老若《ろうにゃく》男女《にょ》

⑥ 字幕　⑦ 毎晩　⑧ 模型　⑨ 延ばす　⑩ 議論

○ 新しく学習する漢字
● 読み方が新しい漢字

4 言葉の意味

○をつけましょう。

① 89ページ 星や宇宙のみりょくを伝える。

ア（　）動き続ける力。

イ（　）心をひきつける力。

ウ（　）他のものを動かす力。

2 漢字の書き

漢字を書きましょう。

① □□《さんさつ》の本。

② □□《はいく》を作る。

③ 試行錯《さく》□《ご》を重ねる。

④ のぞき□《まど》から見る。

3 言葉の知識

（　）に合う言葉を、□から選んで書きましょう。

① 美しい音楽を（　　）。

② 点字に手で（　　）。

ふれる　ながめる　かなでる

内容をつかもう！

星空を届けたい　教科書を読んで、答えましょう。

1 筆者は、どのような思いから、活動を続けてきましたか。（　）に合う言葉を□から選んで書きましょう。　教科書 89〜95ページ

目が（　　）人たちにも、（　　）や宇宙のことを感じてもらいたいという思い。

地球　星空　見える　見えない

2 ユニバーサルデザインとは、どのような考え方ですか。（　）に合う言葉を□から選んで書きましょう。　教科書 96〜97ページ

障害の有無《う》などにかかわらず、なるべく（　　）の人たちが利用したり、楽しんだりできるような、（　　）やもの、環境《かん》をデザインするという考え方。

少し　たくさん　サービス　センス

---

② 91 満天の星が見える。
ア（　）空いっぱい。
イ（　）空のてっぺん。
ウ（　）空の低いところ。

③ 91 感動を共有する。
ア（　）何度もくり返すこと。
イ（　）相手に伝えること。
ウ（　）いっしょにもつこと。

④ 93 感覚が敏感《びん》になる。
ア（　）何も感じない様子。
イ（　）するどく感じる様子。
ウ（　）感じるのがおそい様子。

⑤ 95 目が見えない人をサポートする。
ア（　）支えること。
イ（　）喜ばせること。
ウ（　）連れていくこと。

⑥ 96 なるべくできるようにする。
ア（　）いつでも。
イ（　）できるだけ。
ウ（　）何度でも。

⑦ 97 天文教育の実践《せん》について議論する。
ア（　）実際に行うこと。
イ（　）計画を立てること。
ウ（　）過去をふり返ること。

ものしりメモ　プラネタリウムは、丸い天井《じょう》に星空の様子を映し出し、星座や天体の動きを示す装置だよ。時間・天気・季節に関係なく、星を見ることができるんだよ。

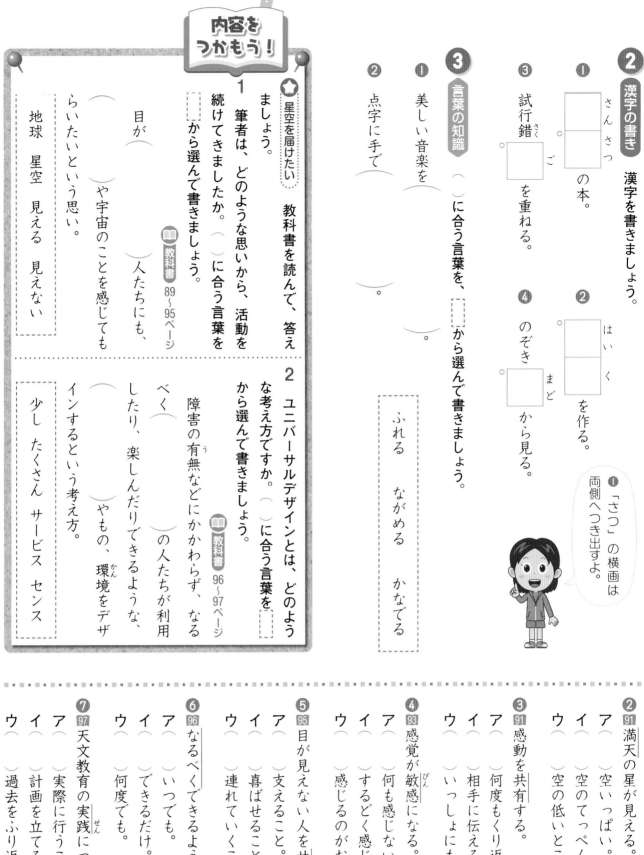

練習のワーク

星空を届けたい SDGs

教科書 84〜97ページ
答え 7ページ
勉強した日 月 日

できるナビ
●筆者の行った活動をとらえよう。
●筆者の気づいたことや思いをとらえよう。

次の文章を読んで、問題に答えましょう。

生まれたときから目が見えない人の多くは、①「点字」を使います。点字とは、ぽつっとふくらんでいる点を六個組み合わせて表した、視覚障害者用の文字です。ドレッシングの容器や洗濯《たく》機など、私たちの家にも、点字が表示されたものがあります。あるとき、市瀬《いちせ》さんが、②「点字のことを『六星《ろくせい》』とも言うんだよ。」と教えてくれました。そのとき、点字の点は、そのまま星を表現できるのでは、と気づいたのです。

その後、「点図」という、点字用の点を使って地図や絵を作っている人と出会い、③点図で夜の星空をかいてみることになりました。例えば、「八月の午後八時に甲府《こうふ》から見える星空」を点図で作る場合、同じ場所、同じ時刻で、「町の明かりがついているときに見える夜空のパターン」と、「町の明かりを消したときに見える星空のパターン」の二種類*（92ページ参照）を作ります。そうすれば、プラネタリウムの町の明かりが消えて、満天の星が見えた瞬《しゅん》間にわき起こる「わあ。」という感動を、目が見えない人も共有できます。そんなふうに試行錯《さく》誤を重ねている間に、「星の語り部《べ》」には、目が見えない仲間も増えていきました。

目が見えない仲間たちと活動する中で、私は、多くのことを学びました。よく考えると、宇宙に散らばる星のほとんどは、

(2) 点字が表示されたものの例として、何が挙げられていますか。

（　　　　）の容器や（　　　　）。

2 ②「点字のことを『六星』とも言うんだよ。」と教えられたことで、筆者はどういうことに気づきましたか。

（　　　　）

3 ③「点図で夜の星空をかいてみることになりました」について答えましょう。

(1) 何を作るのですか。一つに○をつけましょう。

ア（　）同じ場所の「町の明かりを消したときに見える星空」について、いろいろな時刻のパターン。

イ（　）同じ時刻の「町の明かりを消したときに見える星空」について、いろいろな場所のパターン。

ウ（　）同じ場所、同じ時刻で、「町の明かりがついているときに見える夜空」と、「町の明かりを消したときに見える星空」の二つのパターン。

言葉の意味プラス
12行 パターン…型。 16行 試行錯誤…ためすことと失敗をくり返して、解決に向かうこと。
20行 肉眼…眼鏡などを使わない状態の目。 32行 嗅覚…においに対する感覚。

あまりにも遠《とお》くにあるため、目が見える人も肉眼で見ることはできません。つまり、④宇宙は「見えない世界」なのです。そう思うと、目が見えていても、見えていなくても、同じように宇宙のことを感じたり、語り合ったりすることができるんだ、ということに気がついたのです。

また、目が見える人も、しばらく暗やみにいると、ふだんより周りの音がよく聞こえてきたり、他の感覚が敏《びん》感になったりするでしょう。星や宇宙をながめ、感じるということは、視覚以外の聴《ちょう》覚や嗅《きゅう》覚、触《しょっ》覚などがするどくなることなんだな、ということも分かりました。

〈高橋《たかはし》 真理子《まりこ》「星空を届けたい」による〉

＊教科書92ページの図

1 「①点字」について答えましょう。

(1) どのように表した、だれのための文字ですか。

点字とは何かを説明している文を探そう。

（　　　　　　　　）

(2) (1)のように作ることで、どのような感動を、目が見えない人も共有できますか。

（　　　　　　　　）

4 よく出る● 「④宇宙は『見えない世界』なのです」について答えましょう。

(1) それはどういうことですか。一つに○をつけましょう。

「つまり」とあるから、前に書かれていることを言いかえているよ。

ア（　）宇宙の星の光は夜にならないと見えないため、昼間は空に存在していても見ることができないということ。

イ（　）宇宙の星のほとんどは、あまりにも遠くにあるため、目が見える人も肉眼で見ることはできないということ。

ウ（　）宇宙はあまりにも広いため、地球から見える星の数には限りがあり、見えない星がたくさんあるということ。

(2) そう思った筆者は、どういうことに気づきましたか。

目が見えていても、（　　　）ても、同じように（　　　）のことを感じたり、（　　　）することができるのだということ。

5 筆者は、星や宇宙をながめ、感じることは、視覚以外の感覚がどうなることだと分かりましたか。八字の言葉を書きぬきましょう。

ものしりメモ

世界初のプラネタリウムは、1923年にドイツで作られたんだ。映し出せる星の数は、およそ4500個だったそうだよ。

まとめのテスト

星空を届けたい

SDGs

教科書 84〜97ページ
答え 8ページ
勉強した日 月 日
時間 20分
得点 /100点

次の文章を読んで、問題に答えましょう。

ユニバーサルデザインとは、「障害の有無《う》や年齢《れい》、性別、国のちがいなどにかかわらず、なるべくたくさんの人たちが利用したり、楽しんだりできるようなサービスやもの、環《かん》境をデザインする。」という考え方のことです。

星や宇宙のことを伝える活動をしている人たちの中にも、①目が見えない人や耳が聞こえない人、車いすに乗った人とも、いっしょに星や宇宙を楽しむ方法を作ろうという動きがあります。例えば、指でさわれば星座が分かるようにした、とつ点のある星座早見盤《ばん》や、点字や音声がセットになった宇宙の本などがあります。また、最近は、3D《スリーディー》プリンターの発達で、さわれる大型望遠鏡の模型を作ることも可能になりました。耳が聞こえない人たちの言葉である手話は、天文関係の言葉を表せるものが少なく、それらを作ろうという動き、さらには、天文関係の言葉を集めて、世界共通で使える新しい手話を作ろうという動きもあります。

実際の星空を楽しむ観望会では、望遠鏡をのぞくことが多いのですが、②車いすやストレッチャーに乗っている人には、とても難しいことです。そこで、「光ファイバー」を使い、のぞき窓であるレンズを車いすに乗っている人たちの目まで延ばせる

(2) 目が見えない人といっしょに星や宇宙を楽しむために、何が作られましたか。三つ書きましょう。 一つ5〔15点〕

（　　）
（　　）
（　　）

(3) 耳が聞こえない人といっしょに星や宇宙を楽しむため、何を作る動きがありますか。二つ書きましょう。 一つ5〔10点〕

●（　　）を表せる手話。
●（　　）手話。

2 「②車いすやストレッチャーに乗っている人には、とても難しいこと」について答えましょう。

(1) それは、何をすることですか。 〔10点〕

（　　）

言葉の意味プラス
1行 有無…あることと、ないこと。 20行 段階…物事が進行・変化していく過程の区切り。
30行 視点…ものを考える立場。観点。 32行 実感…実際に感じること。

ように工夫したものも作られました。とはいえ、まだ実験段階のものが多く、大勢の人たちが使えるようになるには、いろんな工夫や改良が必要です。

　二〇一八年三月には、世界中の天文教育に関わる人たちが集まって、おたがいの実践《せん》について議論する「③世界天文コミュニケーション会議」が、福岡で開かれました。大きなテーマは、「社会のための天文」です。星や宇宙は、まさしくユニバーサルな存在なので、その視点から見ると、平和や環境問題、人種問題などに対してできる働きかけがたくさんあることを、改めて実感しました。

〈高橋《たかはし》　真理子《まりこ》「ユニバーサルデザイン×天文教育」による〉

1 「①目が見えない人や耳が聞こえない人、車いすに乗った人とも、いっしょに星や宇宙を楽しむ方法を作ろうという動き」について答えましょう。

(1) よく出る● このように、障害の有無などにかかわらず、なるべくたくさんの人たちが楽しめるサービスをデザインするという考え方を、何といいますか。十字の言葉を書きぬきましょう。〔15点〕

(2) (1)のことができるようにするために、どのような工夫がされましたか。〔20点〕

書いてみよう!

3 目が見えない人や耳が聞こえない人、車いすに乗った人といっしょに星や宇宙を楽しむ方法を作ることについて、筆者はどのような考えを述べていますか。一つに○をつけましょう。〔15点〕

ア（　）科学技術の発達によってさまざまなものが作られ、大勢の人たちが使えるようになったのはよいことだ。

イ（　）まだ実験段階のものが多く、大勢の人たちが使えるようになるには、いろんな工夫や改良が必要だ。

ウ（　）製作どころか、実験もまだ始まっていない段階であり、大勢の人が使えるようになるのはまだ先のことだ。

チャレンジ!

4 「③世界天文コミュニケーション会議」で、「社会のための天文」を考えた筆者はどのようなことを実感しましたか。〔15点〕

（　　　）がたくさんあるということ。

ものしりメモ　日本で初めてプラネタリウムが設置されたのは、大阪市立電気科学館というところで1937年のこと。世界で25番目の導入といわれているよ。

詩を味わおう

基本のワーク

せんねん　まんねん

教科書　98～99ページ
答え　8ページ
勉強した日　月　日

学習の目標
●くり返されている表現や使われている言葉に着目しよう。
●題名にこめられた意味を考えよう。

※ 次の詩を読んで、問題に答えましょう。

せんねん　まんねん

まど・みちお

いつかのっぽのヤシの木になるために
①そのヤシのみが地べたに落ちる
その地ひびきでミミズがとびだす
そのミミズをヘビがのむ
そのヘビをワニがのむ
そのワニを川がのむ
その川の岸ののっぽのヤシの木の中を
昇《のぼ》っていくのは
今まで土の中でうたっていた清水《しみず》
その清水は昇って昇って昇りつめて

1 「①そのヤシのみが地べたに落ちる」と、どうなるのですか。

ヤシのみが落ちたときの（　　　）で、
（　　　）がとびだす。

次の行に注目してみよう。

2 何が、何をのむというのですか。次のようにまとめるとき、□に合う言葉を書きましょう。

● ❶□が、ミミズをのむ。
● ❷□が、❸□をのむ。
● 川が、❹□をのむ。

声に出して読んでみよう。言葉のリズムがおもしろいよ。

言葉の意味プラス
3行　地ひびき…重い物が落ちたときのゆれや音が、地面を伝わってひびいてくること。
9行　清水…地面などからわき出る、すんだ水。

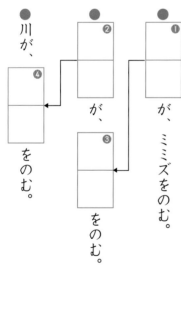

ヤシのみの中で眠《ねむ》る
その眠りが夢でいっぱいになると
いつかのっぽのヤシの木になるために
そのヤシのみが地べたに落ちる
その地ひびきでミミズがとびだす
そのミミズをヘビがのむ
そのヘビをワニがのむ
②そのワニを川がのむ
その川の岸に
まだ人がやって来なかったころの
③はるなつあきふゆ　はるなつあきふゆの
ながいみじかい　せんねんまんねん

3 詩の後半のある行から「②そのワニを川がのむ」までは、詩の前半と同じ言葉のくり返しになっています。くり返しになっている部分の、初めの五字を書きぬきましょう。

4 書いてみよう! 「③はるなつあきふゆ　はるなつあきふゆの」で「はるなつあきふゆ」がくり返されていますが、これはどういうことを表していますか。考えて書きましょう。

（　　　　　　　　）

5 よく出る この詩の内容に合うもの一つに○をつけましょう。

ア（　）地球上では、いろいろな生き物がつながりをもって暮らしており、とても長い間それがくり返されてきた。

イ（　）弱い生き物は、強い生き物に食べられ、長い年月を経るうちに、結局いちばん強い生き物だけが生き残る。

ウ（　）自然の中には、いろいろな生き物がいるけれども、どれも他の生き物とは無関係に、のんびり生きている。

「せんねん　まんねん」って、どういう意味なんだろう。
くり返しになっている部分にも注目して、考えてみよう。

ものしりメモ 地球は約46億年前にできたといわれている。人類が現れたのは約40万～25万年前といわれていて、地球の長い歴史からみれば、人類の歴史はまだ短いといえるんだ。

基本のワーク

名づけられた葉

教科書 100～101ページ
答え 9ページ
勉強した日　月　日

学習の目標
●題名にこめられた意味を考えよう。
●葉にたとえて表現されているのは何かを考えよう。

漢字練習ノート13ページ

新しい漢字

教科書100ページ
樹　ジュ　16画
◀練習しましょう。

○新しく学習する漢字
●読み方が新しい漢字

1 漢字の読み　読み仮名《がな》を横に書きましょう。

① 樹液。

2 漢字の書き　漢字を書きましょう。

① こん虫が［じゅえき］を吸う。

3 五年生の漢字　漢字を書きましょう。

① ［れきし］を学ぶ。
② 木の［みき］。
③ ［こえだ］を切る。
④ ［ようみゃく］の働き。

4 次の詩を読んで、問題に答えましょう。

名づけられた葉

新川《しんかわ》 和江《かずえ》

ポプラの木には　ポプラの葉
何千何万芽をふいて
①緑の小さな手をひろげ
いっしんにひらひらさせても
②ひとつひとつのてのひらに
載《の》せられる名はみな同じ　〈ポプラの葉〉

わたしも
いちまいの葉にすぎないけれど
あつい血の樹液をもつ
にんげんの歴史の幹から分かれた小枝に
不安げにしがみついた
③おさない葉っぱにすぎないけれど
④わたしは呼ばれる
わたしだけの名で　朝に夕に

だからわたし　考えなければならない

言葉の意味プラス
2行　芽をふく…芽を出す。　10行　樹液…樹木にふくまれる液。
19行　葉脈…水分や養分の通り道になる、葉のすじ。

誰《だれ》のまねでもない
葉脈の走らせ方を　刻みのいれ方を
せいいっぱい緑をかがやかせて
うつくしく散る法を
⑤名づけられた葉なのだから　考えなければならない
どんなに⑥風がつよくとも

20

1 「①緑の小さな手」にたとえられているものは何ですか。五字の言葉を書きぬきましょう。

この連（まとまり）にえがかれているものは何かな。

2 よく出る● 「②ひとつひとつのてのひらに／載せられる名はみな同じ〈ポプラの葉〉」とは、どういうことですか。一つに○をつけましょう。

ア（　）ポプラの葉はどれも形が同じように見えるため、全部まとめて「ポプラの葉」と呼ばれるということ。

イ（　）ポプラの葉はみな「ポプラの葉」と呼ばれ、一枚一枚の葉に、その葉だけがもつ名前はないということ。

ウ（　）ポプラの葉を「ポプラの葉」と呼ぶのは人間だけであって、ポプラの葉自身は名前を知らないということ。

3 よく出る● 「③おさない葉っぱ」とは、何のことですか。

「……にすぎないけれど」という表現が、前にもあるね。

（　　　　）

4 「④わたしは呼ばれる」とありますが、どのように呼ばれますか。

朝夕、（　　　　）。

5 よく出る● 「⑤名づけられた葉なのだから　考えなければならない」について答えましょう。

(1) 「名づけられた葉」という表現には、どのような意味がこめられていますか。

「わたし」は、一枚一枚は名をもたない（　　　　）の葉とちがって、（　　　　）をもっているという意味。

(2) 何を「考えなければならない」のですか。一つに○をつけましょう。

ア（　）美しい自然を守るために、人間として何をするべきかということ。

イ（　）仲間とともに毎日の生活を送るには、何が大切なのかということ。

ウ（　）どのようにして、人生を自分らしく大切に生きていくかということ。

6 「⑥風」にたとえられているものは何ですか。一つに○をつけましょう。

ア（　）人生で出会う困《こん》難。

イ（　）自分を後おしする仲間。

ウ（　）つかれをいやしてくれる楽しみ。

ものしりメモ　ポプラといえば、北海道大学にあるポプラ並木は、観光名所として有名。1912年（明治45年）に、当時の札幌《さっぽろ》農学校の学生たちによって植えられたんだよ。

基本のワーク

いちばん大事なものは
インターネットでニュースを読もう

教科書 102～107ページ　答え 9ページ

勉強した日　月　日

学習の目標
- 他の人の考え方を聞いて、自分の考えにいかすことについて学ぼう。
- インターネットで適切に情報を得る方法を知ろう。

漢字練習ノート13ページ

新しい漢字

◀練習しましょう。

教科書105ページ

漢字	読み	画数	ページ
覧	ラン	17画	105
値	チ　ね	10画	105
源	ゲン　みなもと	13画	105
退	タイ　しりぞく	9画	105
厳	ゲン　きびしい	17画	105
優	ユウ	17画	105
推	スイ	11画	106
貴	キ	12画	106

1 漢字の読み

読み仮名《がな》を横に書きましょう。

❶ 閲《えつ》覧　❷ 値上げ　❸ 資源　❹ 敗退　❺ 厳しい　❻ 俳優　❼ 推定　❽ 貴重

○新しく学習する漢字
●読み方が新しい漢字

2 漢字の書き

漢字を書きましょう。

❶ □《きび》しい残暑。

❷ □□《きちょう》な発見。

3 ★いちばん大事なものは

他の人の考えを聞いて、自分の考えにいかすときのポイントを、次のようにまとめました。（　）に合う言葉を□から選んで書きましょう。

- 相手の考えの理由や、その（　　　）となっていることを理解しようとしながら聞く。
- 考えを伝え合うことで、自分の考えを（　　　）たり深めたりすることができるとよい。

背景　反論　広げ　おし通し

4 次は、二〇二X年九月二十五日に岩木さんが見つけたニュースサイトの記事のページです。これを読んで、問題に答えましょう。

東南ニュース

トップ　政治　社会　経済　スポーツ　エンタメ　地域　科学

08年発見の恐竜《きょうりゅう》化石、新種だった 命名「ヒカリサウルス」

202X年9月23日15時10分【北西新聞】

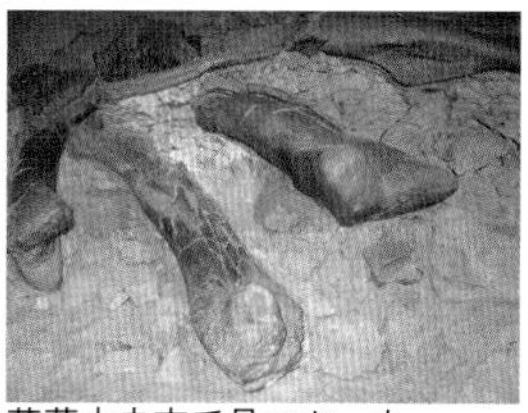

若葉中央市で見つかった、新種の恐竜の化石

●●理科大などの研究チームは23日、2008年に若《わか》葉中央市で発見された恐竜の化石が新種であることが分かったと発表した。同研究チームはこの恐竜を「ヒカリサウルス」と命名した。大きさは、頭から尾《お》までおよそ3メートル、体重は約500キロと推定される。

コメント

とく名　9月23日16時30分
若葉中央市で見つかったのだから、「ヒカリサウルス」ではなく「ワカバチュウオウサウルス」にすべき。

森田　9月23日17時00分
大発見ですね。きっと日本で新種の恐竜が発見されることなんてもう二度とないと思います。それほどに貴重な発見ですよ。

〈「インターネットでニュースを読もう」による〉

1 このニュースサイトの記事について、次の（　）に合う言葉を書きぬきましょう。

●サイト名…（　　　）

●記事を書いた人（発信者）…（　　　）

2 よく出る● 岩木さんは、記事の内容について友達にしょうかいし、次のように話し合いました。これについて答えましょう。

岩木　若葉中央市で発見された恐竜の化石が、新種だと分かったそうだよ。
中野　へえ、いつ発表されたの。
岩木　□だよ。この記事を見てよ。
（みんなで記事を読む。）
中野　なるほど、●●理科大などの研究チームが新種だと発表して、「ヒカリサウルス」と名づけたんだね。
小川　でも、「ワカバチュウオウサウルス」という名前にすべきだという意見も多くあったみたいだよ。
岩木　いずれにしても、日本で新種の恐竜が発見されることがもうないのは事実だから、すごい発見だね。

(1) □に合う言葉一つに○をつけましょう。

ア（　）九月二十五日
イ（　）九月二十三日
ウ（　）二〇〇八年

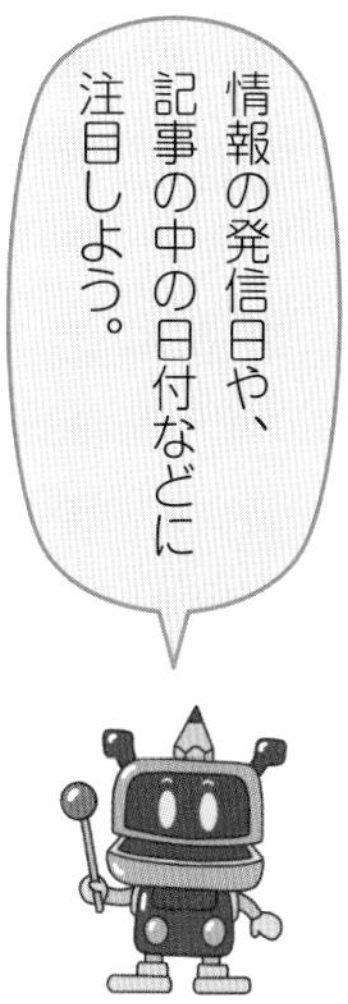

情報の発信日や、記事の中の日付などに注目しよう。

(2) ［　］で囲まれた部分で、記事の内容を正しく理解して話しているのはだれですか。一つに○をつけましょう。

ア（　）中野さん
イ（　）小川さん
ウ（　）岩木さん

報じられている事実と、個人的な意見や感想を読み分けよう。

ものしりメモ
日本の地名が名づけられた恐竜《きょうりゅう》はたくさんいる。特に福井県で化石が発見されたものが多く、「フクイサウルス」「フクイラプトル」「フクイティタン」などがいるよ。

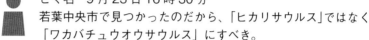

基本のワーク

文章を推敲《こう》しよう SDGs
漢字の広場② 五年生で習った漢字

教科書 108~110ページ
答え 10ページ

勉強した日 月 日

学習の目標
●読む人を意識して文章を推敲《こう》できるようにしよう。
●五年生で習った漢字を使えるようにしよう。

漢字練習ノート13~14ページ

新しい漢字

教科書 109ページ

策 サク 12画
策 策 策 策 策 策 策 策
◀練習しましょう。

1 漢字の読み

読み仮名《がな》を横に書きましょう。

① 対策

2 漢字の書き

漢字を書きましょう。

① □□《たいさく》を進める。

「さく」の下の部分を、「束」と書かないように気をつけよう。

○新しく学習する漢字
●読み方が新しい漢字

3 五年生の漢字

漢字を書きましょう。

① □□《きょか》を得る。
② □□《じょうけん》を満たす。
③ 会場が□□《こんざつ》する。
④ □□《おおぜい》の人がいる。
⑤ たのみを□《ことわ》る。
⑥ 荷物を□《へ》らす。
⑦ 人数を□《ふ》やす。
⑧ □□《じゅんじょ》を決める。
⑨ 大きさを□《くら》べる。
⑩ □□《きそく》を守る。

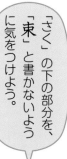

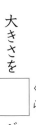

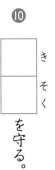

✪文章を推敲《こう》しよう

4 **木下さんは、食品ロスを減らすことを提案する文章を書き、友達に読んでもらいました。そして、友達からの質問をふまえて、後のように文章を書き直しました。これらを読んで、問題に答えましょう。**

【木下さんが最初に書いた文章】

日本では、多くの食品ロスが発生しています。インターネットで調べたところ、国民一人当たり、毎日茶わん一ぱい分の食品を捨てている計算になるそうです。
食品ロスで多いのは、①「食べ残し」だと思います。もったいないので、食品ロスをできるだけ減らすようにしましょう。

【友達からの質問】

大島　食品ロスの量は、具体的にはどれぐらいなのですか。また、その情報は、だれが発表したものなのですか。

高橋　食べ残しによる食品ロスが多いというのは事実ですか、それとも、木下さんの考えですか。

細川　具体的に何をすればよいのでしょうか。

【木下さんが書き直した文章】

環《かん》境省のウェブサイトによると、令和三年度には、日本で五百二十三万トンの食品ロスが発生しています。これは、国民一人当たり、毎日茶わん一ぱい分の食品を捨てている計算になります。とてももったいないと思います。
また、このウェブサイトから、家庭から出る食品ロスの中で多いのは、食品が使われずにごみになる「直接廃棄《はいき》」と、食べきれなかった料理が捨てられる②「食べ残し」だと分かりました。
したがって、「直接廃棄」と「食べ残し」を減らすことが、食品ロスを減らすポイントだと思います。□、私は、食品をむだに買いすぎないことと、料理を残さずに食べることを提案します。この二つを心がけて、食品ロスを減らしましょう。

〈参考〉環境省　食品ロスポータルサイト

1 木下さんは、大島さんの質問をふまえて、文章をどのように書き直しましたか。一つに○をつけましょう。

ア（　）どのような方法で算出したのかを明らかにして、年間の食品ロスの量を具体的な数値で示した。

イ（　）どこから情報を得たのかを明らかにして、年間の食品ロスの量を具体的な数値で示した。

ウ（　）どこから情報を得たのかを明らかにして、一日当たりの食品ロスの量を具体的な数値で示した。

2 木下さんが「①『食べ残し』だと思います」を「②『食べ残し』だと分かりました」と書き直したのは、なぜですか。（　）に合う言葉を、【友達からの質問】の中から書きぬきましょう。

「食べ残し」による食品ロスが多いのが、（　　　　）であることを明確にするため。

3 □に入る言葉は何ですか。一つに○をつけましょう。

ア（　）そこで　**イ**（　）しかし　**ウ**（　）なぜなら

ものしりメモ　日本でプラスチックの生産量が急激に増えたのは、1960年代。10年間で約10倍に増えて、プラスチックごみの問題も深刻化したんだ。

作品の世界を想像しながら読み、考えたことを伝え合おう

基本のワーク

やまなし
【資料】イーハトーヴの夢 SDGs ほか

教科書 111~135ページ
答え 10ページ
勉強した日 月 日

学習の目標
●作品の世界を表現や構成からとらえよう。
●作者の生き方や考え方をとらえて、作品を味わおう。

漢字練習ノート15~16ページ

新しい漢字

▼練習しましょう。

教科書ページ	漢字	読み	画数
114	縮	シュク ちぢむ	17画
114	棒	ボウ	12画
122	熟	ジュク	15画
125	尺	シャク	4画
125	寸	スン	3画
126	揮	キ	12画
128	痛	ツウ いたい いたむ	12画
128	批	ヒ	7画
128	傷	ショウ きず	13画
129	若	わかい	8画
130	閉	ヘイ とじる しめる	11画
130	遺	イ	15画
130	翌	ヨク	11画

1 漢字の読み

読み仮名《がな》を横に書きましょう。

1 ○縮む
2 ○棒
3 ○熟す
4 曲《かね》○尺
5 ○寸法
6 ○指揮者
7 ○痛み
8 ○批評
9 ○傷つく
10 ○若者
11 ○閉じる
12 ○遺書
13 ○翌日

○新しく学習する漢字
●読み方が新しい漢字

4 言葉の意味

○をつけましょう。

1 113ページ 身をひるがえす。
ア（　）重たそうにして、ゆっくり動く。
イ（　）おどらせるように、さっと動く。
ウ（　）ふるえるように、小刻みに動く。

2 漢字の書き　漢字を書きましょう。

① 実が□《じゅく》す。

② □□《ひひょう》の言葉。

③ □□《よくじつ》の朝。

①と形の似ている「熱」とをまちがえないようにしよう。

3 五年生の漢字　漢字を書きましょう。

① □□□《しょうたいじょう》。

② □□《かいてき》な生活。

③ 道に□《まよ》う。

内容をつかもう！

☆やまなし　この文章は、「一　五月」と「二　十二月」から成っています。次のうち、「五月」の場面には1、「十二月」の場面には2を書きましょう。　教科書112〜122ページ

（　）かにの子どもたちがあわの大きさを比べていると、やまなしが落ちてきた。かにたちは、流れるやまなしの後を追った。

（　）かにの子どもたちが話していると、かわせみが飛びこんできて、魚をとっていった。子どもたちはこわがった。

☆イーハトーヴの夢　宮沢賢治《みやざわけんじ》の生き方を次のようにまとめました。□に合う言葉を□から選んで書きましょう。　教科書123〜131ページ

人々が□して田畑を耕せるようにするために一生をささげることを決意し、最新の農業技術を学んで、教えた。そして、人々に□を育ててもらうために、詩や童話を書いた。

安心　苦心　やさしさ　厳しさ

---

2 117 その場に居すくまる。
ア（　）落ち着いてしばらく休む。
イ（　）つかれのためにしゃがみこむ。
ウ（　）おそろしさなどで動けなくなる。

3 121 首をすくめる。
ア（　）曲げる。
イ（　）縮める。
ウ（　）回す。

4 121 あらん限りのばす。
ア（　）あるだけ全部。
イ（　）ほんの少しだけ。
ウ（　）一度に限って。

5 125 平凡《ぼん》な風景。
ア（　）ありきたりの。
イ（　）とてもめずらしい。
ウ（　）どこまでも広がる。

6 128 目をみはるほど美しい。
ア（　）目を細めて見る。
イ（　）目をこすって見る。
ウ（　）目を大きく開いて見る。

7 128 合理的に行う。
ア（　）きちんと正確に。
イ（　）むだのないように。
ウ（　）ゆっくりていねいに。

ものしりメモ　宮沢賢治《みやざわけんじ》といえば、童話と詩が有名だけれど、初期の作品には短歌も多いんだ。中学生のときから、短歌を作っていたそうだよ。

作品の世界を想像しながら読み、考えたことを伝え合おう

練習のワーク①

やまなし

教科書 111〜135ページ　答え 10ページ

勉強した日　月　日

できるナビ
たとえの表現に注意して、場面の様子を読み取り、その移り変わりをとらえよう。

※ 次の文章を読んで、問題に答えましょう。

にわかにぱっと明るくなり、日光の黄金《きん》は、夢のように水の中に降ってきました。

波から来る①光のあみが、底の白い岩の上で、美しくゆらゆらのびたり縮んだりしました。あわや小さなごみからは、まっすぐなかげの棒が、ななめに水の中に並んで立ちました。

魚が、今度はそこら中の黄金の光をまるっきりくちゃくちゃにして、おまけに自分は鉄色に変に底光りして、また上《かみ》の方へ上りました。

②「お魚は、なぜああ行ったり来たりするの。」

弟のかにが、まぶしそうに目を動かしながらたずねました。

「何か悪いことをしてるんだよ。

2 魚が上《かみ》の方へ上るときの様子を書きぬきましょう。

（　　　　）

3 ②「お魚は、なぜああ行ったり来たりするの。」という質問に対して、兄さんのかには何と答えましたか。書きぬきましょう。

会話文のうち、兄さんのかにが話した言葉はどれか、探してみよう。

（　　　　）

4 ③「お魚が、また上からもどってきました」とありますが、このときの様子を、どのように表現していますか。書きぬきましょう。

（　　　　）

5 ④「そのかげ」とは、何のかげですか。一つに○をつけましょう。

ア（　）魚　イ（　）かに　ウ（　）青いもの

6 ⑤「天井」とは、何のことですか。一つに○をつけましょう。

川の中にいるかにから見た「天井」のことだよ。

ア（　）空　イ（　）水面　ウ（　）川底

言葉の意味プラス

12行 底光り…おく深くに光がひそんでいるように見えること。深みのある光。

取ってるんだよ。」

「取ってるの。」

「うん。」

そのお魚③が、また上《かみ》からもどってきました。今度はゆっくり落ち着いて、ひれも尾《お》も動かさず、ただ水にだけ流されながら、お口を輪のように円くしてやって来ました。④そのかげは、黒く静かに底の光のあみの上をすべりました。

「お魚は……。」

そのときです。にわかに⑤天井《じょう》に白いあわが立って、青光りのまるでぎらぎらする鉄砲《ぽう》だまのようなものが、いきなり飛びこんできました。

兄さんのかにには、はっきりとその青いものの先が、コンパスのように黒くとがっているのも見ました。と思ううちに、⑥魚の白い腹がぎらっと光って一ぺんひるがえり、上の方へ上ったようでしたが、それっきりもう青いものも魚の形も見えず、光の黄金のあみはゆらゆらゆれ、あわはつぶつぶ流れました。
⑦二ひきはまるで声も出ず、居すくまってしまいました。

〈宮沢《みやざわ》 賢治《けんじ》「やまなし」による〉

1 「①光のあみ」とは、どのような様子を表していますか。□に合う言葉を書きぬきましょう。

さしこんできた［　　］が、水面の波によってあみのように見える様子。

---

7 川の中にいきなり飛びこんできたものについて答えましょう。

(1) それはどのようなものでしたか。
（　　　　）

(2) そのものの先は、どのようになっていましたか。
（　　　　）

8 「⑥魚の白い腹がぎらっと光って一ぺんひるがえり、上の方へ上ったようでした」とありますが、これは、どういうことを表していますか。

［　　　　］が［　］を連れていったということ。

9 よく出る 「⑦二ひきはまるで声も出ず、居すくまってしまいました。」とありますが、このときの二ひきの様子に合うもの一つに○をつけましょう。

「居すくまって」という言葉に着目しよう。


ア（　）おもしろくて、何が起きるかと期待している。

イ（　）つまらなくて、すっかりあきてしまっている。

ウ（　）おそろしくて、身動きもできなくなっている。

10 よく出る この文章で、場面の様子が最も大きく変わるのは、どこからですか。場面が変わる最初の一文を書きぬきましょう。

（　　　　）

明るくておだやかな、川の中の世界がえがかれているけれど、それがとつぜん変わっているね。様子を一変させたものは何かな。

ものしりメモ
「青いもの」の正体は、かわせみという鳥だよ。かわせみには、「ひすい」という別名もあるよ。背中の美しい青色が印象的な鳥で、水辺にすみ、魚や昆虫《こん》などをとって食べるよ。

練習のワーク②

やまなし

教科書 111～135ページ
答え 11ページ

勉強した日　月　日

できるナビ
●たとえや言いかえなどの表現に注目して、かにたちの様子や心情をとらえよう。

次の文章を読んで、問題に答えましょう。

そのときです。にわかに天井《じょう》に白いあわが立って、青光りのまるでぎらぎらする鉄砲《ぽう》だまのようなものが、いきなり飛びこんできました。

兄さんのかには、はっきりとその青いものの先が、コンパスのように黒くとがっているのも見ました。と思ううちに、魚の白い腹がぎらっと光って一ぺんひるがえり、上の方へ上ったようでしたが、それっきりもう青いものも魚の形も見えず、光の黄金《きん》のあみはゆらゆらゆれ、あわはつぶつぶ流れました。

二ひきはまるで声も出ず、居すくまってしまいました。

お父さんのかにが出てきました。

「どうしたい。①ぶるぶるふるえているじゃないか。」

「お父さん、今、②おかしなものが来たよ。」

「どんなもんだ。」

「青くてね、光るんだよ。はじが、こんなに③黒くとがってるの。それが来たら、お魚が上へ上っていったよ。」

「そいつの目が赤かったかい。」

「分からない。」

「ふうん。しかし、そいつは鳥だよ。かわせみというんだ。だいじょうぶだ、安心しろ。おれたちは構わないんだから。」

2 「②おかしなもの」について答えましょう。

(1) これより前の部分では、「おかしなもの」のことを何と表現していますか。書きぬきましょう。

●（　　　　　　　　）

●□□□□←

(2) この「おかしなもの」は何だと、お父さんのかには説明しましたか。四字の言葉を書きぬきましょう。

□□□□

3 よく出る●「③黒くとがってる」とありますが、その様子を何にたとえていますか。四字の言葉を書きぬきましょう。

□□□□

「～のように」という、たとえを表す言葉に注目しよう。

言葉の意味プラス　19行　構う…相手にする。

「お父さん、④お魚はどこへ行ったの。」

「魚かい。魚はこわい所へ行った。」

「こわいよ、お父さん。」

「いい、いい、だいじょうぶだ。心配するな。そら、かばの花が流れてきた。⑤ごらん、きれいだろう。」

あわといっしょに、白いかばの花びらが、天井をたくさんすべってきました。

「こわいよ、お父さん。」

弟のかにも言いました。
⑥光のあみはゆらゆら、のびたり縮んだり、花びらのかげは静かに砂をすべりました。

〈宮沢《みやざわ》　賢治《けんじ》「やまなし」による〉

1 「①ぶるぶるふるえている」とありますが、二ひきのかにがこわがっている様子がえがかれている一文を、文章中のこれより前の部分から書きぬきましょう。

こわがって、どのような様子になっているかな。

4 「④お魚はどこへ行ったの」とありますが、どこへ行ったと、お父さんのかには答えましたか。

5 「⑤ごらん、きれいだろう。」について答えましょう。

(1) お父さんのかには、何を「ごらん」と言っているのですか。

(2) お父さんのかにがこのように言ったのは、何のためだと考えられますか。兄さんのかにと弟のかにの気持ちをふまえて書きましょう。

書いてみよう!

6 「⑥光のあみ」は、何色だと書かれていますか。

7 よく出る● この文章の表現の特徴《ちょう》として、合うもの一つに○をつけましょう。

ア（　）一文をできるだけ短くして、たくさん連ねていくことで、場面のさしせまった様子を表している。

イ（　）「ぎらぎら」や「つぶつぶ」などの表現やたとえ、色を表す言葉を多く使って、場面の様子をえがいている。

ウ（　）主に三びきのかにの心の中の言葉を書くことで、それぞれのかにの気持ちのちがいをえがき出している。

ものしりメモ

かわせみのくちばしは、高速で水に飛びこむため、ていこうの少ない形になっている。この形は、新幹線の先頭車両を開発するうえでのヒントにもなっているんだよ。

練習のワーク③

【資料】イーハトーヴの夢 SDGs

教科書 111～135ページ

答え 12ページ

勉強した日　月　日

できるナビ
宮沢賢治《みやざわけんじ》の言葉や、教え子が語った話から、賢治の生き方や考え方を読み取ろう。

次の文章を読んで、問題に答えましょう。

賢治《けんじ》が中学に入学した年も、自然災害のために農作物がとれず、農民たちは大変な苦しみを味わった。その次の年も、また洪《こう》水。

「なんとかして農作物の被《ひ》害を少なくし、人々が安心して田畑を耕せるようにできないものか。」

賢治は必死で考えた。

「①そのために一生をささげたい。それにはまず、最新の農業技術を学ぶことだ。」

そう思った賢治は、盛岡《もりおか》高等農林学校に入学する。成績は優秀《しゅう》。卒業のときに、教授から、研究室に残って学者の道に進まないかとさそわれる。でも賢治は、②それを断る。そして、ちょうど花巻《はなまき》にできたばかりの農学校の先生になる。二十五さいの冬だった。

「いねの心が分かる人間になれ。」

③それが生徒たちへの口ぐせだった。

また、こんな言葉を覚えている教え子もいる。

「農学校の『農』という字を、じっと見つめてみてください。『農』の字の上半分の『曲』は、④大工さんの使う曲尺《かね》のことです。そして下の『辰《しん》』は、時という意味です。年とか季節

2 よく出る ①「そのために一生をささげたい。」について答えましょう。

(1) 「その」は、どういうことを指していますか。

（　　　　　　　　）

(2) このように思った賢治は、何を学ぶことが必要だと考えましたか。

（　　　　　　　　）

3 ②「それ」は、どういうことを指していますか。一つに○をつけましょう。

ア（　）農林学校に入学すること。

イ（　）学者の道に進むこと。

ウ（　）農学校の先生になること。

4 賢治の③「生徒たちへの口ぐせ」は、どういう言葉でしたか。

（　　　　　　　　）

5 ④「大工さんの使う曲尺」とは、どのような道具ですか。

（　　　　）に曲がっていて、一度に（　　　　）の方向の寸法が測れるものさし。

言葉の意味プラス

7行 ささげる…差し出す。つくす。

10行 優秀…とてもすぐれている様子。

という意味もあります。」
曲尺というのは、直角に曲がったものさしのことだ。それを使うと、一度に二つの方向の寸法が測れる。だから賢治の言葉は、「その年の気候の特徴《ちょう》を、いろんな角度から見て、しっかりつかむことが大切です。」という意味になる。

また賢治は、春、生徒たちと田植えをしたとき、田んぼの真ん中に、ひまわりの種を一つぶ植えたこともあった。すると、真夏、辺り一面ただ平凡《ぼん》な緑の中に、それが見事に花を開く。

「⑤田んぼが、詩に書かれた田んぼのように、かがやいて見えましたよ。」

と、昔の教え子たちが言う。

苦しい農作業の中に、楽しさを見つける。工夫することに、喜びを見つける。そうして、未来に希望をもつ。それが、⑥先生としての賢治の理想だった。

〈畑山《はたやま》博《ひろし》「イーハトーヴの夢」による〉

1 賢治が中学に入学したころ、地元の農民たちを苦しめていたものは、何ですか。四字の言葉を書きぬきましょう。

6 よく出る● 賢治は、「農」という字の説明を通して、農業ではどういうことが大切だと言いたかったのですか。

「曲」と「辰」が表す意味をおさえて、それを解説している部分を探そう。

7 「⑤田んぼが、詩に書かれた田んぼのように、かがやいて見えましたよ。」とありますが、そのように感じたのはなぜですか。一つに○をつけましょう。

直前の部分をよく読もう。田んぼにあったものは何かな。

ア（　）緑の田んぼが、夏の日差しに照らされていたから。
イ（　）みんなで植えたなえが、立派ないねに育ったから。
ウ（　）田んぼの真ん中に、ひまわりが見事にさいたから。

8 「⑥先生としての賢治の理想」とは、どういうことでしたか。三つ書きましょう。

直前の「それ」が指している内容を読み取ろう。

ものしりメモ
宮沢賢治《みやざわけんじ》のふるさとである花巻《はなまき》市を流れる北上川《きたかみがわ》には、「イギリス海岸」とよばれる場所がある。これは賢治が名づけたもので、勉強のために、農学校の生徒を連れていった所だそうだよ。

練習のワーク④

【資料】イーハトーヴの夢 SDGs
漢字の広場③ 五年生で習った漢字

教科書 111～135ページ
答え 12ページ
勉強した日 月 日

できるナビ
●宮沢賢治《みやざわけんじ》が追い求めた理想をとらえよう。
●賢治が生きたのはどういう時代かをおさえよう。

☆【資料】イーハトーヴの夢

1 次の文章を読んで、問題に答えましょう。

①賢治《けんじ》がイーハトーヴの物語を通して追い求めた理想。それは、人間がみんな人間らしい生き方ができる社会だ。それだけでなく、人間も動物も植物も、たがいに心が通い合うような世界が、賢治の夢だった。一本の木にも、身を切られるときの痛みとか、ひなたぼっこのここちよさとか、いかりとか、思い出とか、②そういうものがきっとあるにちがいない。賢治は、その木の心を自分のことのように思って、物語を書いた。

けれども、時代は、賢治の理想とはちがう方向に進んでいた。さまざまな機械の自動化が始まり、鉄道や通信が発達した。なんでも、

3 賢治が物語を書くときの態度がよく分かる十八字の言葉を書きぬきましょう。

賢治は、何をどのように思いながら、物語を書いていたかな？

4 「③そんな世の中」とありますが、どのような世の中ですか。

前の部分から、「そんな」が指している「世の中」の様子が書かれている部分を探そう。

5 書いてみよう！ 「④賢治は、自分で二冊の本を出す」とありますが、その結果はどうなりましたか。

言葉の意味プラス 24行 批評…よしあしについて意見を言うこと。

早く、合理的にできることがよいと思われるような世の中になった。③そんな世の中に、賢治の理想は受け入れられなかった。初めのころ、賢治は、自分が書いた童話や詩の原稿《こう》をいくつかの出版社に持ちこんだ。でも、どの出版社でも断られた。しかたなく、④賢治は、自分で二冊の本を出す。童話集「注文の多い料理店」、詩集「春と修羅《しゅら》」。でも、これもほとんど売れなかった。それどころか、ひどい批評の言葉が返ってくる。自分の作品が理解されないことに、賢治は傷ついた。次に出すつもりで準備を整えていた詩集も、出すのをやめた。

〈畑山《はたやま》博《ひろし》「イーハトーヴの夢」による〉

1 よく出る ①「賢治がイーハトーヴの物語を通して追い求めた理想。」とありますが、それはどういうものですか。

●人間がみんな（　　　　）ができる社会。

●人間も動物も植物も、たがいに（　　　　）ような世界。

2 ②「そういうもの」とありますが、どのようなものですか。順に四つ書きぬきましょう。

（　　　　）（　　　　）（　　　　）（　　　　）

6 この文章の内容に合うもの一つに○をつけましょう。

ア（　）賢治の理想は時代に合わず、その作品は理解されなかった。

イ（　）賢治の理想は時代に合っていたが、作品にうまく表すことができなかった。

ウ（　）賢治の理想は時代に合わなかったが、その作品は世の中に受け入れられた。

賢治が生きた時代、世の中はどういう方向に進んでいたのだろう？　賢治の理想が受け入れられる世の中だったのかな？

2 漢字の広場③　五年生で習った漢字

漢字を書きましょう。

① 池でこいを□《か》う。

② 空に月が□《あらわ》れる。

③ 机を□□《いどう》させる。

④ □□《げんかい》をこえる。

⑤ □《けわ》しい山を登る。

⑥ 木の□《えだ》を切る。

⑦ □《ゆめ》をかなえる。

⑧ けが人を□□《きゅうじょ》する。

ものしりメモ

宮沢賢治《みやざわけんじ》が「注文の多い料理店」「春と修羅《しゅら》」を出したのは1924年(大正13年)。日本でラジオ放送が始まったのはその翌年。通信技術が急速に進歩した時代だったんだ。

基本のワーク

熟語の成り立ち
季節の言葉3　秋の深まり

教科書 136〜139ページ

答え 13ページ

勉強した日　月　日

学習の目標
- 熟語の成り立ちをとらえよう。
- 二十四節気《にじゅうしせっき》について知り、秋を表す言葉に関心をもとう。

漢字練習ノート17〜18ページ

新しい漢字

▼練習しましょう。

教科書ページ	漢字	読み	画数
136	縦	ジュウ　たて	16画
136	頂	チョウ　いただく　いただき	11画
136	忠	チュウ	8画
136	誠	セイ	13画
136	敵	テキ	15画
136	蚕	サン　かいこ	10画
136	己	コ	3画
136	除	ジョ　のぞく	10画
136	仁	ジン	4画
136	泉	セン　いずみ	9画
136	裏	うら	13画
137	系	ケイ	7画
137	盟	メイ	13画
137	欲	ヨク	11画
137	株	かぶ	10画

1 漢字の読み

読み仮名《がな》を横に書きましょう。

○新しく学習する漢字
●読み方が新しい漢字

1. 洗顔
2. 忠誠
3. 養蚕
4. 自己
5. 除雪
6. 仁愛
7. 裏庭
8. 銀河系
9. 加盟国
10. 意欲的
11. 画一的
12. 株式会社

2 漢字の書き

漢字を書きましょう。

1. □□《じゅうおう》に走る。
2. □□《さんちょう》に立つ。
3. □□《きょうてき》を破る。
4. □□《おんせん》に入る。

3 次の熟語の成り立ちを［　］から選んで、記号で答えましょう。

①豊富（　　）　②高低（　　）
③開会（　　）　④急増（　　）
⑤永久（　　）　⑥勝敗（　　）
⑦品質（　　）　⑧着席（　　）

ア　似た意味の漢字の組み合わせ
イ　意味が対《つい》になる漢字の組み合わせ
ウ　上の漢字が下の漢字を修飾《しょく》する関係にある組み合わせ
エ　「――を」「――に」に当たる意味の漢字が下に来る組み合わせ

4 次の熟語の成り立ちを［　］から選んで、記号で答えましょう。

①松竹梅（　　）　②再出発（　　）　③安心感（　　）
④未完成（　　）　⑤非公式（　　）　⑥効果的（　　）

ア　二字の語の頭に一字を加えた熟語
イ　二字の語の後ろに一字を加えた熟語
ウ　一字の語の集まりから成る熟語

5 次のうち、一字の語の集まりから成る熟語一つに○をつけましょう。

ア（　）天気予報　イ（　）都道府県　ウ（　）交通安全

6 次の説明に合う言葉を［　］から選んで、記号で答えましょう。

① しもが降りるころ。（十月二十三日ごろ）（　　）
② 冷気に当たって、つゆもこおりそうになるころ。（十月八日ごろ）（　　）
③ 立秋《りっしゅう》から十五日目に当たり、すずしくなり始めるころ。（八月二十三日ごろ）（　　）

ア　処暑《しょしょ》　イ　寒露《かんろ》　ウ　霜降《そうこう》

7 次の短歌と俳句を読んで、問題に答えましょう。

A　とことは《(わ)》に吹《ふ》く夕暮《ぐれ》の風なれど
　　秋立つ日こそ涼《すず》しかりけれ　藤原公実《ふじわらのきんざね》
B　白露《しらつゆ》や茨の刺《とげ》に一つづ《(ず)》つ　与謝《よさ》蕪村《ぶそん》
C　鶏《けい》頭に霜《しも》見る秋の名残《なごり》かな　正岡《まさおか》子規《しき》

1　「秋立つ日」とは、二十四節気《にじゅうしせっき》のうち、いつのことを指していますか。漢字二字で書きましょう。

［　　　　］

2　B・Cの俳句で、作者は何に季節を感じていますか。

B　茨の刺の一つ一つに（　　　　）が結んでいる様子。
C　鶏頭の花に（　　　　）が降りている様子。

ものしりメモ　「松竹梅」とは、松・竹・梅という3種の植物のこと。この3種は、おめでたいものとして、古くから祝いごとに用いられてきたんだ。

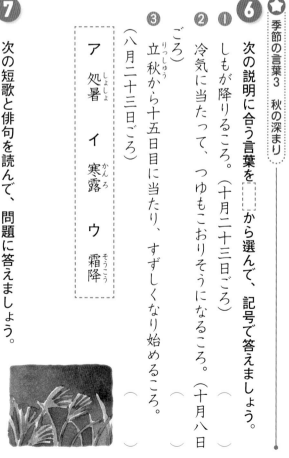

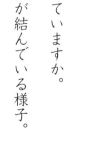

まとめのテスト やまなし 【資料】イーハトーヴの夢

SDGs

教科書 111～139ページ
答え 13ページ
勉強した日 月 日

時間 20分
得点 /100点

1 次の文章を読んで、問題に答えましょう。

そのとき、トブン。

①黒い丸い大きなものが、天井《じょう》から落ちてずうっとしずんで、また上へ上っていきました。きらきらっと黄金《きん》のぶちが光りました。

「かわせみだ。」

子どもらのかには、首をすくめて言いました。

お父さんのかには、遠《とお》眼鏡のような両方の目をあらん限りのばして、よくよく見てから言いました。

「そうじゃない。あれはやまなしだ。流れていくぞ。ついていってみよう。ああ、いいにおいだな。」

なるほど、そこらの月明かりの水の中は、やまなしのいいにおいでいっぱいでした。

三びきは、ぼかぼか流れていくやまなしの後を追いました。

その横歩きと、底の黒い三つのかげ法師が、合わせて六つ、おどるようにして、やまなしの円いかげを追いました。

まもなく、水はサラサラ鳴り、天井の波はいよいよ青いほのおを上げ、②やまなしは横になって木の枝に引っかかって止まり、その上には、月光のにじがもかもか集まりました。

「どうだ、やっぱりやまなしだよ。よく熟している。いいにおいだろう。」

「おいしそうだね、お父さん。」

「待て待て。もう二日ばかり待つとね、こいつは下へしずんでくる。それから、ひとりでにおいしいお酒ができるから。さあ、もう帰ってねよう。おいで。」

親子のかには三びき、自分らのあなに帰っていきます。

③波は、いよいよ青白いほのおをゆらゆらと上げました。それはまた、金剛《ごう》石の粉をはいているようでした。

〈宮沢《みやざわ》賢治《けんじ》「やまなし」による〉

1 よく出る 「①黒い丸い大きなもの」は、何でしたか。〈15点〉

（　　　　）

2 「②やまなしは……引っかかって止まり」とありますが、お父さんのかには、このやまなしはどうなると言いましたか。〈20点〉

（　　　　）

3 チャレンジ！ 書いてみよう！ 「③波は……はいているようでした。」とありますが、これは何を表していますか。〈15点〉

川が（　　　　）に照らされてかがやく様子。

言葉の意味プラス

1 7行 遠眼鏡…望遠鏡や双《そう》眼鏡の、古いよび方。

1 14行 かげ法師…地面やかべなどに映った、(人の)かげ。

2 次の文章を読んで、問題に答えましょう。

①農業に対する考え方にも、変化が起こっていた。

「一度に大勢の生徒を相手に理想を語ってもだめだ。理想と現実の農業はちがう。実際に自分も農民になって、自分で耕しながら人と話さなければ。」そう思った賢《けん》治《じ》は、三十さいのとき農学校をやめ、②「羅《ら》須《す》地《ち》人《じん》協会」という協会をつくる。農家の若者たちを集め、自分も耕しながら勉強する。それが賢治の目的だった。

協会に集まった農村の青年は三十人ほど。そこで賢治は、農業技術を教え、③土とあせの中から新しい芸術を生み出さなければならないことを語った。農民の劇《げき》団をつくったり、みんなで歌やおどりを楽しんだりした。

毎日、北上川《きたかみがわ》沿いのあれ地を耕し、真っ黒に日焼けし、土のにおいをぷんぷんさせる賢治。でも④それは、長くは続かなかった。病気のために、ねこんでしまったのだ。

〈畑山《はたやま》博《ひろし》「イーハトーヴの夢」による〉

1 よく出る ①「農業に対する考え方にも、変化が起こっていた。」とありますが、賢治はどう考えるようになったのですか。一つに○をつけましょう。〔10点〕

ア（　）一度に大勢の生徒を相手に理想を語らなければだめだと考えるようになった。

イ（　）現実の農業を、理想の農業と同じものにしなければならないと考えるようになった。

ウ（　）自分も農民になって、自分で耕しながら人と話さなければならないと考えるようになった。

2 ②「『羅須地人協会』という協会をつくる」とありますが、この協会をつくったのは、どのような目的からですか。〔15点〕

（　　　　）

3 ③「土とあせの中から新しい芸術を生み出さなければならない」とありますが、そのために、具体的にどのような活動をしましたか。〔10点〕

（　　　　）

4 ④「それは、長くは続かなかった」とありますが、それはなぜですか。〔15点〕

（　　　　）

ものしりメモ 宮沢賢治《みやざわけんじ》がなくなった９月21日には、花巻《はなまき》市では賢治の作品を愛する人たちが集まって、賢治の作った歌を合唱したり、演劇《げき》を行ったりしているよ。

目的や条件に応じて話し合おう

基本のワーク

みんなで楽しく過ごすために
伝えにくいことを伝える　ほか

教科書 140～149ページ
答え 14ページ

勉強した日　月　日

学習の目標
●目的や条件に応じた話し合いの方法を学ぼう。
●話し言葉と書き言葉のちがいと、それぞれの特徴《ちょう》を知ろう。

漢字練習ノート19～20ページ

新しい漢字

教科書ページ

漢字	読み	画数	教科書ページ
善	ゼン　よい	12画	141
班	ハン	10画	141
危	キ　あぶない	6画	141
割	わる　わり	12画	142
否	ヒ	7画	146
至	シ　いたる	6画	147
宅	タク	6画	147
糖	トウ	16画	147
紅	コウ　べに	9画	147
卵	たまご	7画	148
乳	ニュウ　ちち	8画	148
創	ソウ　つくる	12画	148

◀練習しましょう。

1 漢字の読み　読み仮名《がな》を横に書きましょう。

○新しく学習する漢字
●読み方が新しい漢字

①改善点
②班
③危険
④役割
⑤否定的
⑥口調
⑦至急
⑧帰宅
⑨砂糖
⑩紅茶
⑪卵
⑫牛乳
⑬創業

2 漢字の書き　漢字を書きましょう。

①（きけん）がない。
②（やくわり）を決める。
③（ひていてき）な意見。
④すぐに（きたく）する。
⑤（さとう）を入れる。
⑥（ぎゅうにゅう）を飲む。

みんなで楽しく過ごすために

3 次の発言に当たる言葉を□から選んで記号で答えましょう。

① 朝食は一日を活動的に過ごすためのものだからだ。（　）

② 朝食をとらなかった日は、授業に集中できなかった。（　）

③ 私は、朝食を毎朝きちんととるべきだと思う。（　）

ア 主張	イ 理由	ウ 根拠《きょ》

4 話し合いのときに気をつけることを、次のようにまとめました。（　）に合う言葉を□から選んで書きましょう。

● 考えを広げる話し合いのとき

・発言するときは、自分の（①）や主張を先に言う。

・主張の意図や、（②）・根拠の疑問点をたずねる。

● 考えをまとめる話し合いのとき

・（③）や異なる点を明らかにする。

・問題点と（④）を明らかにする。

・（④）をふまえて、目的と（⑤）に照らして、仮の結論を出す。

理由	立場	改善点
条件	共通点	

伝えにくいことを伝える

5 次のような場面で、「いつもボールを使う人」に対して、「みんなで使ったほうがいい」という考えを伝えるには、何と言えばよいですか。一つに○をつけましょう。

【場面】
● ボールはクラスに一つしかない。
● いつも使う人が決まっている。

ア（　）「自分たちだけがいつもボールを使うのはずるい。自分勝手だよ。」

イ（　）「いいなあ。ぼくもボールで遊びたいんだけどなあ。」

ウ（　）「ボールを使いたい人が他にもいるんじゃないかな。ボールの使い方のルールを決めようよ。」

話し言葉と書き言葉

6 次のうち、話し言葉の特徴《ちょう》に当てはまるものにはアを、書き言葉の特徴に当てはまるものにはイを書きましょう。

①（　）音声がすぐに消えるので、後から確かめられない。

②（　）文字は残るので、後から何度でも確かめられる。

③（　）その場に相手がいることが多いので、言いまちがいをすぐに直すことができる。

④（　）誤解をあたえないように語順や構成を整える必要がある。

⑤（　）だれが読んでも分かるように、共通語で書くのがふつうである。

⑥（　）声の大きさや上げ下げ、間の取り方などで、気持ちを表せる。

ものしりメモ ボールを使った遊びといえば、ドッジボールがあるね。「ドッジ」とは、英語で「身をかわす」という意味なんだよ。

勉強した日 月 日

基本のワーク

古典芸能の世界 狂《きょう》言「柿山伏《かきやまぶし》」を楽しもう

教科書 150〜154ページ

答え 14ページ

学習の目標
- 古典芸能の特色を知り、関心を高めよう。
- 独特の言い回しに注意して狂《きょう》言を読み、古典芸能に親しもう。

漢字練習ノート20ページ

新しい漢字

◀練習しましょう。

教科書ページ	漢字	読み	画数
150	奏	ソウ	9画
151	誕	タン	15画
153	困	コン こまる	7画
154	看	カン	9画

○新しく学習する漢字
●読み方が新しい漢字

1 漢字の読み

読み仮名《がな》を横に書きましょう。

① 伴《ばん》奏 ② 誕生 ③ 困る ④ 看病

2 漢字の書き

漢字を書きましょう。

① ピアノの伴《ばん》□《そう》。
② □□《たんじょう》する。
③ 返事に□《こま》る。
④ □□《かんびょう》をする。

4 言葉の意味

○をつけましょう。

① 150ページ 楽器を担《たん》当する。
ア（ ）構えて持つこと。
イ（ ）聞いて楽しむこと。
ウ（ ）受けもつこと。

② 150 三味線《しゃみせん》で伴奏する。
ア（ ）歌などに合わせて演奏すること。
イ（ ）楽器を一人で演奏すること。
ウ（ ）メロディーをつけて歌うこと。

③ 150 人形をあやつる。
ア（ ）糸でつり下げる。
イ（ ）糸をつけて動かす。
ウ（ ）かわいがって、大事にする。

3 古典芸能の世界

それぞれの古典芸能の特色について、次のようにまとめました。（　）に合う言葉を□から選んで書きましょう。

- 能―主役の多くは神や（❶　　）で、多くは（❷　　）を用いる。
- 狂《きょう》言―観客を笑わせる（❸　　）で、何もない舞《ぶ》台の上で演じられる。
- 人形浄瑠璃《じょうるり》（文楽《ぶんらく》）―せりふや場面の様子などを語る「（❹　　）」、伴奏の「三味線《しゃみせん》」、人形をあやつる「人形つかい」によって演じられる。
- 歌舞伎《かぶき》―「隈取《くまどり》」や「（❺　　）」といった、独特な演出や演技がある。
- 落語―（❻　　）を交えて一人で語る芸。「（❼　　）」でしめくくられる。

喜劇《げき》	悲劇	見得《みえ》	太夫《たゆう》
死者	落ち	能面	身ぶり

内容をつかもう！

狂言《きょう》「柿山伏《かきやまぶし》」を楽しもう 教科書を読んで、答えましょう。

1 狂言とは、どのような劇ですか。□に合う言葉を□から選んで書きましょう。 教科書150・152ページ

せりふやしぐさを中心とした劇で、主役を「　　」、その相手役を「　　」という。

シテ　アド

2 あらすじを場面ごとにまとめました。順番になるよう、（　）に1～3を書きましょう。 教科書152～154ページ

（　）山伏はからすやさるの鳴きまねをして、ごまかそうとした。

（　）山伏はとびのまねをして飛び下りて、転んだ。

（　）山伏が柿を食べていたところ、柿主に見つかった。

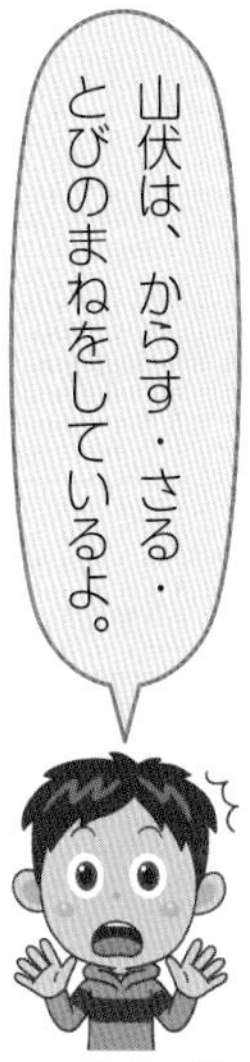

---

❹ 151 独特な演出や演技がある。
ア（　）そのものだけがもっている。
イ（　）他のものと共通している。
ウ（　）ちがいがあまり目立たない。

❺ 152 劇を愉快《ゆ》に演じる。
ア（　）静かで行儀《ぎ》よく。
イ（　）楽しくてここちよく。
ウ（　）元気で勢いよく。

❻ 152 山伏が修《しゅ》行を終える。
ア（　）仕事をすること。
イ（　）学問を身につけること。
ウ（　）心をきたえること。

❼ 154 音楽を聞いてうかれる。
ア（　）体をゆらす。
イ（　）心がうきうきする。
ウ（　）心を乱される。

❽ 154 弟の看病をする。
ア（　）何の病気か判断すること。
イ（　）病気を治すこと。
ウ（　）病人の世話をすること。

❾ 154 じゅもんを唱える。
ア（　）まじないやのろいの言葉。
イ（　）自分の支えになる言葉。
ウ（　）うったえたいことを表す言葉。

ものしりメモ 隈取《くまどり》の色は、役によってかき分けられるんだ。赤は正義や勇気を表し、善を意味するよ。一方、青は冷酷《こく》さを表し、悪を意味するんだ。茶色は、鬼《おに》や妖怪《ようかい》など、人以外の役に使われるよ。

練習のワーク

狂《きょう》言「柿山伏《かきやまぶし》」を楽しもう

教科書 150〜154ページ
答え 14ページ
勉強した日 月 日

できるナビ
●柿主と山伏の言葉や行動を読み取ろう。
●話のおもしろさをとらえよう。

※ 次の文章を読んで、問題に答えましょう。

柿主《かき》　やい、やい、やい、やい、やい。
山伏《やまぶし》　そりゃ、見つけられたそうな。かくれずはなるまい。
（と、顔をかくす。）
柿主　さればこそ、顔をかくいた《（かくした。）》。あの柿の木のかげへかくれたを、ようよう《（よくよく）》見れば、人ではないと見えた。
山伏　①まず落ち着いた《（安心した。）》。人ではないと申す。
柿主　あれはからすじゃ。
山伏　やあ、からすじゃと申す。
柿主　からすならば鳴くものじゃが、おのれは鳴かぬか。
山伏　これは鳴かずはなるまい。
柿主　②おのれ、鳴かずは人であろう。その弓矢をおこせ《（よこせ）》、一矢《ひとや》に射殺いてやろう。
山伏　こかあ、こかあ、こかあ、こかあ。
柿主　（笑って）さればこそ、鳴いたり鳴いたり。また、あれをようよう見れば、からすではのうてさるじゃ。
山伏　やあ、今度はさるじゃと申す。

山伏　ひい。
柿主　飛ぼうぞよ。
山伏　ひい。
柿主　飛びそうな。
山伏　ひい、ひい、ひい、ひい、ひいい。よろ、よろ、よろ、よろ。
（足を縮めて飛び下りて、転ぶ。）⑤あ痛《いた》、あ痛、あ痛、あ痛。

〈「狂《きょう》言『柿山伏《かきやまぶし》』を楽しもう」による〉

1　「①まず落ち着いた。」とありますが、山伏が安心したのは、なぜですか。

柿主が、かくれたのは ＿＿＿＿＿ と言ったから。

2　「②おのれ、鳴かずは人であろう。」とありますが、どういう意味ですか。一つに○をつけましょう。

ア（　）鳴かないのなら、おまえは人だろう。
イ（　）鳴くことができるのは、おまえだけだろう。
ウ（　）鳴くことができたので、おまえは人ではない。

柿主は「からすならば鳴くもの」だと言っているね。鳴かなかったら、どうなるのかな？

言葉の意味プラス
11行 おのれ…おまえ。　36行 羽ばたく…鳥がつばさを広げて、上下に動かす。
38行 最前…さっき。

柿主　さるならば、身せせり《（毛づくろい）》をして鳴くものじゃが、おのれは鳴かぬか。

山伏　身せせりをして、鳴かずはなるまい。

柿主　おのれ、鳴かずは人であろう。そのやりを持て《（持って）》こい、つき殺いてやろう。

山伏　（手でこしをかくようにしながら）きゃあ、きゃあ、きゃあ、きゃあ、きゃあ。

柿主　（笑って）鳴いたり鳴いたり。③さてさてきゃつ《（あいつ）》は、物まねの上手なやつじゃ。何《なに》ぞ、困ることはないか知らぬ。おおそれそれ、また、あれをようよう見れば、からすでもさるでものうて、とびじゃ。

山伏　やあ、今度はとびじゃと申す。

柿主　とびならば、羽《は》をのして《（のばして）》鳴くものじゃが、おのれは鳴かぬか。

山伏　羽をのして、鳴かずはなるまい。

柿主　おのれ、鳴かずは人であろう。その鉄砲《ぽう》をおこせ、一撃《う》ちにしてやろう。

山伏　（おうぎを開いて、両方のそでで羽ばたくようにしながら）ひいよろよろ、ひいよろ、ひいよろ、ひいよろ。

柿主　（笑って）鳴いたり鳴いたり。さて、最前からよほど間《ま》もござるによって、もはや飛びそうなものじゃが、飛ばぬか知らぬ。

山伏　④これはいかなこと。この高い所から飛べと申す。

柿主　ちとうかいて《（うかれさせて）》やろう。（おうぎで左手を打ち、ひょうしを取りながら）はあ、飛ぼうぞよ。

山伏　ひい。

柿主　（だんだん速く）飛びそうな。

3 よく出る　③「さてさてきゃつは、物まねの上手なやつじゃ。何ぞ、困ることはないか知らぬ。」とありますが、この言葉からどういうことが分かりますか。一つに○をつけましょう。

ア（　）柿主が山伏に全く気づいていないこと。
イ（　）柿主が山伏をもう許そうとしていること。
ウ（　）柿主が山伏をこらしめようとしていること。

「困ること」というのは、だれが困ることなのだろう？

4 ④「これはいかなこと。」とありますが、山伏はどういうことにおどろいたのですか。

「これはどうしたことか。」とおどろいているね。

柿主が、もう［　　　　］なものだと言ったこと。

5 ⑤「あ痛、あ痛、あ痛。」とありますが、このせりふは、山伏がどうなったことを表していますか。

山伏が、柿の木の上から（　　　　）こと。

6 この場面で、山伏は何のまねをしていますか。まねをした順番になるように、1〜3に動物の名前を書きましょう。

1（　　　）
2（　　　）
3（　　　）

ものしりメモ　狂《きょう》言は、能舞《ぶ》台で演じられるよ。能舞台は約６メートル四方の「本舞台」と、ろう下のような「橋掛《はしがか》り」から成っているよ。「本舞台」には、屋根も付いているんだ。

基本のワーク

『鳥獣戯画《ちょうじゅうぎが》』を読む

教科書 155〜165ページ

答え 15ページ

勉強した日　月　日

学習の目標
- 取り上げたものを、筆者がどのように評価しているかをとらえよう。
- 論の展開や表現の工夫について考えよう。

新しい漢字

教科書 156ページ　筋　キン　すじ　12画

156　盛　もる　11画

157　骨　コツ　ほね　10画

157　巻　カン　まく　まき　9画

157　宝　ホウ　たから　8画

◀練習しましょう。

漢字練習ノート21ページ

1 漢字の読み　読み仮名《がな》を横に書きましょう。

① いく筋
② 盛り上がる
③ 骨格
④ 甲《こう》巻
⑤ 国宝

○ 新しく学習する漢字
● 読み方が新しい漢字

2 漢字の書き　漢字を書きましょう。

① いく□《すじ》の川。
② □《も》り上がる。
③ □□《こっかく》標本。

4 言葉の意味　○をつけましょう。

① 156ページ すかさず返し技《わざ》をかける。
ア（　）すぐさま。
イ（　）間をおいて。
ウ（　）何度も続けて。

② 156 顔をそむける。
ア（　）下に向ける。
イ（　）正面に向ける。
ウ（　）ちがう方に向ける。

❹ かんまつ［　］［　］の付録。

❺ こくほう［　］［　］の仏像。

❹「かんまつ」の「かん」は線の数に気をつけて書こう。

3 言葉の知識

次の言葉の意味として合うものを下から選んで、●——●で結びましょう。

❶ 反則 ●
❷ 抑揚《よくよう》 ●
❸ 躍《やく》動 ●
❹ 転換《かん》 ●
❺ 抗《こう》議 ●

● ア 生き生きと動くこと。
● イ スポーツやゲームにおいて、ルールを破ること。
● ウ 相手のしたことに対して、反対の意見を強く主張すること。
● エ 声や筆の勢いなどを強くしたり弱くしたりすること。
● オ 考え方や方針《しん》などを変えること。

内容をつかもう！

★『鳥獣戯画《ちょうじゅうぎが》』を読む　教科書を読んで、答えましょう。

1 『鳥獣戯画』は、どんな作品ですか。□に合う言葉を⬚から選んで書きましょう。　教科書 156〜162ページ

［　　］時代の終わりにつくられた、「［　　］の祖」とも言われる国宝の絵巻物。

平安《へいあん》　江戸《えど》　漫《まん》画　絵本

2 筆者が取り上げているのは、どんな場面ですか。□に合う言葉を⬚から選んで書きましょう。　教科書 156〜160ページ

兎《うさぎ》と［　　］が［　　］をとっている場面。

亀《かめ》　蛙《かえる》　相撲《すもう》　かるた

まるでアニメのような作品だね。

---

❸ 156 相手がひるむ。
ア（　）強気になる。
イ（　）弱気になる。
ウ（　）平気な顔をする。

❹ 159 投げられてもんどりうつ。
ア（　）体を強く打つ。
イ（　）元の所にもどる。
ウ（　）空中で一回転する。

❺ 159 和気あいあいとした遊び。
ア（　）みんなが本気を出す様子。
イ（　）たがいに気をつかう様子。
ウ（　）なごやかな気分に満ちた様子。

❻ 161 とびきりすぐれた絵巻。
ア（　）わりと。
イ（　）並外れて。
ウ（　）他と同じように。

❼ 162 モダンな絵巻物。
ア（　）現代的な。
イ（　）古典的な。
ウ（　）本格的な。

❽ 162 幾《いく》多の変転。
ア（　）多少。
イ（　）何度か。
ウ（　）たくさん。

ものしりメモ
『鳥獣戯画《ちょうじゅうぎが》』は、京都の高山寺《こうさんじ》というお寺に所蔵され、伝えられてきた。鳥羽僧正《とばそうじょう》というおぼうさんの作と伝えられているけれど、確かではないんだ。

練習のワーク

『鳥獣戯画《ちょうじゅうぎが》』を読む

教科書 155～165ページ
答え 15ページ

勉強した日　月　日

できるナビ
筆者が何に注目し、どのように評価しているかをとらえよう。

次の文章を読んで、問題に答えましょう。

もう少しくわしく絵を見てみよう。まず、①兎《うさぎ》を投げ飛ばした蛙《かえる》の口から線が出ているのに気がついたかな。いったいこれはなんだろう。けむりかな、それとも息かな。ポーズだけでなく、目と口の描《えが》き方で、蛙の絵には、投げ飛ばしたとたんの激しい気合いがこもっていることがわかるね。そう、きっとこれは、「ええい！」とか、「ゲロロッ」とか、気合いの声なのではないか。まるで漫《まん》画のふき出しと同じようなことを、こんな昔からやっているのだ。

②もんどりうって転がった兎の、背中や右足の線。勢いがあって、絵が止まっていない。動きがある。しかも、投げられたのに目も口も笑っている。③それがはっきりとわかる。そういえば、前の絵の、応援《えん》していた兎たちも笑っていた。ほんのちょっとした筆さばきだけで、見事にそれを表現している。④たいしたものだ。では、⑤なぜ、兎たちは笑っていたのだろうか。蛙と兎は仲良しで、

[資料名]　鳥獣人物戯画
[所蔵元名]　高山寺
[クレジット表記]　画像提供：東京国立博物館　Image：TNM Image Archives

兎を投げ飛ばしたときの、□□□□□。

(2) このような表現のしかたは何と同じようだと、筆者は考えていますか。
段落の最後から読み取ろう。
（　　　　）

2 「②もんどりうって転がった兎の、背中や右足の線。」について、筆者は何と述べていますか。
勢いがあって、絵に（　　　　）がある。

3 「③それ」は、どういうことを指していますか。
（　　　　）

4 「④たいしたものだ。」とありますが、どういうことを「たいしたものだ」と言っているのですか。
ア（　）どの兎も蛙も、全て本物そっくりに表現していること。
イ（　）ほんのちょっとした筆さばきで、表情を描いていること。
ウ（　）こんなに昔の絵巻物が、今でもきちんと残っていること。

5 よく出る● 「⑤なぜ、兎たちは笑っていたのだろうか」とありますが、その理由について、筆者はどういう考えを述べていますか。
蛙と兎は（　　　　）で、この相撲はあくまでも

言葉の意味プラス
3行　ポーズ…姿《し》勢。　15行　筆さばき…筆の上手なあつかい方。

この相撲《すもう》も、対立や真剣《けん》勝負を描いているのではなく、蛙のずるをふくめ、あくまでも和気あいあいとした遊びだからにちがいない。

⑥絵巻の絵は、くり広げるにつれて、右から左へと時間が流れていく。ではもう一度、この場面の全体を見てみよう。まず、「おいおい、それはないよ」と、笑いながら抗議《こう》する応援の兎が出てきて、その先を見ると、相撲の蛙が兎の耳をかんでいる。そして、その蛙が激しい気合いとともに兎を投げ飛ばすと、兎は応援蛙たちの足元に転がって、⑦三匹《びき》の蛙はそれに反応する。一枚の絵だからといって、ある一瞬《しゅん》をとらえているのではなく、次々と時間が流れていることがわかるだろう。この三匹の応援蛙のポーズと表情もまた、実にすばらしい。それぞれが、どういう気分を表現しているのか、今度は君たちが考える番だ。

〈高畑《たかはた》勲《いさお》「『鳥獣戯画《ちょうじゅうぎが》』を読む」による〉

「鳥獣人物戯画」

（　　　　）だから。

6 「⑥絵巻の絵は、くり広げるにつれて、右から左へと時間が流れていく。」とありますが、この絵巻では、どういうふうに時間が流れていますか。順番になるよう、（　）に1～5を書きましょう。

この後の部分を読んで、絵を参考にしながら整理しよう。


（　）相撲の蛙が兎を投げ飛ばす。

（　）相撲の蛙が兎の耳をかんでいる。

（　）抗議する応援の兎が出てくる。

（　）応援蛙たちが反応する。

（　）兎が応援蛙たちの足元に転がる。

7 「⑦三匹の蛙」について、筆者は何がすばらしいと述べていますか。

□□□□□

8 よく出る● この絵巻についての、筆者の考えに合うもの一つに○をつけましょう。

ア（　）動物たちをよく観察して細部まで正確に描くとともに、一枚一枚の絵が一瞬の出来事をとらえている。

イ（　）動物たちの激しい戦いが伝わるように描くとともに、同じ瞬間をちがう角度から見て絵に表している。

ウ（　）動物たちの気合いや表情、動きを見事に描くとともに、一枚の絵の中で時間の流れをつくり出している。


蛙や兎について、どのような描き方をしていると考えているかな。また、絵巻の特徴《ちょう》について、何と述べているかな。

1 「①兎を投げ飛ばした蛙の口から線が出ている」について答えましょう。

(1) この線は何を表していると、筆者は考えていますか。

ものしりメモ
『鳥獣戯画《ちょうじゅうぎが》』と同じ時代に生まれた「伴大納言《ばんだいなごん》絵巻」は、平安《へいあん》時代に実際に起きた「応天門《おうてんもん》の変」という事件を題材にしているんだ。

基本のワーク

発見、日本文化のみりょく

教科書 166～169ページ
答え 15ページ

勉強した日　月　日

学習の目標
●伝えたいことが効果的に伝わる文章の構成や表現を考えよう。
●簡単に書く部分とくわしく書く部分を考えよう。

新しい漢字

教科書 167ページ
郷　キョウ　11画
（筆順）郷 郷 郷 郷 郷 郷 郷 郷 郷 郷 郷

168
敬　ケイ　うやまう　12画
（筆順）敬 敬 敬 敬 敬 敬 敬 敬 敬 敬 敬 敬

◀練習しましょう。
郷　敬

○新しく学習する漢字
●読み方が新しい漢字

1 漢字の読み

読み仮名《がな》を横に書きましょう。

① 郷土
② 敬う

2 漢字の書き

漢字を書きましょう。

① ［　　］《きょうど》料理。
② 自然を［　］《うやま》う。

漢字練習ノート21ページ

3

文章の構成を考えるときの工夫を、次のようにまとめました。（　）に合う言葉を［　］から選んで書きましょう。

●話の中心を分かりやすくする工夫
・「初め」と「（①　　）」の両方で、自分が伝えたいことを書く。
・「初め」で（②　　）を提示して、「終わり」で伝えたいことをくわしく書く。

●読む人に理解してもらう工夫
・選んだもののよさを述べてから、それを支える（③　　）や事例を挙げる。
・結果を述べてから、それがどんな（④　　）によるものかを説明する。
・「初め」に「（⑤　　）」を書いて、後でそれに答えていく。

話題　問い　中
理由　原因　終わり

4 次の文章を読んで、問題に答えましょう。

着物のよさを知ろう

野田　あやか

1 着物は、和服ともいい、日本が世界にほこる文化である。

2 着物については、そでが広くて帯だけで留めることや、男性用も女性用も布が同じ大きさであることが、よく知られている。

〈1〉

3 しかし、私がいちばん伝えたい着物のみりょくは、別にある。それは、着る人の個性や季節感を、布地や色、柄《がら》の選び方で表現できることである。

〈2〉

「春なので桜の柄の着物にしよう。」「帯も春の風物をえがいたものにしよう。」「着物がピンク色なので、帯は白にしよう。」など、選ぶ楽しみがたくさんあるのだ。他にも、帯の結び方で印象が変わるのも、着物ならではだ。ふりそでの場合は「立て矢結び」「ふくらすずめ結び」、ゆかたの場合は「文庫結び」「ちょう結び」など、着物によってどのような結び方をするかが変わってくる。

〈3〉

4 さらに、着物は、代々受けつぐことができる、持続可能な衣服でもある。――……

5 このように、着物は、着る人の個性や季節感を表現することができる、持続可能な衣服である。そこにこそ、着物のよさがあるのだ。

---

1 話題を提示しているのは、どの段落ですか。段落番号で答えましょう。

［　　］段落

2 野田さんは、着物のみりょくという伝えたいことに合わせて、簡単に書く部分とくわしく書く部分を考えました。簡単に書いたのは、どんなことですか。二つに分けて書きましょう。

・着物は（　　　　）

・着物は（　　　　）

3 野田さんは、次のイラストを文章にそえることにしました。文章中の〈1〉～〈3〉のどこにのせるとより効果的に伝えられますか。番号を書きましょう。

どちらも帯の結び方のイラストだね。

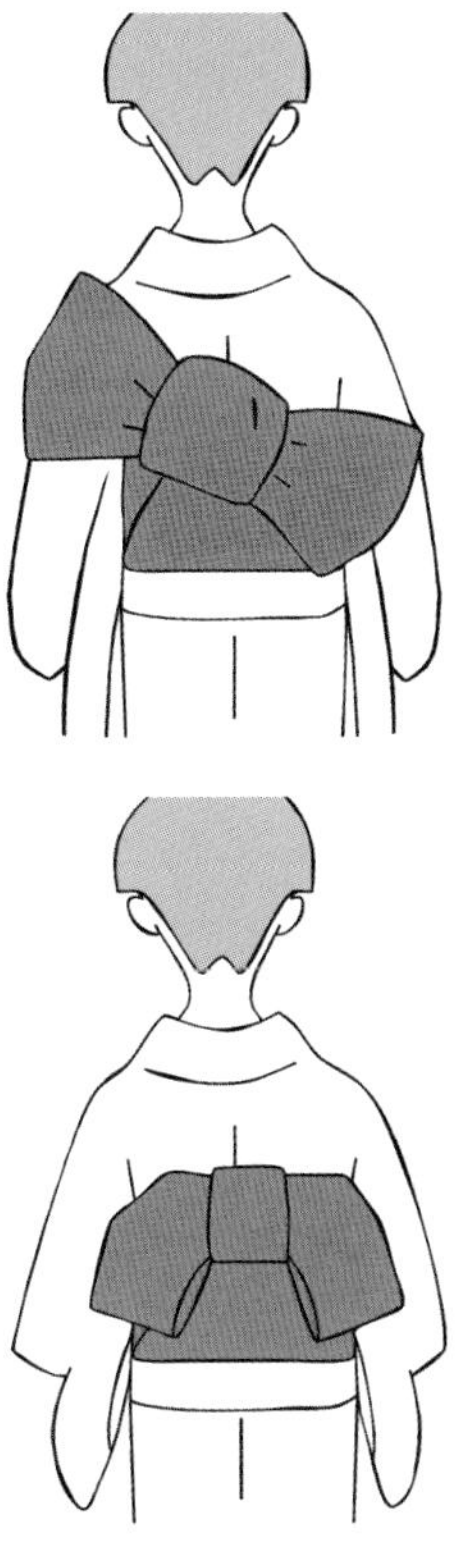

［　　］

4 よく出る● 野田さんは、読む人に理解してもらうために、どのような工夫をしていますか。一つに○をつけましょう。

ア（　）初めに「問い」を書いて、後でそれに答えている。

イ（　）結果を述べてから、それがどんな原因によるか説明している。

ウ（　）よさを述べた後、それを支える事例を挙げている。

ものしりメモ　「ふくら雀《すずめ》」は、寒さのために全身の羽《う》毛をふくらませてまるまるとした雀のことで、俳句では冬の季語だよ。

まとめのテスト

『鳥獣戯画《ちょうじゅうぎが》』を読む
発見、日本文化のみりょく

教科書 155～169ページ
答え 16ページ
勉強した日 月 日
時間20分
得点 /100点

1 次の文章を読んで、問題に答えましょう。

この絵巻がつくられたのは、今から八百五十年ほど前、平安《へいあん》時代の終わり、平家《へいけ》が天下を取ろうとしていたころだ。①『鳥獣戯画《ちょうじゅうぎが》』だけではない。この時代には、ほかにもとびきりすぐれた絵巻がいくつも制作され、上手な絵と言葉で、長い物語を実に生き生きと語っている。そして、これら絵巻物に始まり、江戸《えど》時代には、絵本(絵入り読み物)や写し絵(幻《げん》灯芝居《しばい》)、昭和時代には、紙芝居、漫《まん》画やアニメーションが登場し、子どもだけでなく、大人もおおいに楽しませてきた。十二世紀から今日《こんにち》まで、言葉だけでなく絵の力を使って物語を語るものが、とぎれることなく続いているのは、日本文化の大きな特色なのだ。

十二世紀という大昔に、まるで漫画やアニメのような、こんなに楽しく、

チャレンジ！

4 筆者が、日本文化の大きな特色だと考えているのは、どういうことですか。〔15点〕

（　　　　）

5 筆者は、『鳥獣戯画』を、どういう絵巻物だと述べていますか。一つ5〔10点〕

まるで漫画や（　　　　）のような、楽しくて、とびきり（　　　　）な絵巻物。

6 ②「筆で描かれたひとつひとつの絵が、実に自然でのびのびしている」とありますが、このことから、『鳥獣戯画』の作者はどういう心をもっていたと、筆者は考えていますか。〔5点〕

□□□□

7 よく出る● ③「『鳥獣戯画』は、だから、国宝であるだけでなく、人類の宝なのだ。」とありますが、『鳥獣戯画』が「人類の宝」だという理由は何ですか。二つに○をつけましょう。一つ5〔10点〕

言葉の意味プラス 26行 変転…移り変わること。

とびきりモダンな絵巻物が生み出されたとは、なんとすてきでおどろくべきことだろう。しかも、②筆で描《えが》かれたひとつひとつの絵が、実に自然でのびのびしている。描いた人はきっと、何物にもとらわれない、自由な心をもっていたにちがいない。世界を見渡《わた》しても、そのころの絵で、これほど自由闊達《かったつ》なものはどこにも見つかっていない。描かれてから八百五十年、祖先たちは、幾多《いく》の変転や火災のたびに救い出し、そのせいで一部が失われたり破れたりしたにせよ、この絵巻物を大切に保存し、私《わたくし》たちに伝えてくれた。③『鳥獣戯画』は、だから、国宝であるだけでなく、人類の宝なのだ。

〈高畑《たかはた》勲《いさお》「『鳥獣戯画《ちょうじゅうぎが》』を読む」による〉

1 『鳥獣戯画』がつくられたのは、いつですか。　一つ5〔10点〕

今から（　　　）年ほど前、（　　　）時代の終わり。

2 「①『鳥獣戯画』だけではない。」とありますが、『鳥獣戯画』がつくられたのと同じ時代には、何が制作されたと書かれていますか。　一つ5〔10点〕

上手な（　　　）と言葉で、長い（　　　）を生き生きと語る、とびきりすぐれた絵巻。

3 次のうち、江戸時代に登場したと書かれているもの二つに、○をつけましょう。　一つ5〔10点〕

ア（　）絵本　イ（　）紙芝居　ウ（　）漫画

エ（　）写し絵　オ（　）アニメーション

ア（　）当時の日本の絵が、他の国の絵と同じくらいすぐれていたことを示しているから。

イ（　）当時の絵でこれほど自由闊達なものは、世界のどこにも見つかっていないから。

ウ（　）祖先たちが、幾多の変転や火災のたびに救い出して、私たちに伝えてくれたから。

エ（　）八百五十年ほど前に描かれたにもかかわらず、完全な形で大切に保存されてきたから。

2 漢字を書きましょう。　一つ5〔30点〕

① □□《すじみち》が通らない。

② 料理を□《も》りつける。

③ うさぎの□□《こっかく》。

④ □□《きょうど》のおもちゃ。

⑤ お年寄りを□《うやま》う。

⑥ □□《ほうせき》を探す。

ものしりメモ　日本初の本格的なテレビアニメといわれるのは、1963年(昭和38年)に始まった『鉄腕《わん》アトム』。日本でテレビ放送が始まってから、10年後のことだよ。

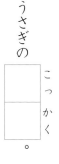

基本のワーク

カンジー博士の漢字学習の秘伝
漢字の広場④ 五年生で習った漢字

教科書 170～172ページ
答え 16ページ

勉強した日　月　日

学習の目標
●漢字の形や送り仮名《がな》に気をつけて、漢字を覚えよう。
●五年生で習った漢字を使えるようにしよう。

漢字練習ノート22～24ページ

新しい漢字

教科書170ページ

▼練習しましょう。

漢字	読み	画数	教科書
秘	ヒ	10画	170
聖	セイ	13画	171
絹	きぬ	13画	171
拝	ハイ　おがむ	8画	171
鋼	コウ	16画	171
亡	ボウ	3画	171
干	カン　ほす	3画	171
衆	シュウ	12画	171
郵	ユウ	11画	171
賃	チン	13画	171
孝	コウ	7画	171
預	ヨ　あずける	13画	171
穀	コク	14画	171
俵	ヒョウ　たわら	10画	171

1 漢字の読み　読み仮名《がな》を横に書きましょう。

○新しく学習する漢字
●読み方が新しい漢字

① 秘伝
② 絹
③ 鉄鋼
④ 十人十色
⑤ 死亡
⑥ 梅干し
⑦ 郷里
⑧ 観衆
⑨ 郵便
⑩ 家賃
⑪ 孝行
⑫ 穀物

2 漢字の書き　漢字を書きましょう。

① □□《せいか》リレー。
② 仏像を□《おが》む。
③ 銀行に□□《よきん》する。
④ □□《こめだわら》をかつぐ。

3 五年生の漢字 漢字を書きましょう。

① 番組の□□《せいさく》。

② 外国との□□《ぼうえき》。

③ 長さを□《はか》る。

④ □□《ぎゃくてん》で勝つ。

4 □に合う漢字を書きましょう。

カンジー博士の漢字学習の秘伝

① 世界□□《いさん》について調べる。

② 自転車の□□《こうしゅう》会に参加する。

③ □□《せいぎ》感が強い人。

④ 早起きの□□《しゅうかん》をつける。

⑤ トラックを□□《ゆしゅつ》する。

5 ──の漢字の読み仮名を書きましょう。

①
ア 夜間に工事を行う。
イ 夜中に目が覚める。
ウ 夜型の生活を改める。

②
ア 予定表を作成する。
イ 手分けして作業する。

③
ア 古い家屋を修理する。
イ 武家屋しきを見学する。
ウ 茶道《さどう》の家元。

6 ──の言葉を、漢字と送り仮名で書きましょう。

① チームを勝利にみちびく。

② 五時までにかならず帰る。

③ 水がいきおいよく出てくる。

④ 左右の安全をたしかめる。

ものしりメモ 銀行などの金融《ゆう》機関にお金を預けることは「預金」、ゆうちょ銀行や農業協同組合などにお金を預けることは「貯金」というよ。

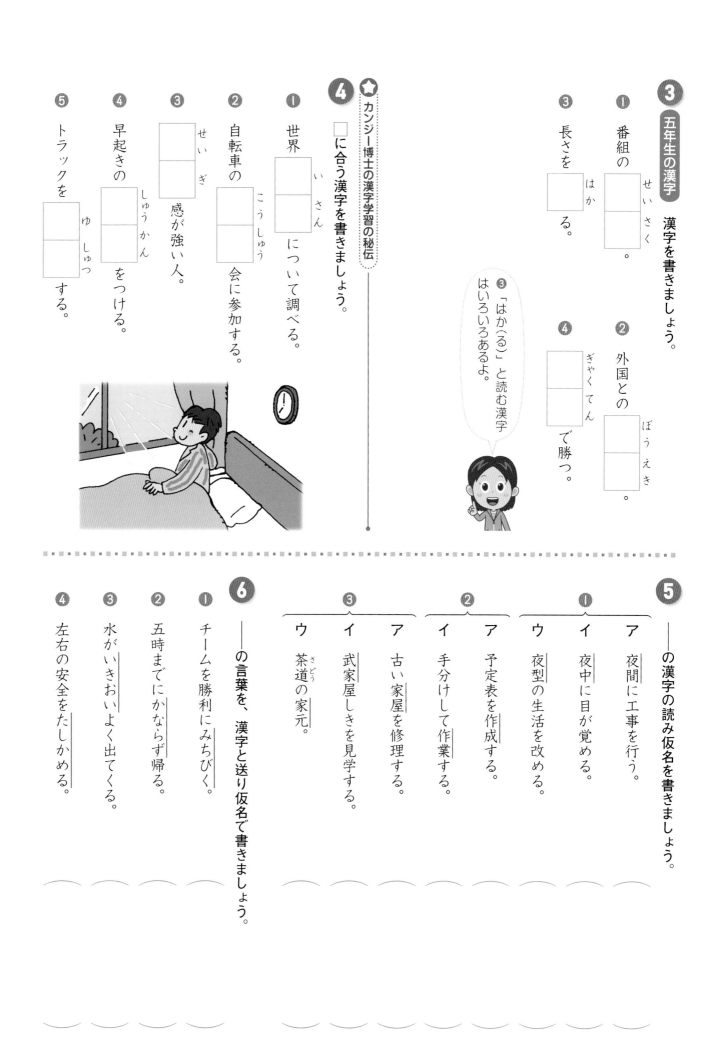

基本のワーク

ぼくのブック・ウーマン SDGs
おすすめパンフレットを作ろう　ほか

教科書 173～195ページ

答え 17ページ

勉強した日　月　日

学習の目標

● 登場人物のものの見方や考え方の変化をとらえよう。

● パンフレットの作り方を学ぼう。

漢字練習ノート24ページ

新しい漢字

▼練習しましょう。

教科書 174ページ　訳　ヤク　わけ　11画　訳訳訳訳訳訳訳訳訳訳訳

178　忘　わすれる　7画　忘忘忘忘忘忘忘

179　暖　ダン　あたたか　あたたかい　あたたまる　13画　暖暖暖暖暖暖暖暖暖暖暖暖暖

192　詞　シ　12画　詞詞詞詞詞詞詞詞詞詞詞詞

○新しく学習する漢字　●読み方が新しい漢字

1 漢字の読み　読み仮名《がな》を横に書きましょう。

①訳者

②忘れる

③暖炉《ろ》

④作詞

2 漢字の書き　漢字を書きましょう。

①英語に□《やく》す。

②道を□《わす》れる。

③□《だん》炉を囲む。

④校歌の□□《さくし》。

4 言葉の意味　○をつけましょう。

① 175ページ 生徒になるなんてまっぴらだ。

ア（　）実現しそうにない。

イ（　）ぜひお願いしたい。

ウ（　）絶対にいやだ。

② 176 馬にまたがる。

ア（　）両足を開いて乗る。

イ（　）えさをやる。

ウ（　）くらを乗せる。

③ 176 お客さんをもてなす。

ア（　）温かい言葉ではげます。

イ（　）手厚く取りあつかう。

ウ（　）心をこめて見送る。

3 季節の言葉4 冬のおとずれ

次の俳句を読んで、問題に答えましょう。

A グラタンの熱しと食《た》ぶる冬至《とうじ》かな　阿波野《あわの》青畝《せいほ》

B 寒《かん》に入る夜や星空きらびやか　長谷川《はせがわ》素逝《そせい》

❶ Aの俳句から、季語（季節を表す言葉）を書きぬきましょう。

（　　　）

❷ 「寒に入る」とは、二十四節気《にじゅうしせっき》のうち、いつのことを指していますか。□から選んで、記号で答えましょう。

（　　　）

ア 小寒《しょうかん》　イ 小雪《しょうせつ》　ウ 大寒《だいかん》　エ 大雪《たいせつ》　オ 冬至　カ 立冬《りっとう》

内容をつかもう！

ぼくのブック・ウーマン　教科書を読んで、答えましょう。

1 物語の背景を、次のようにまとめました。□に合う言葉を□から選んで書きましょう。　教科書 174～175ページ

□まではとても遠くて、家族で本を読むのは□だけである。

学校　図書館　妹　弟

2 「ぼく」の、本に対する思いはどのように変化しましたか。順番になるよう、（　）に1～3を書きましょう。　教科書 174～183ページ

（　）本が読めるようになって、うれしい。

（　）ニワトリの引っかいたあとみたいな文字は読みたくない。

（　）本に何て書いてあるか、知りたい。

ブック・ウーマンのおかげで、考えが変わったんだね。

❹ 176 だれとでも打ち解ける。

ア（　）へだてなく親しくなる。
イ（　）秘密をかくさずに話す。
ウ（　）力量の差がなく戦う。

❺ 178 ありったけの野菜。

ア（　）値打ちがある。
イ（　）採れたばかり。
ウ（　）あるだけ全て。

❻ 179 森の中にひっそりとかくれる。

ア（　）急いでいる様子で。
イ（　）後ろめたい様子で。
ウ（　）目立たない様子で。

❼ 182 たいしたことはできない。

ア（　）自分の能力以上の。
イ（　）取り立てて言うほどの。
ウ（　）世間に認められるような。

❽ 182 ほこらしげに言う。

ア（　）じまんしたい気持ちで。
イ（　）自信がなさそうで。
ウ（　）はっきりしない様子で。

❾ 182 首をすくめる。

ア（　）まっすぐにのばす。
イ（　）縮めて小さくさせる。
ウ（　）ななめにする。

ものしりメモ　「まっぴら」はもともと、「ひたすら」という意味の「平《ひら》に」を強めた言葉。今では主に、「まっぴらごめん」の略として使われているよ。

練習のワーク

ぼくのブック・ウーマン SDGs

教科書 173〜195ページ
答え 17ページ
勉強した日 月 日

できるナビ
●女の人に対する「ぼく」の気持ちを読み取ろう。
●「ぼく」が本をどう思っているかをとらえよう。

次の文章を読んで、問題に答えましょう。

女の人は、とても打ち解けた様子で、おいしそうに紅茶をすすった後、大きなかわのバッグをテーブルの上に置いた。

バッグの中からこぼれ出た物を見ると、①ラークの目は、まるで金のかたまりを見るようにきらきらとかがやき、思わず手をのばして、その宝物をつかもうとしていた。

女の人が持ってきた物は、ぼくにとってはまるっきり宝物なんかじゃない。本だった。

②信じられるかい。その女の人は、本をいっぱいつめこんだ荷物を持って、一日がかりで山の上まで上がってきたんだ。なんてむだなことをするのだろうと、ぼくは思った。その人が、なべや食器みたいな、家で使う道具を売りに来ているのだったら、分かるんだけど。でも、うちはびんぼうで、お金がない。まして、③くだらない、古びた本に使うお金なんて、ありはしない。

それなのに、父さんはラークをちらっと見て、それからせき

1 「①ラークの目は、まるで金のかたまりを見るようにきらきらとかがやき」とありますが、ここから「ラーク」のどのような気持ちが分かりますか。考えて書きましょう。

書いてみよう！

（　　　　）

2 「②信じられるかい。」とありますが、このときの「ぼく」はどのような気持ちですか。一つに○をつけましょう。

ア（　）わざわざ山の上まで本を持ってくるというむだなことをする女の人にあきれている。

イ（　）自分たちのために大変な思いをして本を届けにきてくれた女の人に感謝している。

ウ（　）山の上に本を読みたがっている子どもがいると知っていた女の人におどろいている。

3 よく出る● 「③くだらない、古びた本に使うお金なんて、ありはしない」とありますが、ここから、「ぼく」が本のことをどう思っていることが分かりますか。考えて書きましょう。

「ぼく」にとって本は「宝物」ではないんだね。

本は、なべや食器のようなものとちがって、（　　　　）ものだ。

言葉の意味プラス
9行 まるっきり…全然。まるで。
28行 きっぱりと…言動や態度がはっきりしている様子で。

ばらいをして、

「物々交換《かん》しよう。」

と言った。

「本一冊と、キイチゴ一ふくろだ。」

④ぼくは、背中の後ろでにぎりこぶしを固めた。口をはさみたかった。でも、そんな勇気も出なかった。そのキイチゴは本のためなんかじゃなく、母さんにパイを作ってもらうために、ぼくがつんできたものだ。

でも、おどろいたことに、女の人はきっぱりと首を横にふったんだ。キイチゴでも、ありったけの野菜でも、父さんが何をあげようと言っても、受け取ろうとはしなかった。

「この本に、お金はいりません。空気みたいにただなんです。」

そして、

「二週間たったら、もっとたくさんの本と取りかえに来るわ。」

と言った。

ぼくは、女の人がここに持ってきた物なんかほしくはないし、⑤たとえ、あの人が今度ぼくのうちへ来るときに、道を忘れていたって、ちっともかまわない。

でも、⑥雨の日も、きりの日も、こごえそうに寒い日も、その女の人はやって来た。あの人が乗っている馬は、なんと勇ましいんだろうと、ぼくは思った。

〈ヘザー＝ヘンソン作　藤原《ふじわら》宏之《ひろゆき》訳「ぼくのブック・ウーマン」による〉

4 よく出る● 「④ぼくは、背中の後ろでにぎりこぶしを固めた。」とありますが、このとき「ぼく」はどのようなことを考えていたのですか。一つに○をつけましょう。

ア（　）物々交換をするのはよいが、キイチゴではなくて、他のものと交換してほしい。

イ（　）父さんが、本一冊にキイチゴ一ふくろの価値があると考えていたなんて、びっくりだ。

ウ（　）パイを作ってもらうためにつんできたキイチゴを本と交換するなんて、許せない。

にぎりこぶしを固めているのは、いかりをこらえているんだね。

5 「⑤たとえ、あの人が今度ぼくのうちへ来るときに、道を忘れていたって、ちっともかまわない」とありますが、どういう意味ですか。一つに○をつけましょう。

ア（　）うちに来るのがおそくなっても、おこらない。

イ（　）もううちに本を持ってこなくてもよい。

ウ（　）うちに来るときに道に迷うのはしかたがない。

6 「⑥雨の日も、きりの日も、こごえそうに寒い日も、その女の人はやって来た」とありますが、このことについて、「ぼく」はどう思いましたか。

（　　　　）のは女の人を乗せている

（　　　　）であり、女の人ではない。

ものしりメモ

キイチゴは、バラ科キイチゴ属の植物。果実は初夏に熟し、そのまま食べたりジャムにしたりするよ。ラズベリーもキイチゴの一種なんだ。

まとめのテスト

ぼくのブック・ウーマン SDGs
おすすめパンフレットを作ろう　ほか

教科書 173～195ページ　答え 18ページ

時間 20分

得点　/100点

勉強した日　月　日

1 次の文章を読んで、問題に答えましょう。

　ところが、そんな雪の日に、窓ガラスをトントンとたたく音が聞こえた。そう、あの女の人だった。頭のてっぺんから足の先まで着こんで。

　女の人は、家の中に冷たい風が入りこまないように、ドアのすき間から本を手わたした。

　父さんが、

「今夜は、とまっていけばいい。」

と言っても、女の人は断った。

「この馬が、私をちゃんと家まで連れていってくれます。」

と言うんだ。

　ぼくは、その女の人、ブック・ウーマンが去っていくのを、しばらく見つめていた。①いろんな考えが、ぼくの頭の中をぐるぐる回った。まるで、外で風に舞《ま》っている雪のように——。

　勇気があるのは馬だけじゃないんだ。乗っている人だって勇気がある。

　とつぜん、ぼくはあのブック・ウーマンが、かぜをひくことも、それよりもっと危ないめにあうこともおそれずに、ここにやって来る訳を、どうしても知りたくなった。

　ぼくは、文字と絵のある本を選んで、ラークの方へ差し出し

2 よく出る● ②「何て書いてあるか、教えて。」とありますが、「ぼく」が本を読んでみようという気持ちになったのは、なぜですか。〔20点〕

どうして、ブック・ウーマンが

3 ③「家にこもりっきりの生活をしていたけれど、ぼくは気にならなかった」について答えましょう。

(1) 「家にこもりっきりの生活をしていた」のは、なぜですか。〔10点〕

チャレンジ!

(2) 「ぼく」が「家にこもりっきりの生活をしていた」のに「気にならなかった」のは、なぜですか。考えて書きましょう。〔15点〕

書いてみよう!

言葉の意味プラス

22行 からかう…相手を困らせるようなことを言ったりしたりして、おもしろがる。

31行 こもりっきり…家の中にずっと居続けること。

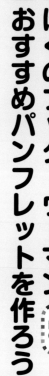

た。

「②何て書いてあるか、教えて。」

ラークは、笑いもしなければ、からかったりもしなかった。代わりに、ぼくのすわる場所を空けてくれた。

ぼくたち二人は、静かに本を読み始めた。

父さんは、自然をよく見ていれば、冬が長いか短いかはなんとなく分かる、と言う。今年は、これまでになく雪が深く積もり、いつまでも寒さが続くと予想していた。

ほとんど毎日、ぼくら家族は、③家にこもりっきりの生活をしていたけれど、ぼくは気にならなかった。自分でも不思議に思うけれど、でも、本当なんだ。

〈ヘザー＝ヘンソン作　藤原《ふじわら》　宏之《ひろゆき》訳「ぼくのブック・ウーマン」による〉

1 「①いろんな考えが、ぼくの頭の中をぐるぐる回った。」について答えましょう。

(1) 「ぼく」はどのようなことを考えたのですか。〔5点〕

馬だけでなく、乗っている女の人にも（　　　）ということ。

(2) いろいろな考えが頭の中をぐるぐる回る様子を、何にたとえていますか。〔5点〕

（　　　）

4 「ぼく」の「女の人」に対する呼び方が、とちゅうから「ブック・ウーマン」に変わったのは、なぜだと考えられますか。一つに○をつけましょう。〔15点〕

ア（　）「女の人」と呼ぶのはよそよそしいし、そのころには本を読むのが好きになっていたから。

イ（　）大変な思いをして本を届けてくれる女性に対して、敬意をいだくようになったから。

ウ（　）妹のラークは本を読むのが大好きで、女の人が来るのを心待ちにしていたから。

2 **次の内容は、おすすめパンフレットの「すいせんする文章」のどこに書くのがよいですか。［　］から選び、記号で答えましょう。** 一つ5〔15点〕

❶ すいせんするものについてのエピソードなど、くわしい説明（　）

❷ すいせんするものの簡単な説明（　）

❸ 読む人への呼びかけ（　）

ア 初め　イ 中　ウ 終わり

3 **パンフレットを作るときの注意点として正しいものには○を、正しくないものには×をつけましょう。** 一つ5〔15点〕

（　）割り付けを考えるときは、目的を考えて、より効果的な写真や図表を選ぶ。

（　）パンフレットの構成を考えるときは、それぞれが書いた文章をもとに、全体のページ数を決める。

（　）本などから引用するときは、かぎ（「　」）を付けて、元の文章をそのままぬき出す。

ものしりメモ

作者のヘザー＝ヘンソンが生まれたアメリカのケンタッキー州は、サラブレッド競走馬の飼育がさかんだよ。ケンタッキー・ダービーは世界的に有名なレースだよ。

基本のワーク

詩を朗読してしょうかいしよう

教科書 196〜197ページ

答え 18ページ

勉強した日　月　日

学習の目標
●お気に入りの詩を選んで朗読して、友達にしょうかいしよう。

漢字練習ノート25ページ

新しい漢字

教科書196ページ

朗　ロウ　10画

朗朗朗朗朗朗朗朗朗朗

◀練習しましょう。

❶朗

1 漢字の読み 読み仮名《がな》を横に書きましょう。

① ○朗読

2 漢字の書き 漢字を書きましょう。

① 詩を○□□《ろうどく》する。

3 五年生の漢字 漢字を書きましょう。

① □《ゆめ》を見る。

② 物語の結末を□□《そうぞう》する。

○新しく学習する漢字
●読み方が新しい漢字

4 次の詩を読んで、問題に答えましょう。

〈ぽくぽく〉

八木《やぎ》重吉《じゅうきち》

ぽくぽく
ぽくぽく
まりを　ついてると
にがい　にがい　いままでのことが
ぽくぽく
ぽくぽく
むすびめが　ほぐされて
花がさいたようにみえてくる

よく出る● 「むすびめが　ほぐされて／花がさいたようにみえてくる」とは、どういうことですか。一つに○をつけましょう。

「花」は、作者のどのような気持ちを表しているのかな。

ア（　）ありもしないものが見えてくるということ。
イ（　）おだやかな気持ちになってくるということ。
ウ（　）無意味なものに思えてくるということ。

5　次の詩を読んで、問題に答えましょう。

動物たちの恐《おそ》ろしい夢のなかに

川崎《かわさき》　洋《ひろし》

犬も
馬も
夢をみるらしい

動物たちの
恐ろしい夢のなかに
人間がいませんように

1 よく出る●　この詩で作者が伝えたかったのは、どのようなことですか。

（　❶　）のせいで、（　❷　）が恐ろしい思いをしないでほしいということ。

2 作者は、動物たちにとって人間とはどのような存在だと考えていますか。一つに○をつけましょう。

ア（　）動物を、自分たちの都合のいいようにあつかう存在。
イ（　）動物を、家族の一員のように大切にしてくれる存在。
ウ（　）動物を、他の恐ろしい動物から守ってくれる存在。

6　「うぐいす」を読んで、問題に答えましょう。

教科書　197ページ上段1行（うぐいすの　こえ……）～197ページ上段9行（……しん、とする）

1 作者は、「うぐいすの　こえ」について、どのような印象をもっていますか。

□□□□□ような声だという印象。

2 作者は、「うぐいすの　こえ」が聞こえると、どうなると表現していますか。二つに分けて書きましょう。

（　　）
（　　）

うぐいすの「ホーホケキョ」という鳴き声が辺りにひびいているのが感じられるね。

3 よく出る●　この詩の説明として合うもの一つに○をつけましょう。

うぐいすが鳴くのは、いつの季節かな。

ア（　）春にふと感じたさびしさをよんだ詩である。
イ（　）うぐいすの飛ぶすがたにはずむ心をよんだ詩である。
ウ（　）耳やはだで感じた春のおとずれをよんだ詩である。

ものしりメモ　人の悪夢を食べるという「獏《ばく》」は、中国の想像上の動物だよ。体は熊、鼻は象、目はサイ、足はとら、しっぽは牛に似ているとされているよ。

基本のワーク

知ってほしい、この名言　日本の文字文化　ほか

教科書 198〜203ページ

答え 19ページ

勉強した日　月　日

学習の目標
- 名言をしょうかいする文章の書き方を知ろう。
- 日本で使われる文字とその特徴《ちょう》や由来を知ろう。

新しい漢字

教科書 198ページ

胸　キョウ　むね　10画
胸胸胸胸胸胸胸胸胸胸

200

片　かた　4画
片片片片

▼練習しましょう。

❶胸　❶片

○新しく学習する漢字
●読み方が新しい漢字

1 漢字の読み

読み仮名《がな》を横に書きましょう。

① 胸を打つ

② 片仮名《かな》

2 漢字の書き

漢字を書きましょう。

① □《むね》を打たれる。

② □《かた》仮名が作られる。

3 知ってほしい、この名言

名言をみんなにしょうかいするときの手順を、次のようにまとめました。（　）に合う言葉を□から選んで書きましょう。

- 本や（①　　）、インターネットなどで出会った言葉や、（②　　）の言葉の中から、名言だと思う言葉を集める。

↓

- 集めた言葉を、（③　　）などに書き出す。

↓

- 集めた言葉を、「（④　　）にとって大事か」「他の人が知っているか」などの点から整理する。

↓

- しょうかいしたい言葉をいくつか選んで、それがだれの言葉か（⑤　　）や、言葉の意味、しょうかいしたい（⑥　　）とあわせて書く。

自分	理由	テレビ	身近な人
出典	目的	ふせん	

漢字練習ノート25ページ

日本の文字文化

4 漢字と仮名のちがいをまとめた次の表の（　）に合う言葉を、[　]から選んで書きましょう。

漢字	（①　　）文字	一字一字が（②　　）を表す。
仮名	（③　　）文字	意味を表さず、（④　　）だけを表す。

表音　表意　音　意味

5 次の説明に合う文字を[　]から選んで書きましょう。

① 仮名がない時代に、日本語の発音を表すために、漢字の音を借りて表した。（　　）

② 平安《へいあん》時代に、万葉《まんよう》仮名をくずして書くところから生まれた。（　　）

③ 平安時代に、多くは万葉仮名の形の一部を取って書くところから生まれた。（　　）

漢字　平仮名　片仮名　万葉仮名

仮名づかい

6 次のうち、言葉と仮名づかいの組み合わせが正しいものには○を、正しくないものには×をつけましょう。

ア（　）巣作り――すづく(り)
イ（　）布地――ぬのぢ
ウ（　）自ら――みずか(ら)
エ（　）鼻血――はなじ
オ（　）続く――つず(く)

7 次の――の読み仮名を書きましょう。

① 宿題が山積みだ。（　　）
② 小包を受け取る。（　　）
③ 底力を出す。（　　）
④ セーターが縮む。（　　）
⑤ 兄がいれば心強い。（　　）
⑥ 三日月がうかぶ。（　　）
⑦ 身近な出来事。（　　）

ものしりメモ 「万葉仮名《まんようがな》」という名前は、この文字が現存最古の『万葉集』という和歌集に多く用いられていることからついたんだ。

基本のワーク

漢字の広場⑤ 五年生で習った漢字

「考える」とは SDGs

筆者の考えを読み取り、テーマについて考えを述べ合おう

教科書 204～214ページ

答え 20ページ

勉強した日 月 日

学習の目標
- 五年生で習った漢字を使えるようにしよう。
- 三つの文章の論の展開や表現の特徴《ちょう》に着目しよう。

漢字練習ノート25～26ページ

新しい漢字

教科書206ページ

劇 ゲキ 15画
▼練習しましょう。

206
将 ショウ 10画

○新しく学習する漢字
●読み方が新しい漢字

1 漢字の読み 読み仮名《がな》を横に書きましょう。

① ○演劇
② ○将来

2 漢字の書き 漢字を書きましょう。

① ○□□《えんげき》サークル。
② ○□□《しょうらい》の夢。

3 五年生の漢字 漢字を書きましょう。

① 薬が□《き》く。
② □□《はんざい》を防止する。
③ □□《ほうふ》な種類。
④ □□《りょうしゅう》書。
⑤ □□《ひょうばん》がよい。
⑥ □□《せいけつ》な台所。

5 言葉の意味 ○をつけましょう。

① 207ページ とりあえずやるべきことがうかぶ。
ア（　）またたく間に。
イ（　）差し当たって。
ウ（　）必ず。

② 208 人間に対する根本的な疑問。
ア（　）おおもとに関係がある。
イ（　）広く行きわたっている。
ウ（　）全くゆるぎがない。

③ 209 いまだ人間にはほど遠い。
ア（　）きっと。
イ（　）さすがに。
ウ（　）まだ。

4 言葉の知識

次の言葉と反対の意味の言葉を、漢字二字で書きましょう。

① 不安 ↔ □□

② 失敗 ↔ □□

③ 危険 ↔ □□

④ 過去 ↔ □□・□□

内容をつかもう！

☆考えることとなやむこと
筆者はこの文章で何について述べていますか。□に合う言葉を□から選んで書きましょう。
教科書 206～207ページ

考えることとなやむことを□する方法について。

区別　混同

☆考えることを考え続ける
筆者が難しいと思うのは、どのようなことですか。□に合う言葉を□から選んで書きましょう。
教科書 208～209ページ

人の「□」とは何か、人が「□」とは何をどうすることなのか、深く理解すること。

考える　感じる　気持ち

☆考える人の行動が世界を変える
筆者は何という言葉を取り上げて論を進めていますか。一つに○をつけましょう。
教科書 210～211ページ

ア（　）君子危《あや》うきに近寄らず。

イ（　）我思う、ゆえに我あり。

ウ（　）人間は考える葦《あし》である。

---

④ 209 「考える」とは何かを解明する。

ア（　）不明な点をはっきりさせる。

イ（　）細かく分けて取り組む。

ウ（　）分かりやすく説明する。

⑤ 210 非力な存在。

ア（　）つかみどころがない。

イ（　）気味が悪い。

ウ（　）力が弱い。

⑥ 210 二人の人を家にかくまう。

ア（　）人を住まわせる。

イ（　）人をかくして保護する。

ウ（　）人を養い育てる。

⑦ 211 自分の家族だといつわる。

ア（　）本当だと証明する。

イ（　）うそをつく。

ウ（　）言い訳をする。

⑧ 211 社会の流れにほんろうされる。

ア（　）ゆったりと身を任せること。

イ（　）危険をおかして逆らうこと。

ウ（　）自分の思いのままに動かす。

⑨ 211 効率的な結論を導く。

ア（　）むだがない。

イ（　）まちがいがない。

ウ（　）説得力がある。

ものしりメモ　「ロボット三原則」とは、SF作家のアシモフが提示した、ロボットが守るべき原則。「人間に危害を加えない。人間の命令に従う。その二つに反しないかぎり自己を守る」の三つ。

練習のワーク1

「考える」とは SDGs

教科書 204~214ページ

答え 20ページ

勉強した日 月 日

できるナビ
●考えることとなやむことのちがいをとらえよう。
●箇条書《かじょうが》きにすることの利点を読み取ろう。

次の文章を読んで、問題に答えましょう。

すると、その先輩《ぱい》は、「それは考えてないよ。なやんでいるだけだね。」と言った。

そして、「考えることとなやむことを混同したらだめだよ。考えるというのは、自分と似た作品を作っている劇団があるか調査したり、観客が何人以上なら利益が出るか計算したりすることさ。おまえは『うまくいくかなあ。』『不安なんですよねえ。』となやんでいるだけだよ。」と続けた。

①目からうろこが落ちるとは、このことかと思った。確かに、②先輩が言うようなことを三時間考えると、とりあえずやるべきことがうかぶ。でも、三時間なやむだけだと、何もうかばない。ただ時間だけが過ぎていく。

あなたはどうだろう。自分の夢や生き方、友達との関係や勉強のことなどについて、考えているだろうか。それとも、なやんでいるだろうか。

③この二つを区別するいちばん簡単な方法は、④箇《か》条書きにして

3 筆者は、「考える」ことと「なやむ」ことを行うと、それぞれどうなると述べていますか。

考える（　　　　）

なやむ（　　　　）

4 「③この二つ」とは、何を指していますか。

（　　　　）ことと（　　　　）こと。

5 よく出る● 「④箇条書き」にしてみることには、どのような利点があると述べていますか。一つに○をつけましょう。

ア（　）答えが頭の中にうかんで、自分のなやんでいることが自然に解決するという利点。

イ（　）書くことで心が落ち着き、自分のなやみが小さなものに思えてくるという利点。

ウ（　）何が問題なのかが分かり、自分がやるべきことがはっきりしてくるという利点。

26行目の「そうすると」の後に注目しよう。

言葉の意味プラス

11行 目からうろこが落ちる…あることがきっかけで、急に物事の本質が理解できるようになる。

19行 箇《か》条書き…事がらをいくつかに分けて一つ一つ書き並べること。

みることだ。例えば、あなたが来週、大勢の前で何かの発表をするとする。なやんでいると、「うまくいくかな。」「失敗したくないな。」「どきどきする。」という思いしか生まれてこない。

でも、考えていると、

「一　どんな話し方をしたら聞き取りやすいか。」

「二　いちばん伝えたいことは何か。」

と書き出すことができる。そうすると、あなたがやるべきことがはっきりしてくるのだ。

あなたが今、何かに迷っていたり困っていたりするのなら、何が問題なのかを、箇条書きにしてみよう。それが、「考えることとなやむことを区別する」ということだ。そうすれば、問題を解決するためにやるべきことが、はっきりと見えてくる。

〈鴻上《こうかみ》尚史《しょうじ》「考えることとなやむこと」による〉

1 よく出る　「①目からうろこが落ちるとは、このことかと思った。」とありますが、筆者は先輩の言葉を聞いて、どのようなことに気づいたのですか。

先輩は、筆者が二つのことを混同していると言っているね。

自分は（　　　　）いるのではなく、

（　　　　）いるだけだったということ。

2 「②先輩が言うようなこと」とは、どのようなことですか。二つに分けて書きましょう。

（　　　　）

（　　　　）

6 よく出る　筆者は、「考える」とはどのようなことだととらえていますか。一つに○をつけましょう。

「考えること」と「なやむこと」は同じかな、ちがうのかな。

ア（　）「なやむ」ことを通して、問題を解決するための方法をさぐること。

イ（　）「なやむ」こととは異なり、何をするのかを具体的にすること。

ウ（　）「なやむ」ことと同じで、答えが出ないことをいつまでも心配すること。

7 この文章で筆者が最も伝えたいのは、どのようなことですか。

何かに迷ったり困ったりしたら、

「（　　　　）」を区別して、

（　　　　）ためにやるべきことをはっきりさせようということ。

8 あなたが家で犬を飼いたいと思っているとします。次のうち、「考える」に当たる内容には○を、「なやむ」に当たる内容には△をつけましょう。

具体的なことを想定しているのは、どれかな。

（　）家族の中で、だれが犬を散歩に連れていけるか。

（　）犬を飼いたいと言ったら反対されるかな。

（　）犬を飼うには、どんなものを用意すればいいか。

（　）えさ代は毎月いくらぐらいかかるか。

（　）もし犬が病気になったら心配でどきどきする。

ものしりメモ　筆者の鴻上尚史《こうかみしょうじ》さんは早稲田《わせだ》大学在学中に「第三舞台《ぶたい》」という劇団をつくったんだよ。1994年に「スナフキンの手紙」で岸田國士戯曲《きしだくにおぎきょく》賞を受賞したよ。

練習のワーク②

「考える」とは SDGs

教科書 204〜214ページ
答え 20ページ

勉強した日 月 日

できるナビ
●人間とロボットのちがいをとらえよう。
●筆者が研究を続ける理由を読み取ろう。

次の文章を読んで、問題に答えましょう。

それ以来、勉強しているときも、好きな絵をかいているときも、「気持ち」や「考える」とは何かという、人間に対する根本的な疑問が、常に頭のかたすみにあった。いろいろなことをしながら、①いつかはその疑問に答えられるのではと、期待していたように思う。

人のような見かけをもち、人と話をする、人間らしいロボットの研究に取り組む現在では、五年生からの疑問であった「気持ち」や「考える」が、研究テーマそのものになっている。人間らしいロボットを作るためには、人間みたいに感じたり、考えたりできるよう、ロボットをプログラムしなければならない。そのためには、人の「気持ち」とは何か、人が「考える」とは、何をどうすることなのかを、深く理解する必要がある。

これが、非常に難しい。これまでにも、多くの研究者が、「考える」ロボットの研究に取り組んできた。だが、いまだ人間の「考える」には、ほど遠い。②「考える」にも、簡単なものから難しいものがある。計算式をもとに正しく計算したり、多くのデータをもとに対応策を出したりすることは、何をどうするのかをプログラムできるから、ロボットにもできる。しかし、新しいアイデアを出すとか、よく分からないものの仕組みを理解

3 2のものを作るためには、どうすることが必要ですか。

（　　　　）

4 3のことをするためには、何を深く理解する必要があるのですか。二つに分けて書きましょう。

（　　　　）（　　　　）

5 よく出る● ②「『考える』にも、簡単なものから難しいものがある。」について答えましょう。

(1) ロボットにとって「簡単なもの」と「難しいもの」の具体例として、筆者はどのようなことを挙げていますか。表にまとめましょう。

簡単なもの
●（　　　　）をもとに正しく計算すること。
●多くのデータをもとに（　　　　）を出すこと。

言葉の意味プラス
3行 かたすみ…片方のすみ。
10行 プログラム…コンピュータの仕事の手順を、コンピュータ独自の言語で作成すること。

するとか、そういったことは、どのようにプログラムすればよいかが分かっていない。だから、ロボットにはできない。人間がプログラムできないので、ロボットは、人間のように「考える」ことができないのである。

いっぽう人間は、そういったことを説明できなくても、「考える」ことができる。できるけれど、なぜできるのかは説明できない。しかし、いつかは説明できると信じている。だから、私は、まだまだ研究を続ける必要がある。

〈石黒《いしぐろ》 浩《ひろし》「考えることを考え続ける」による〉

1 「①その疑問」とは、どのような疑問ですか。

（　　　　　　　　）という疑問。

「人間に対する根本的な疑問」だね。

2 筆者は何を作ろうと研究しているのですか。

□□□□□□□□□

「人のような見かけ」で「人と話をする」ものだね。

難しいもの
●新しい（　　　　）を出すこと。
●よく分からないものの（　　　　）を理解すること。

(2) 簡単か難しいかは、何によって決まるのですか。一つに○をつけましょう。

同じ段落中の「できる」「できない」という言葉に着目しよう。

ア（　）ロボットがプログラムを理解できるかどうか。

イ（　）プログラムにどれくらい時間がかかるか。

ウ（　）人間がプログラムできるかどうか。

6 よく出る● 次の文章は、人間とロボットの「考える」ことについてまとめたものです。（　）に「できる」・「できない」のどちらかを入れて、文章を完成させましょう。

どのようにプログラムすればよいかが分からないものは、人間がプログラム（❶　　　）ので、ロボットは人間のように「考える」ことが（❷　　　）。

人間は説明せずに、「考える」ことが（❸　　　）けれど、なぜ（❹　　　）のかを説明することは（❺　　　）。

7 「考える」ことの研究に対する筆者の姿《し》勢に合うもの一つに○をつけましょう。

ア（　）「考える」とは何かを説明するために、研究を続けたい。

イ（　）「考える」とは何かを解明することは不可能だろう。

ウ（　）「考える」とは何かについての研究を続けるのはむだだ。

ものしりメモ 「ロボット」という言葉をつくったのは、作家のカレル・チャペック。チェコ語で「労働」を意味する「robota」という言葉からできたといわれているよ。

まとめのテスト

「考える」とは SDGs

教科書 204〜214ページ
答え 21ページ

時間 20分

得点 /100点

勉強した日 月 日

1 次の文章を読んで、問題に答えましょう。

一九九三年、私は、ボスニア・ヘルツェゴビナにある国際連合難民高等弁務官事務所で仕事をしていた。当時、この国では、セルビア系、クロアチア系、ムスリム系の三つの民族間で紛《ふん》争が起こっていた。ある日、事務所に、①五十代ぐらいのクロアチア系男性が、二人の女性を連れてやって来た。その二人は、数か月前に戦死したムスリム系の友人の妻とむすめだという。「なんとか、これまで私の家にかくまってきたのですが、もう無理なんです。クロアチア系の兵士たちが見回りに来て、ムスリム系住民がいないか探すのです。ここに連れてくれば、助けてくれるのではないかと思って来ました。」自ら危険をおかし、自分の妻とむすめだといつわってここまで来たかれは、「だって、おかしいじゃないですか。隣《りん》人として暮らしていた人たちと、敵・味方になるなんて。」と続けた。

人間は、いつの時代も、社会の大きな流れにほんろうされる存在かもしれない。しかし、一見、どうすることもできないような、その時々の世界の流れの中で、②何かがおかしいと感じ、どうすればよいかを考え、行動した人たちがいた。戦争のほりょやぎせい者を救う国際赤十字を創立したデュナンや、敵・味方を問わず、負傷した兵士を看護したナイチンゲール。そし

2 よく出る● 「②何かがおかしいと感じ、どうすればよいかを考え、行動した人たち」とありますが、クロアチア系男性の場合、どのようなことをおかしいと感じたのですか。一つに○をつけましょう。〔10点〕

ア（　）自分のようなふつうの人々が、社会の大きな流れにほんろうされなければいけないこと。

イ（　）今まで隣人だった人たちと、民族が異なるからという理由で、争わなければいけないこと。

ウ（　）同じ人間であるのに、民族が異なるだけで考え方が大きく異なり、分かり合えなくなること。

3 「③世界を変えてきた」とありますが、筆者は、世界を変えてきたのは、何だと述べていますか。一つ5〔10点〕

それまで当然とされていたことに（　　　）をもち、どのような社会にしたいのかを考えた人々の（　　　）。

4 「④これからの世界では、AIに判断を任せればよい」について答えましょう。

(1) この意見について、筆者が賛成しないのはなぜですか。〔10点〕

言葉の意味 プラス
3行 紛争…国と国、団体と団体などの間でもつれて争うこと。
17行 ほりょ…戦争などで、敵につかまった人。

て、あのクロアチア系男性だって、そうだ。かれらは、それまで当然とされていたことに疑問をもち、何が正しいのか、どのような社会にしたいのかを考えた。かれらのような人々の行動が、③世界を変えてきたのだ。

④これからの世界では、AI《エーアイ》に判断を任せればよいという人がいるが、私はちがうと思う。AIは、過去の多くのデータから効率的な結論を導くだけである。よりよい世界を築くには、人間が、弱い立場の人に心を寄せること、そして、何が大切なのか、何が正しいのか、どういう未来にしたいのかを考え、行動することが重要なのだ。

〈中満《なかみつ》 泉《いずみ》「考える人の行動が世界を変える」による〉

1 「①五十代ぐらいのクロアチア系男性が、二人の女性を連れてやって来た」について答えましょう。

(1) 「二人の女性」とは、だれですか。〔10点〕

（　　　　）

(2) 男性が二人の女性を連れてきたのは、何のためですか。〔10点〕

（　　　　）

AIは、（　　　　）

書いてみよう！

(2) 筆者は、「これからの世界」で重要なのはどのようなことだと述べていますか。二つに分けて書きましょう。 一つ10〔20点〕

（　　　　）

（　　　　）

チャレンジ！

2 教科書206ページ〜211ページの「『考える』とは」の三つの文章を読んで、問題に答えましょう。

「『考える』とは」の三つの文章には、表現のしかたのうえでどのような特徴《ちょう》がありますか。（　）に合う言葉を［　］から選んで書きましょう。 一つ10〔30点〕

● 「考えることとなやむこと」と「考えることを考え続ける」は、どちらも二つの事がらの（　　　　）を説明して、（　　　　）している。

● 「考える人の行動が世界を変える」は、筆者の体験という（　　　　）を根拠《きょ》にして主張を展開している。

［ 比較《かく》　具体例　ちがい ］

ものしりメモ

AI《エーアイ》(人工知能)についての研究は意外と古く、1950年代半ばから始まったんだよ。AIという名前は、アメリカのジョン・マッカーシーという人がつけたんだ。

基本のワーク

使える言葉にするために 日本語の特徴《ちょう》

教科書 215～220ページ

答え 22ページ

勉強した日 月 日

学習の目標

●各教科で習った言葉を使えるようにしよう。

●日本語にはどのような特徴《ちょう》があるかを確かめよう。

漢字練習ノート26ページ

新しい漢字

教科書ページ

教科書ページ	漢字	読み	画数
216	皇	コウ オウ	9画
216	后	コウ	6画
216	陛	ヘイ	10画
216	憲	ケン	16画
216	党	トウ	10画
216	閣	カク	14画
216	革	カク	9画
216	宗	シュウ	8画
216	垂	スイ たれる	8画
216	層	ソウ	14画
216	磁	ジ	14画

▲練習しましょう。

1 漢字の読み

読み仮名《がな》を横に書きましょう。

① 天皇

② 皇后

③ 陛下

④ 憲法

⑤ 政党

⑥ 内閣

⑦ 改革

⑧ 宗教

⑨ 垂直

⑩ 地層

⑪ 磁石

○新しく学習する漢字
●読み方が新しい漢字

2 漢字の書き

漢字を書きましょう。

① てんのう 陛下。

② けんぽう を学ぶ。

③ ないかく 総理大臣。

④ かいかく を行う。

⑤ すいちょく にとぶ。

⑥ じしゃく に引き寄せられる。

使える言葉にするために

3 次の教科の学習の中で使われる言葉を［　］から選んで、漢字に直して書きましょう。

1 国語（　　）（　　）（　　）（　　）

2 社会（　　）（　　）（　　）（　　）

3 算数（　　）（　　）（　　）（　　）

4 理科（　　）（　　）（　　）（　　）

ほうりつ	めんせき	だんらく	そくめん
こきゅう	せんきょ	ようやく	わりあい
さいばんしょ	ひょうげん	はつが	けんり
やくすう	しゅちょう	ぎむ	ようぶん
たんい	ろうどく	ぼうえき	ばいすう

日本語の特徴《ちょう》

4 英語の文と日本語の文の特徴《ちょう》について答えましょう。

1 文字の種類が多いのは、英語と日本語のどちらですか。（　　）

2 主語を省略することがよくあるのは、英語と日本語のどちらですか。（　　）

3 次の英語の文と日本語の文とを比べて、合うものには○を、合わないものには×をつけましょう。

英語	I eat bread every day. (私)(食べる)(パン)(毎日)
日本語	私は、毎日、パンを食べる。

日本語の文は、漢字、平仮名《がな》、片仮名で書かれているね。

（　）英語も日本語も、主語が文の最初にある。

（　）英語も日本語も、「食べる」か「食べない」かは文の終わりで決まる。

（　）英語と日本語では、主語と述語、修飾《しょく》語などの順が異なる。

ものしりメモ

日本語の文は、文末まで読まないと、肯《こう》定しているのか否定しているのか、現在のことなのか過去のことなのかなどがわからないね。このような性質を「文末決定性」というよ。

基本のワーク

大切にしたい言葉
今、私は、ぼくは

教科書 221～230ページ
答え 22ページ

勉強した日　月　日

学習の目標
●書き表し方を工夫して、自分の経験と、そのときの気持ちを書こう。
●資料を使って、自分の思いを効果的に伝えよう。

新しい漢字

教科書ページ

教科書ページ	漢字	読み	画数
222	操	ソウ	16画
222	補	ホ　おぎなう	12画
224	担	タン	8画
225	姿	シ　すがた	9画
228	討	トウ	10画
228	専	セン	9画

◀練習しましょう。

漢字練習ノート27ページ

1 漢字の読み　読み仮名《がな》を書きましょう。

①体操
②立候補
③担当
④姿を見る
⑤検討
⑥専属

○新しく学習する漢字
●読み方が新しい漢字

②「補」の訓の「補う」は、送り仮名《がな》にも注意しよう。

2 漢字の書き　漢字を書きましょう。

①たいそう□□の大会。
②りっこうほ□□□する。
③たんとう□□を決める。
④すがた□が見える。
⑤けんとう□□を重ねる。
⑥せんぞく□□の管理栄養士。

大切にしたい言葉

3 書き表し方を工夫するときのポイントを、次のようにまとめました。（　）に合う言葉を[　]から選んで書きましょう。

- 一文の（①　　）に注意する。
- （②　　）書くとよいところと、簡単に書くとよいところを考える。
- 表現したいことを伝えるのにふさわしい（③　　）を選ぶ。
- 声に出して読んだときの（④　　）にも気をつける。
- 様子を表す言葉を使ったり、（⑤　　）を使ったりする。
- （⑥　　）を入れかえたり、文末の表現を変えたりする。

長さ	リズム	くわしく
語順	言葉	たとえ

4 「大切にしたい言葉」について書くとき、次の内容は、文章のどこに書くのがよいですか。[　]から選び、記号で答えましょう。

1. その言葉に出会って、どう思ったか（　　）
2. 選んだ言葉の説明（　　）
3. その言葉が、自分にとってどんな意味をもつか（　　）
4. 今後の生活にいかしたいこと（　　）
5. 言葉に関連する経験と、そのときの思い（　　）

ア 初め　イ 中　ウ 終わり

今、私は、ぼくは

5 スピーチの際に提示する資料を準備するときのポイントを、次のようにまとめました。（　）に合う言葉を[　]から選んで書きましょう。

- 伝えたい内容や、聞き手の（①　　）・関心に合わせて、資料を作る。
- 話や文字だけで伝わりにくいと思われるときには、（②　　）や表、写真や絵などを準備する。
- 話の（③　　）が伝わりやすいように、一つの資料に情報をつめこみすぎないようにする。
- 後ろの席の人にも見えるように、文字や写真の（④　　）を考える。

図	要点	大きさ
音声	知識	長さ

資料は、話の理解を助けるものだから、効果的なものにしたいね。

6 スピーチをするときの注意点として正しいものには○を、正しくないものには×をつけましょう。

（　）資料を見せるときは、聞き手が資料を見る時間を取る。
（　）声の強さや話す速さは、内容にかかわらず一定に保つ。
（　）資料の特に見てほしい部分を指し示しながら話す。
（　）聞き手のほうは見ないで、一点を見つめながら話す。
（　）聞き手に合わせて、話し方や言葉の選び方を変える。

ものしりメモ
「推敲《こう》」という言葉は、昔、中国のある詩人が、「僧《そう》は推《お》す月下の門」という句の「推す」を「敲《たた》く」にしようかなやみ、人に相談して「敲く」に変えたという故事からできたんだよ。

基本のワーク

海の命 SDGs
漢字の広場⑥ 五年生で習った漢字

教科書 231～247ページ
答え 22ページ

勉強した日 月 日

学習の目標
● 主人公が周囲の人物などから受けたえいきょうをとらえよう。
● 人物の考え方や生き方を読み取ろう。

漢字練習ノート27～28ページ

新しい漢字

教科書 ページ

◀練習しましょう。

ページ	漢字	読み	画数
232	潮	チョウ しお	15画
235	針	シン はり	10画
240	穴	あな	5画
241	灰	はい	6画
241	奮	フン ふるう	16画
243	済	サイ すむ	11画

○新しく学習する漢字
●読み方が新しい漢字

1 漢字の読み　読み仮名《がな》を横に書きましょう。

①潮の流れ　②つり針　③穴　④灰色　⑤興奮　⑥済む

2 漢字の書き　漢字を書きましょう。

① 太いつり［　］《ばり》。
② ［　　］《はいいろ》の空。
③ 観客が［　　］《こうふん》する。
④ 急がないで［　］《す》む。

5 言葉の意味　○をつけましょう。

① 232ページ はばかることなく夢を語る。
ア（　）遠りょする。
イ（　）よく考える。
ウ（　）うそをつく。

② 232 岩かげにひそむクエ。
ア（　）住んでいる。
イ（　）かくれている。
ウ（　）にげている。

③ 234 水中で事切れる。
ア（　）けがをする。
イ（　）息が絶える。
ウ（　）元気がなくなる。

3 五年生の漢字

漢字を書きましょう。

1. 毎朝の□□《しゅうかん》。
2. □□《しょぞく》するチーム。
3. □□《こうりつ》よく働く。
4. □□《そうりょく》を挙げる。
5. □□《せきにん》をとる。
6. 貴重な□□《けいけん》。

4 言葉の知識

次の——の言葉を使った文を書きましょう。——の言葉の意味は変えません。

1. 三人がかりで岩をおしても、びくともしない。

（　　　　　　　　　　　　）

2. まるで砂をかんでいるような感じだ。

（　　　　　　　　　　　　）

3. 弟は家に帰るや、ランドセルを置いて遊びに行った。

（　　　　　　　　　　　　）

内容をつかもう！

☆海の命

あらすじを場面ごとにまとめました。順番になるよう、（　）に1～4を書きましょう。 教科書 232～243ページ

（　）太一《たいち》の父が、巨《きょ》大なクエをとろうとして死んだ。

（　）太一は村のむすめとけっこんし、子どもを四人育てた。

（　）太一は父の死んだ瀬《せ》でクエを見つけたが、もりを打たなかった。

（　）太一は与吉《よきち》じいさに弟子《でし》入りし、やがて、村一番の漁師と認められた。

---

4. 236 全てをさとる。
   - ア（　）まちがえる。
   - イ（　）疑わしく思う。
   - ウ（　）はっきりと理解する。

5. 238 屈《くっ》強な若者。
   - ア（　）力が強い。
   - イ（　）心がやさしい。
   - ウ（　）頭がいい。

6. 238 壮《そう》大な音楽。
   - ア（　）規模が大きくて立派な。
   - イ（　）音量が大きくてうるさい。
   - ウ（　）態度が大きくてえらそうな。

7. 240 不意に夢が実現する。
   - ア（　）知らないうちに。
   - イ（　）思いがけずに。
   - ウ（　）あっというまに。

8. 241 百五十キロはゆうにこえている。
   - ア（　）楽に。
   - イ（　）少しだけ。
   - ウ（　）おそらく。

9. 243 生涯《がい》だれにも話さない。
   - ア（　）生きているうちは。
   - イ（　）年を取ったら。
   - ウ（　）ふだんの生活では。

ものしりメモ　クエは、昼間は巣でじっとしているけれど、夜になると、えさを食べるなどの活動を開始する習性があるんだよ。

登場人物の生き方について、考えたことを話し合おう

練習のワーク

海の命 SDGs

教科書 231〜247ページ
答え 23ページ
勉強した日　月　日

できるナビ
●与吉《よきち》じいさの考え方をとらえよう。
●太一《たいち》の、与吉じいさへの思いを読み取ろう。

次の文章を読んで、問題に答えましょう。

　中学校を卒業する年の夏、太一《たいち》は①与吉《よきち》じいさに弟子《でし》にしてくれるようたのみに行った。与吉じいさは、太一の父が死んだ瀬《せ》に、毎日一本づりに行っている漁師だった。

「わしも年じゃ。ずいぶん魚をとってきたが、もう魚を海に自然に遊ばせてやりたくなっとる。」

「年を取ったのなら、ぼくをつえの代わりに使ってくれ。」

　こうして②太一は、無理やり与吉じいさの弟子になったのだ。

　与吉じいさは瀬に着くや、小イワシをつり針にかけて水に投げる。それから、ゆっくりと糸をたぐっていくと、ぬれた金色の光をはね返して、五十センチもあるタイが上がってきた。バタバタ、バタバタと、タイが暴れて尾《お》で甲《かん》板を打つ音が、船全体を共鳴させている。

　太一は、なかなかつり糸をにぎらせてもらえなかった。つり針にえさを付け、上がってきた魚からつり針を外す仕事ばかりだ。つりをしながら、与吉じいさは独り言のように語ってくれた。

「千びきに一ぴきでいいんだ。千びきいるうち一ぴきをつれば、ずっとこの海で生きていけるよ。」

　与吉じいさは、毎日タイを二十ぴきとると、もう道具を片づ

1 「①与吉じいさ」とは、どういう人ですか。

（　　　　）が死んだ瀬に、毎日一本づりに行っている（　　　　）。

2 「②太一は、無理やり与吉じいさの弟子になった」とありますが、与吉じいさは太一をどのように指導しましたか。一つに○をつけましょう。

ア（　）最初に、タイのつり方をていねいに教えた。
イ（　）最初から、作業を太一にほとんど任せた。
ウ（　）最初は、つり糸をなかなかにぎらせなかった。

3 よく出る● 与吉じいさは、漁について、どういう考え方を太一に教えましたか。それを表している言葉を文章中から書きぬきましょう。

与吉じいさは、太一に、どうすればいいと言っているかな。

（　　　　）

4 3の考え方が、実際の行動に表れている部分があります。その一文を文章中から書きぬきましょう。

（　　　　）

言葉の意味プラス
9行 たぐる…両手を代わる代わる使って、手元へ引き寄せる。
12行 共鳴…物体が、別の物体の振《しん》動にしげきされて、同じように振動すること。

けた。

季節によって、タイがイサキになったりブリになったりした。

弟子になって何年もたったある朝、いつものように同じ瀬に漁に出た太一に向かって、③与吉じいさはふっと声をもらした。そのころには、与吉じいさは船に乗ってこそきたが、作業はほとんど太一がやるようになっていた。

「自分では気づかないだろうが、おまえは村一番の漁師だよ。太一、ここはおまえの海だ。」

船に乗らなくなった与吉じいさの家に、太一は漁から帰ると、毎日魚を届けに行った。真夏のある日、与吉じいさは暑いのに、毛布をのどまでかけてねむっていた。④太一は全てをさとった。

「海に帰りましたか。与吉じいさ、心から感謝しております。おかげさまでぼくも海で生きられます。」

悲しみがふき上がってきたが、⑤今の太一は自然な気持ちで、顔の前に両手を合わせることができた。父がそうであったように、与吉じいさも海に帰っていったのだ。

〈立松《たてまつ》 和平《わへい》「海の命」による〉

5 「③与吉じいさはふっと声をもらした」とありますが、このとき、与吉じいさはどういうことを言いましたか。

太一が（　　　　　）であるということ。

6 よく出る 「④太一は全てをさとった。」とありますが、具体的には、どういうことをさとったのですか。

（　　　　　）

与吉じいさの様子と、太一の言葉から考えよう。

7 「⑤今の太一は自然な気持ちで、顔の前に両手を合わせることができた」とありますが、このときの太一は、与吉じいさがどうなったと考えていますか。

（　　　　　）と考えている。

8 太一は、与吉じいさに対して、どういうことを感謝していますか。一つに○をつけましょう。

ア（　）与吉じいさのおかげで、自分も海で生きられるようになったこと。

イ（　）与吉じいさのおかげで、自分が村一番の漁師とよばれるようになったこと。

ウ（　）与吉じいさのおかげで、自分だけでたくさんの魚をとれるようになったこと。

太一の言葉から、与吉じいさに対する思いを読み取って考えよう。

ものしりメモ　「一本づり」とは、１本の糸を使って、魚がつり針にかかるたびに引き上げてつる方法。「カツオの一本づり」が有名だね。

まとめのテスト 海の命

SDGs

教科書 231〜247ページ　答え 23ページ

勉強した日　月　日

時間 20分

得点 /100点

次の文章を読んで、問題に答えましょう。

海底の砂にもりをさして場所を見失わないようにしてから、太一《たいち》は銀色にゆれる①水面にうかんでいった。息を吸ってもどると、同じ所に同じ青い目がある。ひとみは黒いしんじゅのようだった。刃《は》物のような歯が並んだ灰色のくちびるは、ふくらんでいて大きい。②魚がえらを動かすたび、水が動くのが分かった。岩そのものが魚のようだった。全体は見えないのだが、百五十キロはゆうにこえているだろう。

興奮していながら、太一は冷静だった。これが自分の追い求めてきたまぼろしの魚、村一番のもぐり漁師だった父を破った瀬《せ》の主なのかもしれない。太一は鼻づらに向かってもりをつき出すのだが、クエは動こうとはしない。③そうしたままで時間

3 クエと向かい合う太一の心理状態を表している、対照的な意味の熟語を二つ、文章中から書きぬきましょう。　一つ5〔10点〕

□□・□□

4 太一は、向かい合っているクエを、何かもしれないと思いましたか。〔10点〕

（　　）

5 ③「そうしたままで時間が過ぎた。」について答えましょう。

(1) 「そうしたまま」とは、どういう状態を指していますか。一つに○をつけましょう。〔10点〕

ア（　）太一もクエも、全く動かない状態。

イ（　）太一がもりをつき出し、クエがにげる状態。

ウ（　）太一はもりをつき出すが、クエは動かない状態。

(2) このとき、太一はどういう気がしましたか。〔5点〕

（　　）に、この場にいられるような気さえした。

言葉の意味プラス

15行 まぼろし…話には聞くが、実際にはなかなか確かめられないもの。

28行 あぶく…あわ。

が過ぎた。太一は永遠にここにいられるような気さえした。しかし、息が苦しくなって、またうかんでいく。

もう一度もどってきても、④瀬の主は全く動こうとはせずに太一を見ていた。おだやかな目だった。この大魚《たいぎょ》は自分に殺されたがっているのだと、太一は思ったほどだった。これまで数限りなく魚を殺してきたのだが、⑤こんな感情になったのは初めてだ。この魚をとらなければ、本当の一人前の漁師にはなれないのだと、太一は泣きそうになりながら思う。

水の中で太一はふっとほほえみ、口から銀のあぶくを出した。もりの刃先を足の方にどけ、クエに向かってもう一度えがおを作った。

「おとう、ここにおられたのですか。また会いに来ますから。」

こう思うことによって、⑥太一は瀬の主を殺さないで済んだのだ。大魚は⑦この海の命だと思えた。

〈立松《たてまつ》 和平《わへい》「海の命」による〉

1 「①水面にうかんでいった」のは、何をするためですか。〔10点〕

2 よく出る 「②魚」について、たとえを用いて表現している文を、文章中から三つ書きぬきましょう。一つ5〔15点〕

6 「④瀬の主は全く動こうとはせずに太一を見ていた」とありますが、このときのクエの目を、太一はどのような目だと感じましたか。〔5点〕

7 「⑤こんな感情」とは、どういう感情ですか。〔10点〕

チャレンジ!

8 「⑥太一は瀬の主を殺さないで済んだ」について答えましょう。

(1) 太一は、クエを殺すかどうかなやみ、苦しんでいましたが、落ち着きを取りもどしました。そのように太一の様子が変化したことが分かる一文を、文章中から書きぬきましょう。〔5点〕

(2) 太一がクエを殺さずに済んだのは、どのように考えたからですか。〔10点〕

書いてみよう!

9 よく出る 「⑦この海の命だと思えた」とは、どういうことですか。一つに○をつけましょう。〔10点〕

ア（　）自分の力ではとれない大物だと思えたということ。

イ（　）海に生きるもの全ての象徴《ちょう》だと思えたということ。

ウ（　）人の命をうばう危険な存在だと思えたということ。

ものしりメモ　大きなクエは、つり人にとってあこがれの魚なんだ。また、食材としても高級で、なべ料理などに使われるよ。

基本のワーク

生きる

教科書 252～255ページ
答え 24ページ

勉強した日　月　日

学習の目標
●これまでに身につけた言葉の力を生かして、詩を読もう。
●「生きている」とはどういうことかを考えよう。

次の詩を読んで、問題に答えましょう。

生きる

谷川《たにかわ》　俊太郎《しゅんたろう》

生きているということ
いま生きているということ
それはのどがかわくということ
木もれ陽《び》がまぶしいということ
ふっと或《あ》るメロディを思い出すということ
くしゃみすること
あなたと手をつなぐこと

生きているということ
いま生きているということ
①それはミニスカート
それはプラネタリウム
それはヨハン・シュトラウス
それはピカソ
それはアルプス
②すべての美しいものに出会うということ

1 この詩は、どの連（まとまり）も同じ言葉で始まっています。その言葉を、二行で書きぬきましょう。

（　　　　　）

2 「①それはミニスカート／……／それはアルプス」とありますが、これらはどういうものの例として挙げられていますか。

□□□□□

3 「②すべての美しいものに出会うということ」とありますが、これと同時に、どういうことを「生きているということ」だとうたっていますか。

（　　　　　）

4 よく出る●「③生きているということ／……／自由ということ」とありますが、ここでは、どういうことを「生きている」ことだとうたっていますか。一つに○をつけましょう。

「泣ける」「笑える」「怒れる」という言葉に注目しよう。

言葉の意味プラス
4行　木もれ陽…木の枝葉の間からさしこむ日光。
18行　こばむ…断る。
31行　産声《うぶごえ》…赤ちゃんが生まれて初めて出す泣き声。
39行　とどろく…大きな音が鳴りひびく。

そして
かくされた悪を注意深くこばむこと

③生きているということ
いま生きているということ
泣けるということ
笑えるということ
怒《おこ》れるということ
自由ということ

生きているということ
いま生きているということ
いま遠くで犬がほえるということ
いま地球がまわっているということ
④いまどこかで産声《うぶごえ》があがるということ
いまどこかで兵士が傷つくということ
いまぶらんこがゆれているということ
いまいまが過ぎてゆくこと

生きているということ
いま生きているということ
鳥ははばたくということ
海はとどろくということ
かたつむりははうということ
人は愛するということ
⑤あなたの手のぬくみ
いのちということ

ア（　）自分の好きなところに行けること。
イ（　）感情を豊かに表せること。
ウ（　）新しい命が誕生すること。

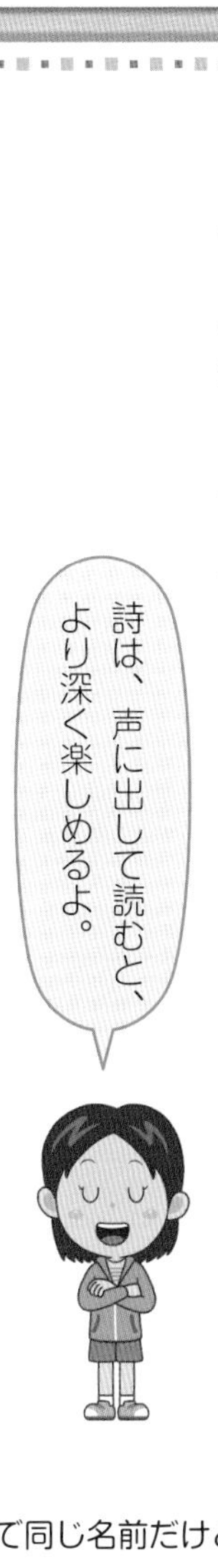

5 よく出る 「④いまどこかで産声があがるということ」について答えましょう。

(1) この一行は、どのようなことを表していますか。一つに○をつけましょう。

ア（　）どこかで平和を望む声があがっているということ。
イ（　）どこかで子どもが悲しみの声をあげているということ。
ウ（　）どこかで新しい命が生まれたということ。

(2) この一行と対比的に置かれている行を書きぬきましょう。

（　　　　）

6 「⑤あなたの手のぬくみ」とありますが、これは、第一連のある行を受けたものです。その一行を書きぬきましょう。

（　　　　）

7 この詩は、何をうたったものですか。

いま（　　　　）とは、どういうことか。

ものしりメモ　ヨハン・シュトラウスは、オーストリアの作曲家・指揮者。親子で同じ名前だけど、子のほうは「美しく青きドナウ」というワルツを作ったことで有名だよ。

基本のワーク

人間は他の生物と何がちがうのか SDGs

教科書 256～260ページ　答え 25ページ

勉強した日　月　日

学習の目標
- 他の生物と人間のちがいをとらえよう。
- 言葉のもつ力を読み取ろう。

次の文章を読んで、問題に答えましょう。

　つまり、ツチハンミョウにとっては、個体の命よりも、種を保存することのほうが重要なのです。これは他の生物でも同じです。魚も鳥も、植物でも微《び》生物でも、種の保存が、生きるうえで、何よりも大切なのです。

　ひるがえって、私たち人間はどうでしょうか。①人間には、ツチハンミョウとも、そして他のいかなる生物ともちがう特性があります。それは、種の保存よりも、個体の命を最重要に考えていることです。生まれてきた一人一人の命に、最も尊い価値を置いています。自分の命が大切であるのと同時に、他の人の命も大切にします。年齢《れい》や人種、障害の有無《う》、性的な指向などにかかわらず、だれもが平等に大切な存在です。みなさんは、②基本的人権という言葉を知っていますか。私たちが生まれながらにしてもっている権利で、人間はみな平等であり、自由であることを認識《にん》し合ったものです。これからみなさんが自由に将来を選ぶことができるのも、この認識のおかげです。どんな職業について、どんなふうに生きてもよいのです。

　では、③なぜ、人間だけが、このような考え方に達することができたと思いますか。それは、進化の過程で、人間だけがすば

2　「②基本的人権」とは、どのようなものですか。

私たちが生まれながらにしてもっている権利で、（　　　　）ことを認識し合ったもの。

3　よく出る●　「③なぜ、人間だけが、このような考え方に達することができたと思いますか」について答えましょう。

(1)　「このような考え方」に合わないもの一つに○をつけましょう。

ア（　）生まれてきた一人一人の命に、最も尊い価値があるという考え方。

イ（　）自分の命が大切であるのと同時に、他の人の命も大切だという考え方。

ウ（　）年齢《れい》や人種などで差別を受けることはしかたないという考え方。

「このような」とあるので、前の段落に注目しよう。

言葉の意味プラス
5行　ひるがえって…反対に。別の立場から見ると。
10行　指向…ある方向を目ざして進むこと。

らしいものを発明することができたからです。その発明とは、言葉です。人間は脳を発達させ、言葉を生み出しました。言葉は、コミュニケーションの道具であるとともに、④世界を知るための道具です。言葉があることで、物事に名前をつけたり、その仕組みを解明したり、説明したりすることができます。例えば、生物には「種」と「個体」があり、自然界には「種の保存」というものがあることを、人間は、言葉で明らかにしました。そして、私たち人間は、種の保存より大切なことがないかを言葉を使って考え、一人一人の命を大切にしたほうが、みんなが幸せになるということに気づき、⑤その考えを言葉で共有してきました。言葉で世界を知り、言葉で世界を作ってきたのです。それゆえにこそ、私たちは言葉を大切にしなければならないのです。

〈福岡《ふくおか》 伸一《しんいち》「人間は他の生物と何がちがうのか」による〉

1 「①人間には、ツチハンミョウとも、そして他のいかなる生物とももちがう特性があります。」とありますが、人間と他の生物にはどのようなちがいがあるのですか。

前後の部分から、両者が最も大切にしているものをとらえよう。

他の生物にとって最も大切なのは（❶　　）だが、

人間にとって最も重要なのは（❷　　）であるというちがい。

(2) 「人間だけが、このような考え方に達することができた」のは、なぜだと筆者は述べていますか。

直後に「それは……からです。」という理由を表す言い方があるね。

（　　）

4 言葉が「④世界を知るための道具」といえるのは、なぜですか。

言葉があることで、物事に（❶　　）をつけたり、その（❷　　）を解明したり、（❸　　）したりできるから。

5 「⑤その考え」とは、どのような考えですか。

（　　）

6 よく出る この文章で、筆者はどのようなことをうったえていますか。一つに○をつけましょう。

ア（　）言葉は人間の知性がどれほど高いかを示すものなので、正しく適切に使わなければいけないということ。

イ（　）人間は言葉で世界を知り、言葉で世界を作ってきたので、言葉を大切にしなければいけないということ。

ウ（　）言葉がなければ他の人とコミュニケーションがとれないので、言葉のありがたさをかみしめようということ。

ものしりメモ　ハンミョウ科の昆虫《こん》は、山道などで人に出会うと人の行く先に飛ぶので、「みちしるべ」「みちおしえ」ともよばれるんだ。

まとめのテスト

物語の世界を作る表現
詩から表現の工夫を学ぶ

教科書 266〜271ページ　答え 25ページ

時間20分

得点　/100点

勉強した日　月　日

1 次の文章を読んで、問題に答えましょう。

その午後、老技師は受話器を置いてさけびました。

「さあ、電線は届《とど》いたぞ。ブドリ君、始めるよ。」

老技師はスイッチを入れました。ブドリたちは、テントの外に出て、サンムトリの中腹《ふく》を見つめました。野原には白《しろ》ユリが一面さき、その向こうに、サンムトリが青く①ひっそり立っていました。

にわかに、サンムトリの左のすそがぐらぐらっとゆれ、真っ黒なけむりがぱっと立ったと思うと、まっすぐに天に上っていって、おかしなきのこの形になり、その足元から黄金《きん》色の溶《よう》岩が②きらきら流れ出して、見る間にずうっとおうぎ形に広がりながら、海へ入りました。と思うと、地面は激《はげ》しくぐらぐらゆれ、ユリの花も一面ゆれ、それからごうっというような大きな音が、みんなをたおすくらい強くやって来ました。それから、風がどうっとふいていきました。

「やった、やった。」と、みんなはそっちに手をのばして、高くさけびました。

〈宮沢《みやざわ》　賢治《けんじ》「グスコーブドリの伝記」による〉

1 「①ひっそり」「②きらきら」は、それぞれ何がどうする様子を表した言葉ですか。　一つ10〔20点〕

① ひっそり（　　）

② きらきら（　　）

2 次のものの色を表す表現を書きぬきましょう。　一つ5〔10点〕

けむり（　　）

溶岩（　　）

3 よく出る● この文章の表現の説明として合うもの一つに○をつけましょう。　〔10点〕

ア（　）事物の動きなどを表す言葉を多く用いて、場面の様子がよく伝わるように書かれている。

イ（　）難しい熟語《じゅく》をたくさん用いることによって、その場の様子が張りつめていることを表している。

ウ（　）どの文も非常に長く、くわしくえがかれた情景から、登場人物の張りつめた心情が伝わってくる。

言葉の意味プラス

1 4行　中腹…山頂とふもとの中間の辺り。
7行　にわかに…急に。とつぜん。

2 次の詩を読んで、問題に答えましょう。

A

なみだは
にんげんのつくることのできる
一ばん小さな
海です

〈寺山《てらやま》 修司《しゅうじ》「一ばんみじかい抒《じょ》情詩」による〉

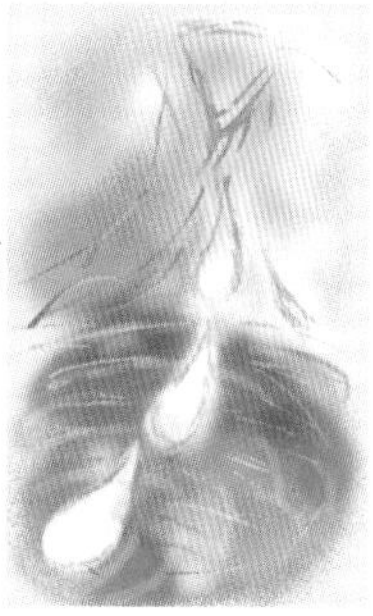

B

やねで　とんとん　やねのうた
つちで　ぴちぴち　つちのうた

〈鶴見《つるみ》 正夫《まさお》「雨のうた」の一部による〉

C

さわってみようかなあ　つるつる
おしてみようかなあ　ゆらゆら

〈谷川《たにかわ》 俊太郎《しゅんたろう》「どきん」の一部による〉

1 Aの詩について答えましょう。

(1) 何を何にたとえていますか。 完答〔5点〕

（　　　）を（　　　）にたとえている。

(2) この詩に用いられている表現技法は何ですか。一つに○をつけましょう。〔5点〕

ア（　）直喩《ゆ》
イ（　）隠《いん》喩
ウ（　）擬《ぎ》人法

---

2 Bの詩について答えましょう。

(1) 詩の中から、擬声語（擬音語）を二つ書きぬきましょう。 一つ5〔10点〕

（　　　）（　　　）

(2) 「つちのうた」とは、何を表していますか。考えて書きましょう。〔10点〕

（　　　）

書いてみよう!

3 Cの詩について答えましょう。

(1) 詩の中から、擬態語を二つ書きぬきましょう。 一つ5〔10点〕

（　　　）（　　　）

(2) この詩にはどんな工夫がされていますか。一つに○をつけましょう。〔10点〕

ア（　）行の終わりが同じ音になっている。
イ（　）七音と五音の言葉を組み合わせている。
ウ（　）二行で言葉の並《なら》べ方を同じにしている。

チャレンジ!

4 次の説明に当てはまる方法を□から選んで、記号で答えましょう。 一つ5〔10点〕

❶ ふつうの言い方と、言葉の順序を入れかえる方法。（　）

❷ 同じ、もしくは似た言葉や文を、連続させたり、別の連でくり返したりする方法。（　）

ア 反復	**イ** 倒《とう》置

ものしりメモ

寺山修司《てらやましゅうじ》は、詩人の他に劇《げき》作家・演出家・歌人としても活躍《やく》した人だよ。主宰《さい》した「天井桟《じょうさ》敷《じき》」という劇団は、実験的な作風で知られているよ。

付録

まとめのテスト

平和のとりでを築く

SDGs

教科書 272～275ページ

答え 26ページ

勉強した日　月　日

時間 15分

得点　/100点

✿ 次の文章を読んで、問題に答えましょう。

世界遺《い》産は、人間の歴史に大きな役割《わり》を果たした文化遺産と、地球上にある貴《き》重な自然遺産を、未来へ向けて大切に守っていくために、ユネスコと世界の国々が調査し、指定していく制度である。エジプトのピラミッドや、ギリシャのオリンピア遺跡《せき》など、すでに六百か所以上が、世界遺産として手厚く保護されている。日本では、原爆《ばく》ドームより前に、姫路城《ひめじじょう》や屋久島《やくしま》などが選ばれている。

原爆ドームが、世界遺産の候補《ほ》として審《しん》査を受けることになったとき、私《わたし》は、ちょっぴり不安を覚えた。それは、原爆ドームが、戦争の被《ひ》害を強調する遺跡であること、そして、規模《ぼ》が小さいうえ、歴史も浅い遺跡であることから、はたして世界の国々によって認《みと》められるだろうかと思ったからであった。しかし、心配は無用だった。決定の知らせが届《とど》いたとき、私は、世界の人々の、平和を求める気持ちの強さを改めて感じたのだった。

痛《いた》ましい姿《すがた》の原爆ドームは、原子爆弾《だん》が人間や都市にどんな惨《さん》害をもたらすかを私たちに無言で告げている。未来の世界で核《かく》兵器を二度と使ってはいけない、いや、核兵器はむしろ不必要だと、世界の人々に警《けい》告する記念碑《ひ》なのである。

〈大牟田《おおむた》稔《みのる》「平和のとりでを築く」による〉

1 「原爆ドームが、世界遺産の候補として審査を受けることになったとき」、筆者はどのような気持ちになりましたか。　一つ15〔30点〕

原爆ドームが世界の国々によって（　　　）だろうかという（　　　）な気持ち。

2 よく出る● 原爆ドームが世界遺産に指定されたという知らせが届いたとき、筆者はどのようなことを感じましたか。一つに○をつけましょう。　〔20点〕

ア（　）世界の人々が、強く平和を求めているということ。

イ（　）日本の人々が、世界遺産に強く関心をもっていること。

ウ（　）広島《ひろしま》の人々が、原爆ドームに強い思いを寄せていること。

チャレンジ！

3 筆者は、原爆ドームが人々にどのようなことを伝えていると述べていますか。二つ書きましょう。　一つ25〔50点〕

（　　　）

（　　　）

実力判定テスト

夏休みのテスト②

時間30分

教科書 20～97ページ　答え 27ページ

名前

得点　/100点

おわったらシールをはろう

●勉強した日　月　日

1 ――の漢字の読み仮名《がな》を書きましょう。　一つ2〔20点〕

① 実力を認める。（　）
② 幼い弟と遊ぶ。（　）（　）
③ 身近な存在。（　）
④ 日常の暮らし。（　）
⑤ 机をきちんと並べる。（　）（　）
⑥ 難しい問題に対処する。（　）（　）
⑦ 著作権を尊重する。（　）（　）

2 □に漢字を書きましょう。　一つ2〔20点〕

① 作品を□□《てんじ》する。
② □□《たんじゅん》な考え方。
③ □□《ちいき》の行事に参加する。
④ 雨が□《ふ》る。
⑤ 兄が銀行に□□《しゅうしょく》する。
⑥ 規則に□《したが》う。
⑦ □□□《けんばいき》が□□《こしょう》する。
⑧ 海岸に□《そ》って道路を□《の》ばす。

3 次の□に合う、読み方が同じで、共通の部分をもつ漢字を書きましょう。　一つ4〔24点〕

① □潔な布でふく。　冷□に判断する。　□天にめぐまれる。
② 警察□になる。　図書□に行く。　かぎを□理する。

4 次の部分が表す意味を□から選んで、記号で答えましょう。　一つ4〔16点〕

① 月（　）　② 忄（　）
③ 扌（　）　④ 氵（　）

ア 心に関係する意味。
イ 体に関係する意味。
ウ 水に関係する意味。
エ 手に関係する意味。

5 次の文には、主語と述語の関係が二つあります。主語には――を、述語には――を引きましょう。　完答4〔8点〕

① 妹は　絵本を　読み、弟は　テレビを　見る。
② かねが　鳴る　音が、町中に　ひびいた。

6 次の文を、例にならって二つの文に分け、同じ内容を表すように書き直しましょう。　一つ3〔12点〕

例 姉が乗った飛行機がアメリカに着いた。
→・（姉が飛行機に乗った。）
・（その飛行機がアメリカに着いた。）

① 私の家の庭にある松は私が生まれたときに植えられた。
（　）
（　）

② 田中さんが外国でとった写真を私はとても気に入った。
（　）
（　）

夏休みのテスト①

時間30分

教科書 20〜97ページ　答え 27ページ

名前

得点　／100点

おわったらシールをはろう

●勉強した日　月　日

文章を読んで、答えましょう。

遠足の日、嘉穂《かほ》が一人でバスの中で弁当を食べていると、弁当を食べ終えた明仁《あきひと》が入ってきた。明仁は、嘉穂の弁当に入っているごぼうやそら豆を見て、「すげえ。」と言った。

嘉穂の家では、食事は祖母の担《たん》当なのだ。祖母はこういったものしか作らないから、食べられないとどうしようもない。

「うちのばあちゃんもさ、作るんだよ、ひじきの煮《に》物。でっかい豆をゆでたやつも。」

「うちもだよ。お弁当作るの、おばあちゃんだし。」

小学校と中学校は、給食がある。高校生になったら、毎日が弁当になる。①それまでに、ちゃんと料理ができる人になりたい。心から、そう思った。

「だから、②ハンバーグとかウインナーとか、全然入れてくれないんだよね。」

「いいじゃん。そんなのみんな持ってくるんだから。」

「みんな持ってくるから、いやなんじゃん。」

「だからそれがいいんじゃん。みんなとちがうって、かっこいいじゃん。」

えー、何それ。③箸《はし》の先で塩ゆでされたそら豆をつつきながら、嘉穂は言った。ころん、ころん。そら豆が弁当箱の中を転がる。

「どうせだから、弁当箱も昔っぽい木のやつにしなよ。たまに売ってるじゃん。しぶーい色の木の弁当箱。その弁当箱だと変だけどさ、木の弁当箱ならかっこいいよ、絶対。」

売っていた。日都子《ひとこ》ちゃんとこの弁当箱を買いに行ったときも、棚《たな》のすみに置かれていた。二人で指さして、「これは絶対にいや。」なんて笑い合った。

そら豆をオレンジ色の箸でつまんで、持ち上げてみた。人工的なオレンジ色と、毒々しい、緑色。この箸が、きれいな木目のついた木の箸だったら。そう想像してみた。あれ、悪くないんじゃないか。かわいくはないかもしれないけど、④ちょっと、いいかも。

そら豆を口に放りこむ。塩味のきいた、なじみのある味。⑤目を閉《と》じて、木のお弁当箱を思いうかべながら、ゆっくりかんだ。

〈額賀《ぬかが》 澪《みお》「ヒトリコ」による〉

1 「①それまでに、ちゃんと料理ができる人になりたい。」とありますが、そう思ったのは、なぜですか。　一つ10〔20点〕

（　　　）になったら、毎日持っていく（　　　）は自分で作りたいから。

2 「②ハンバーグとかウインナーとか、全然入れてくれない」とありますが、祖母が作った弁当について、嘉穂はどう思っていますか。　〔15点〕

（　　　）

3 明仁は、嘉穂の祖母が作った弁当について、どう思っていますか。　〔15点〕

（　　　）

4 「③箸の先で塩ゆでされたそら豆をつつきながら」とありますが、このしぐさには、嘉穂のどのような気持ちが表れていますか。一つに○をつけましょう。　〔15点〕

ア（　）そら豆がおいしくて、食べてしまうのがもったいないという気持ち。

イ（　）そら豆を箸でつまむのが難しくて、食べにくいと感じる気持ち。

ウ（　）そら豆を食べるのは気が進まないという気持ち。

5 「④ちょっと、いいかも」とは、どういうことですか。　一つ10〔20点〕

きれいな［　　］のついた木の箸なら、祖母の作る［　　］と合っているかもしれないということ。

6 「⑤目を閉じて、木のお弁当箱を思いうかべながら、ゆっくりかんだ。」とありますが、このとき嘉穂はどのようなことを感じていると考えられますか。一つに○をつけましょう。　〔15点〕

ア（　）今持っている弁当箱ではなく、木の弁当箱を買ったほうがよかったのではないかということ。

イ（　）明仁が祖母の作った弁当をほめるので、この弁当も悪くないのではないかということ。

ウ（　）これまで祖母の作った弁当をきらっていたことが申しわけないということ。

実力判定テスト

冬休みのテスト①

時間30分

教科書 98〜195ページ　答え 28ページ

●勉強した日　月　日

名前

得点　/100点

おわったらシールをはろう

文章を読んで、答えましょう。

日本は世界でも降水量が多く、①水にめぐまれた国だといわれています。でも日本の川は急流が多く、ふった雨の多くは、あっというまに海へ流れてしまいます。

このほかに蒸発してしまう水もあります。そのためこの豊富な水も、②実際に利用できるのは、全降水量の十分の一もないのです。

それに日本はせまい地域に、たくさんの人びとがくらしています。③一人あたりにめぐってくる水を計算すると、当然少なくなります。

現在都市では人口がふえて、④郊《こう》外へ郊外へと町は大きくなる一方です。今まで水田やため池だったところが、うめたてられて家がたったり、小川にはふたがされて、下水管にかわったものもあります。道路はコンクリートやアスファルトでほそうされています。

それまでは、ふった雨は地面にすいこまれたり、たくわえられたりしていたのが、下水や川を通ってさっさと海へ流れてしまいます。せっかくめぐってきた水を、みすみすすてることになるのです。

こんな都市では、ちょっとした大雨がふると、行《ゆ》き場をうしなった水がどっとあつまってきて、小さな川がよくはんらんします。

⑤建物がたてこんで緑が少なく、アスファルトでおおわれた都市は、地面からの蒸発や植物からの蒸散も少ないので、まるでさばくのような気候です。緑と水をうしなった土地、それがさばくです。

ありすぎても、なくてもこまるのが水です。現代の都市は、めぐる水をもっと計画的に利用する必要にせまられています。

〈塚本《つかもと》　治弘《はるひろ》「水　めぐる水のひみつ」による〉

1　「①水にめぐまれた国」とありますが、日本が水にめぐまれているといわれているのは、なぜですか。〔10点〕

（　　）が多いから。

2　「②実際に利用できるのは、全降水量の十分の一もない」のは、なぜですか。　一つ5〔15点〕

●日本の川は□□が多く、ふった雨の多くがすぐ□へ流れてしまうから。

●□□してしまう水もあるから。

3　日本では「③一人あたりにめぐってくる水」が少ないのは、なぜですか。〔15点〕

（　　）

4　「④郊外へ郊外へと町は大きくなる」について答えましょう。

(1)　町が郊外へ広がることでなくなったものには、どのようなものがありますか。三つ書きましょう。　一つ5〔15点〕

（　　）（　　）（　　）

(2)　(1)で答えたものがなくなると、どうなりますか。二つに○をつけましょう。　一つ5〔10点〕

ア（　）雨が地面にすいこまれてしまう。

イ（　）雨がさっさと海へ流れてしまう。

ウ（　）雨が町の中をめぐりやすくなる。

エ（　）小さな川がはんらんしやすくなる。

5　「⑤建物がたてこんで緑が少なく、アスファルトでおおわれた都市」を、筆者は何にたとえていますか。〔15点〕

（　　）

6　筆者は、現代の都市にはどのようなことが必要だと述べていますか。〔20点〕

（　　）

実力判定テスト
冬休みのテスト②

時間30分

教科書 98～195ページ　答え 28ページ

名前

得点 /100点

●勉強した日　月　日

おわったらシールをはろう

1 ——の漢字の読み仮名《がな》を書きましょう。 一つ2〔20点〕

① 有名な俳優にあこがれる。（　　）

② 聖火リレーのランナー。（　　）

③ お年玉を預金する。（　　）

④ 交通事故の対策を講じる。（　　）（　　）

⑤ 忘れ物をして困る。（　　）（　　）

⑥ 山頂で初日の出を拝む。（　　）（　　）

⑦ 傷ついたねこを看病する。（　　）（　　）

2 □に漢字を書きましょう。 一つ2〔20点〕

① ピアノを□□《えんそう》する。

② 片手で□《たまご》を割る。

③ □□《きけん》な場所で遊ばない。

④ セーターが□《ちぢ》む。

⑤ 三万人の□□《かんしゅう》を収容できる。

⑥ 午前中に□□《ゆうびん》が届く。

⑦ □□《きょうてき》に当たって□□《はいたい》する。

⑧ □□《こうちゃ》に□□《さとう》を入れる。

3 次のうち、熟語の成り立ちがほかと異なるものを一つずつ選んで、記号で答えましょう。 一つ4〔16点〕

① ア 明暗　イ 勤務　ウ 周辺（　）

② ア 救助　イ 表現　ウ 銅像（　）

③ ア 最善　イ 消火　ウ 血管（　）

④ ア 洗顔　イ 親子　ウ 増減（　）

4 次の熟語と成り立ちが同じものを□から一つずつ選んで、記号で答えましょう。 一つ4〔20点〕

① 高性能（　）　ア 図書館　イ 大記録　ウ 消極的

② 不規則（　）　ア 温暖化　イ 松竹梅　ウ 未完成

③ 作業員（　）　ア 衣食住　イ 感謝状　ウ 非公開

④ 自動的（　）　ア 無関心　イ 新学期　ウ 機械化

⑤ 大中小（　）　ア 市町村　イ 高学年　ウ 人工的

5 次は、家の人に「カレーを作る手順」を教えてもらっている様子の一部です。この手順を説明する文章を、読む人が分かりやすいように言葉を整えて、全文を書き直しましょう。 〔12点〕

ええと、まず、肉をいためるよ。火が通ったら野菜をいためて。にんじんを入れてから、じゃがいもね。あ、その前に玉ねぎだ。肉の次に玉ねぎだよ。

（　　　　）

6 線の数に注意して、□に漢字を書きましょう。 一つ4〔12点〕

① □□《けんり》を主張する。

② 公園の□□《てつぼう》で遊ぶ。

③ □□《かいらん》板がまわってくる。

実力判定テスト

学年末のテスト②

時間 30分

教科書 20～260ページ　答え 29ページ

名前

得点 /100点

●勉強した日　月　日

おわったら シールを はろう

1 ―の漢字の読み仮名《がな》を書きましょう。 一つ2〔20点〕

❶ 垂直に線を引く。

❷ 憲法について研究する。

❸ 組織を改革する。

❹ 鉄が磁石にくっつく。

❺ 劇場で、しばいを見て興奮する。

❻ 立候補者のスピーチに胸が熱くなる。

❼ 将来、体操の選手になりたい。

2 □に漢字を書きましょう。 一つ2〔20点〕

❶ □《しお》の流れが速い。

❷ 用事が□《す》む。

❸ □□《しゅうきょう》の本。

❹ 詩を□□《ろうどく》する。

❺ □□《ちそう》を調査する。

❻ 新しい□□《せいとう》を結成する。

❼ 天皇□□《へいか》のお□《すがた》を拝見する。

❽ □《はり》の□《あな》に糸を通す。

3 ―の言葉を、漢字で書き分けましょう。 一つ4〔24点〕

❶ ア オーケストラのコウエン。　イ 作家のコウエンを聞く。

❷ ア 次の作業をシジする。　イ 林さんの考えをシジする。

❸ ア アンケートにカイトウする。　イ テストのカイトウを見る。

4 ―を正しい仮名づかいで書いているほうに、○をつけましょう。 一つ4〔20点〕

❶ 地面がぬれている。　ア（　）ぢめん　イ（　）じめん

❷ 暗くなる前に家路につく。　ア（　）いえじ　イ（　）いえぢ

❸ 湖にヨットがうかんでいる。　ア（　）みづうみ　イ（　）みずうみ

❹ 前のランナーとのきょりが縮まる。　ア（　）ちじ　イ（　）ちぢ

❺ めんどうな手続きが終わる。　ア（　）てつづ　イ（　）てつず

5 次の教科の学習の中で使われる言葉を□から選んで、漢字に直して書きましょう。 一つ4〔16点〕

❶ 国語

❷ 社会

❸ 算数

❹ 理科

のうぜい　じょうはつ　いと　えんちゅう

実力判定テスト

学年末のテスト①

時間30分

教科書 20~260ページ　答え 29ページ

名前

得点　/100点

おわったらシールをはろう

●勉強した日　月　日

文章を読んで、答えましょう。

〔二丁目の少年とノリオは、ノリオがサッカーで反則をしたかどうかでもめた。決闘《とう》で決着をつけることになったとき、急に雷《かみなり》が鳴り、激しい雨が降りだした。〕

二丁目の少年は、すべり台の下でムスッとしていた。ノリオも腕《うで》組みをして、そっぽを向いている。なんでこいつと一緒《しょ》に雨やどりしなくちゃいけないんだ——少年はしかめつらで思い、どうせノリオも同じこと①を思っているんだろうなとも思って、鼻の頭に皺《しわ》を寄せた。

雨はさっきまでより弱まった。もう雷の音は聞こえない。あと少しで夕立はあがり、決闘を再開できる。②でも、地面はびちょびちょで、転んだら泥《どろ》まみれになってしまうだろう。吹《ふ》き込《こ》んできた雨で、髪《かみ》も服もびっしょり濡《ぬ》れている。早く家に帰って、服を着替《か》えたい。

「よお……。」そっぽを向いたまま、ノリオが言った。「さっきのハンドだけど、やっぱ、オレ、手に当たったかもしんない。」

やっと認めた。③だから言ったじゃんよ、てめえ嘘《うそ》つきなんだよ、セコいんだよ、サイテーだよ……決闘に勝ってノリオが謝《あやま》ったら言ってやろうと思っていた。でも、なんだか急にそれもバカらしくなって、少年は「べつにいいよ。」とムスッとしたまま言った。「もうみんな帰ったし。」

「雨やんだら、どうする？」とノリオが訊《き》く。

「どーするかなあ……腹、減ったし。」

少年が答えると、ノリオは「オレも。」と言って、「あと、服も濡れて気持ち悪いし。」と付け加えた。なんだ、こいつも同じだったのか④と思うと、自然に頬《ほお》がゆるんだ。ノリオがへヘッと笑う気配も伝わった。

「決闘、やめっか。」と少年が言うと、ノリオは「だな。」とうなずいた。空はもう、だいぶ明るくなってきた。⑤

〈重松《しげまつ》 清《きよし》「雨やどり」による〉

1 「同じこと①」とは、どういうことですか。〔10点〕

どうして（　　　　）のかということ。

2 「あと少しで夕立はあがり、決闘を再開できる。②」について答えましょう。

(1) 少年は、決闘を再開するかどうかについて、どう考えましたか。一つに○をつけましょう。〔10点〕

ア（　）決闘をすぐに再開しようと考えた。

イ（　）決闘を再開するかをノリオにきこうと考えた。

ウ（　）決闘を再開するのはやめたいと考えた。

(2) 少年が(1)のように考えたのは、なぜですか。二つ書きましょう。一つ15〔30点〕

（　　　　）

（　　　　）

3 「やっと認めた。③」とありますが、ハンドを認めたときのノリオの気持ちと、それを聞いたときの少年の気持ちが態度に表れている部分を、文章中からそれぞれ書きぬきましょう。一つ10〔20点〕

ノリオの気持ち

少年の気持ち

4 「こいつも同じだったのか④」とありますが、どういうことが同じだったというのですか。〔15点〕

少年もノリオも（　　　　）と感じていたこと。

5 「空はもう、だいぶ明るくなってきた。⑤」とありますが、この情景はどういうことを表していると考えられますか。一つに○をつけましょう。〔15点〕

ア（　）二人の気持ちがすれちがっていること。

イ（　）二人の気持ちがうちとけ始めたこと。

ウ（　）二人が大の仲良しになったこと。

実力判定テスト

6年生の漢字191字を書こう!

漢字リレー①

時間30分

□に漢字、( )に漢字と送りがなを書きましょう。

名前

答え 30ページ

●勉強した日　月　日

おわったらシールをはろう

1 ピアノの演[1]《そう》。
2 用事を(2)《すます》。
3 文化が[3]《こと》なる国。
4 [4][5]《いちょう》の調子がよい。
5 絵の[6][7]《てんらん》会。
6 線路に(8)《そう》。
7 [9]《さい》ほうを習う。
8 [10]《まど》を開ける。
9 (11)《おさない》ころの写真。
10 仏教の[12][13]《しゅうは》。
11 アニメ[14]《えい》画を見る。
12 勝つための[15]《さく》を練る。
13 [16]《そう》作ダンスの練習。
14 [17][18]《よくばん》の天気。
15 試合時間が(19)《のびる》。
16 本の[20]《さっ》数。
17 大がかりな[21]《そう》置。
18 [22]《うら》通りを歩く。
19 銀行の[23]《よ》金。
20 川の流[24]《いき》。

□字/24字 クリア!

▶書けた漢字の数を書こう。

21 [25]《かいこ》を飼う。
22 高[26]《そう》マンションが建つ。
23 法[27]《りつ》を守る。
24 [28][29]《はいきん》をきたえる。
25 命の[30]《おん》人。
26 海に(31)《いたる》道。
27 体の内[32]《ぞう》。
28 [33]《りん》時列車に乗る。
29 地図の[34][35]《しゅくしゃく》。
30 [36]《われ》に返る。
31 父の後ろ[37]《すがた》。
32 一歩(38)《しりぞく》。
33 本を[39]《ろう》読する。
34 飛行機を[40][41]《そうじゅう》する。
35 方位[42][43]《じしん》を使う。
36 住[44]《たく》地が広がる。
37 [45]《すい》理小説を読む。
38 道はばを[46]《かく》張する。
39 [47]《はい》色の雲。
40 学級日[48]《し》。

□字/24字 クリア!

41 [49]《たん》任の先生。
42 [50][51][52]《けいしちょう》の人。
43 曲の歌[53]《し》。
44 政治を改[54]《かく》する。
45 矢で的を(55)《いる》。
46 [56]《たん》生日を祝う。
47 新しい内[57]《かく》。
48 ごみを(58)《すてる》。
49 (59)《あたたかい》部屋。
50 民[60]《しゅう》の意見。
51 切り[61]《かぶ》にすわる。
52 [62]《わか》者が集まる。
53 [63]《じゅ》木がおいしげる。
54 山の[64]《いただき》に立つ。
55 深[65][66]《こきゅう》をする。
56 [67]《かん》単な仕事。
57 会社に[68]《しゅう》職する。
58 [69][70]《とうろん》会を行う。
59 本の[71]《ちょ》者。
60 店の[72]《かん》板。

□字/24字 クリア!

61 たんすに服を[73][74]《しゅうのう》する。
62 (75)《あぶない》場所。
63 [76]《てき》がせめてくる。
64 [77][78]《いこつ》のまいそう。
65 [79]《つくえ》を動かす。
66 助言に(80)《したがう》。
67 新[81]《とう》の結成。
68 楽団の指[82]《き》者。
69 かきが[83]《じゅく》す。
70 手紙が(84)《とどく》。
71 [85]《き》重品をしまう。
72 単[86]《じゅん》なミス。
73 牛の[87]《ちち》しぼり。
74 社長のお[88]《とも》をする。
75 話を(89)《うたがう》。
76 古新聞の[90]《しょ》分。
77 [91][92]《げんみつ》な検査。
78 広大な[93][94]《うちゅう》。
79 消防[95]《しょ》の前。
80 世界の首[96]《のう》。

□字/24字 クリア!

実力判定テスト

6年生の漢字191字を書こう！

漢字リレー②

時間30分

□に漢字、（　）に漢字と送りがなを書きましょう。

名前

書けた数 全部で /191字

答え 30ページ

おわったらシールをはろう

●勉強した日 月 日

81 正しいと[97]《みとめる》。
82 [98][99]《ちゅうせい》をつくす。
83 [100][101][102]《こうごうへい》下のお言葉。
84 [103]《むね》がときめく。
85 [104]《しょ》国をめぐる。
86 初日の出を[105]《おがむ》。
87 父の[106]《きょう》里へ行く。
88 例外を[107]《のぞく》。
89 [108]《はい》の病気にかかる。
90 工場に[109]《つとめる》。
91 戦国時代の武[110]《しょう》。
92 [111]《はん》ごとに分かれる。
93 海が[112][113]《かんちょう》になる。
94 太陽[114]《けい》の星。
95 たのみを[115]《しょう》知する。
96 うわさを[116]《ひ》定する。
97 [117]《しょう》子を開ける。
98 [118]《たわら》を積み上げる。
99 [119]《げき》を見に行く。
100 手に[120]《きず》を負う。

字/24字 クリア!

▶書けた漢字の数を書こう。

101 [121]《たまご》を[122]《わる》。
102 自[123]《こ》しょうかいをする。
103 [124][125]《そんけい》する人物。
104 もぐらがほった[126]《あな》。
105 乗車[127]《けん》を買う。
106 [128]《じょう》気機関車が走る。
107 勇気を[129]《ふるう》。
108 足に[130][131]《げきつう》が走る。
109 [132]《じん》愛の心をもった人。
110 一列に[133]《ならぶ》。
111 作文の[134]《ひ》評。
112 旧約[135]《せい》書を読む。
113 日が[136]《くれる》。
114 教育を受ける[137]《けん》利。
115 インクが[138]《たれる》。
116 一[139]《すん》法師の物語。
117 [140]《かた》目をつぶる。
118 [141][142]《はいゆう》を目ざす。
119 [143]《けん》法の改正。
120 川の[144]《げん》流。

字/24字 クリア!

121 皿に果物を[145]《もる》。
122 欠点を[146]《おぎなう》。
123 大会が[147][148]《へいまく》する。
124 [149]《こく》物を食べる。
125 [150]《いずみ》がわき出る。
126 英文の日本語[151]《やく》。
127 使い方を[152]《あやまる》。
128 [153]《した》を出す。
129 [154][155]《しよく》にとらわれない人。
130 先生の家を[156]《たずねる》。
131 [157][158]《こんなん》に打ち勝つ。
132 親[159]《こう》行をする。
133 開会[160]《せん》言をする。
134 宿題を[161]《わすれる》。
135 母の口[162]《べに》。
136 洋服の[163]《せん》門店。
137 足が[164]《ぼう》になる。
138 会社の[165][166]《そんぼう》がかかる。
139 紙の[167]《まい》数。
140 鉄[168]《こう》の生産。

字/24字 クリア!

141 雨が[169]《ふる》。
142 手を[170]《あらう》。
143 [171]《きぬ》を[172]《そめる》。
144 外国と同[173]《めい》を結ぶ。
145 [174][175]《さとう》を使ったおかし。
146 待ち合わせの時[176]《こく》。
147 金[177]《せん》感覚
148 [178]《ゆう》便局へ行く。
149 バスの運[179]《ちん》。
150 [180][181]《ひぞう》の絵画。
151 列が[182]《みだれる》。
152 商品の[183][184]《ねだん》。
153 全[185]《かん》を読み終える。
154 [186]《たから》を[187]《さがす》。
155 [188]《よい》行い。
156 [189]《も》型を作る。
157 空[190]《ふく》になる。
158 夜空の星[191]《ざ》。

字/23字 クリア!

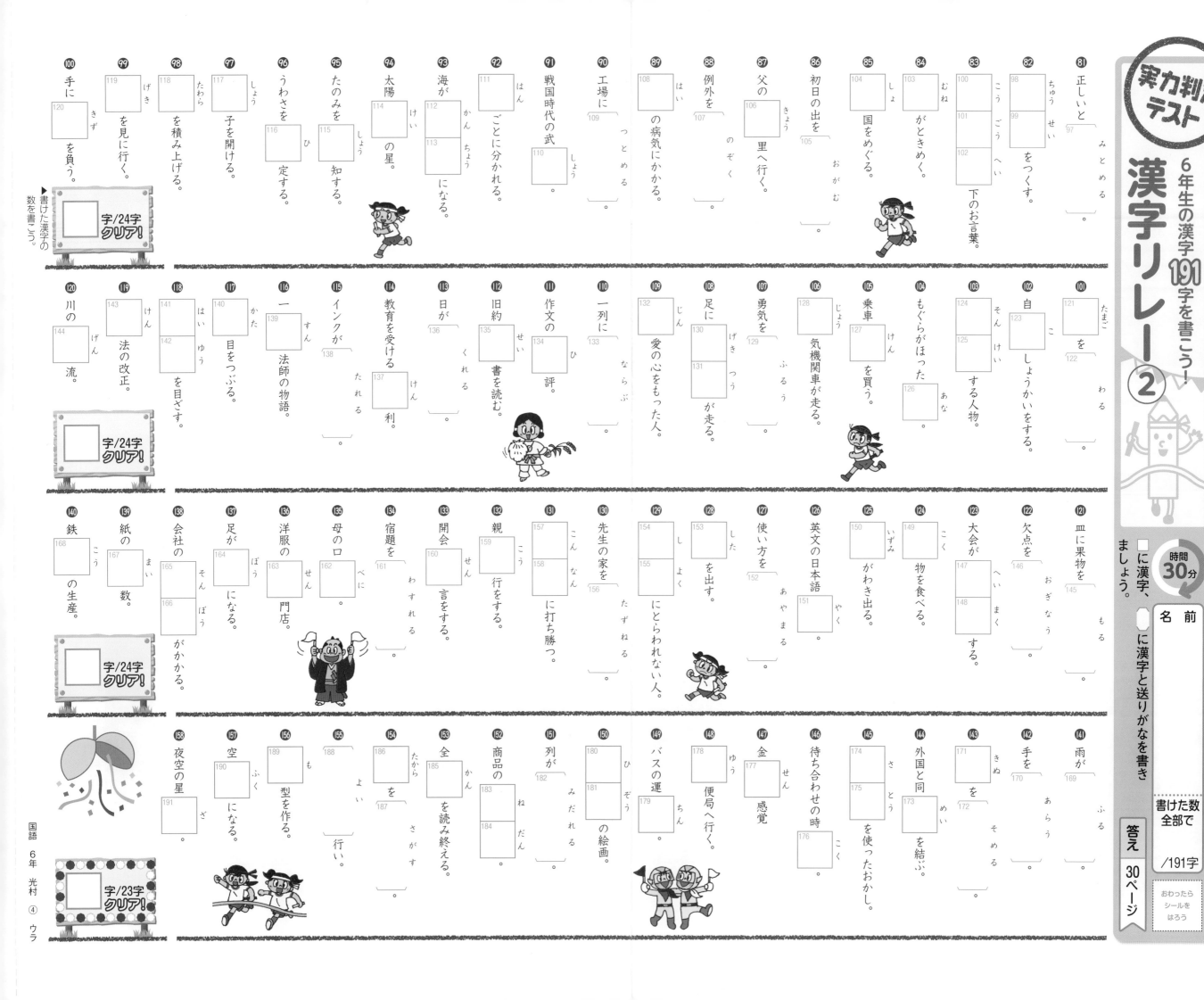

教科書ワーク

答えとてびき

「答えとてびき」は、とりはずすことができます。

光村図書版

国語 6年

使い方

まちがえた問題は、もういちどよく読んで、なぜまちがえたのかを考えましょう。正しい答えを知るだけでなく、なぜそうなるかを考えることが大切です。

準備　2・3ページ　基本のワーク

1 飛び立っていくため。

2 例風の向きや速さを測ろうとしている。

3 (1) こどもたち

(2) （順序なし）初めての位置・初めての高さ

(3) 初めて

4 イ

5 ウ

てびき

1 ふつうなら「飛び立っていくための／準備をしているのだ」となりますが、言葉の順序を入れかえることで、印象を強めています。

2 すぐ後に、何をしているのかが書かれています。ここも、ふつうの順序なら「風の向きや速さを／測ろうとしているのだ」となります。

3 (1) すぐ前の行に「こどもたちよ」というよびかけの表現があることに注目しましょう。

(2) 「こどもたちよ」の前の2行に、「何を」に当たるものが二つあります。

(3) ここでも言葉の順序がふつうとはちがっています。「……から」という理由を示す表現が、「おそれてはいけない」よりも後にあります。

4 「初めて……わかる」という表現をくり返すことで、伝えたいことを印象づけています。

5 「初めての位置」「初めての高さ」にいどむ「こどもたち」に、「おそれてはいけない」とよびかけています。たとえ失敗したとしても、ちょうせんすることで初めてわかることがあり、それが成長につながるということを、「初めて」「わかる」のくり返しで強調し、ちょうせんを後おしする気持ちを伝えようとしています。

帰り道　公共図書館を活用しよう　4・5ページ　基本のワーク

❶ ❶すな ❷かいだん ❸なら ❹ふ ❺あら ❻いぶつ ❼たんじゅん ❽せなか ❾す ❿した ⓫らんだ ⓬ざっし ⓭えいぞう ⓮かくだい ⓯しょぞう

❷ ❶腹 ❷認 ❸反射 ❹地域 ❺展示 ❻訪問

❸ ❶イ ❷ア ❸ア ❹ウ ❺イ ❻ウ

内容をつかもう！

✪1 ウ

✪2 （右から順に）2→1

6・7ページ 練習のワーク①

1 (1) 昼休み・いらついた
(2) (先のとがった) するどい・みぞおち
(3) 変わらない
(4) にくらしく

2 ・頭の位置…ぐんと高く
・足取り…(右から順に) たくましく・テンポよく・ぐんぐん前へ

3 ア

てびき

1 (4) 8行目に「一歩前を行く紺《こん》色のパーカーが、どんどんにくらしく見えてくる」とあります。「一歩前を行く紺色のパーカー」とは、周也《しゅうや》のことです。

3 「ぼく」(律《りつ》)は、「どうして、ぼく、すぐに立ち止まっちゃうんだろう。思っていることが、なんで言えないんだろう。」と感じて「ため息」をついています。周也のことを、自分とは対照的に「テンポよく」「ぐんぐん前へ進んでいく」存《そん》在だと思い、引け目を感じています。そして、「うまく言葉にできたなら」周也とかたを並べて歩いていくことができるのだろうかと思っています。

8・9ページ 練習のワーク②

1 例(絶対に) ぼくの顔を見ようとしない律のことが気になった

2 (気まずい) ちんもく

3 相手の言葉を受け止めて、それをきちんと投げ返すこと。

4 イ

5 軽すぎる・(ぽんぽん、) むだ

6 (1) ちんもく・苦手
(2) ちんもく・マイペース

てびき

1 「以降、絶対にぼくの顔を見ようとしない律《りつ》のことが気になって……待ちぶせをした」とあります。

3 この後、母親が、会話とは「相手の言葉を受け止めて、それをきちんと投げ返すこと」だと話しています。言葉のやり取りを、ボールを受けて投げ返すことにたとえています。

4 「ぼく」(周也《しゅうや》)の言葉は、「会話のキャッチボール」ではなく、「壁《かべ》」に向かって、「一人でぽんぽん球を放っているだけ」だというのです。

6 (1) 「ピンポン球」は、ここでは「ぼく」が発する言葉のたとえです。それを「乱打」するとは、ねらいを定めず、むやみにしゃべるということです。「ぼく」は「だれかといるときのちんもくが苦手」なので、つい何か言ってしまうのです。

漢字の形と音・意味
季節の言葉1 春のいぶき

10・11ページ 基本のワーク

1 ❶われわれ ❷でんしょう ❸さいしん ❹たいしょ ❺しゅうしょく ❻りんかい ❼したが ❽のう ❾しんぞう ❿ちょう ⓫はい ⓬い

2 ❶蒸気 ❷恩人 ❸裁判官 ❹法律

3 (右から順に) 標・票
読み方…ひょう(ヒョウ)

4 ❶部分…イ 意味…オ ❷部分…ウ 意味…カ

5 ❶イ ❷ウ ❸ア

6 1 雪
2 B啓蟄 C穀雨

てびき

3 「票」という部分が共通しており、どちらも「ひょう」と読みます。

4 完成する漢字は、順に❶「腸・脈・肺」、❷「徒・復・往」です。

6 2 「啓蟄《けいちつ》」は、冬眠《みん》していた虫が、地中からはい出てくるころ(三月六日ごろ)です。「穀《こく》雨」は、穀物をうるおし、芽を出させる春の雨が降るころ(四月二十日ごろ)です。

帰り道
漢字の形と音・意味

12・13ページ まとめのテスト

1

1 天気雨

2 例 何もかもがむしょうにおかしかったから。

3 例 律もいっしょに笑ってくれたのがうれしかったから。

4 賛成・言葉

5 イ

6 例 （ぼくは）初めて、律の言葉をちゃんと受け止められたのかもしれない

2

❶ （右から順に）長・帳・張
読み方…ちょう（チョウ）

❷ （右から順に）積・績・責
読み方…せき（セキ）

❸ （右から順に）版・飯・反
読み方…はん（ハン）

てびき

1 2 直前に「何もかもがむしょうにおかしくて」とあります。この部分を「……から。」など、理由を表す形でまとめましょう。

5 「急にひとみを険しくして」という表現から、律《りつ》が「ぼく、晴れが好きだけど……両方、好きなんだ。」という言葉を、しんけんに「ぼく」（周也《しゅうや》）に伝えたかったことが分かります。それに対して「ぼく」がうなずいたということは、律の思いを「ぼく」が受け止めたということです。律はそれをうれしく思って、「雨あがりみたいなえがお」になってうなずき返したのです。

6 最後に「ぼくは初めて、律の言葉をちゃんと受け止められたのかもしれない」とあります。

聞いて、考えを深めよう
漢字の広場① 五年生で習った漢字

14・15ページ 基本のワーク

1

❶桜 ❷句会
❸歴史 ❹仏像
❺山脈 ❻保護
❼文化財 ❽復旧
❾禁止 ❿耕
⓫肥料 ⓬改築
⓭事故 ⓮検証
⓯原因 ⓰団地
⓱入居 ⓲停車
⓳往復 ⓴防災
㉑燃 ㉒囲
㉓県境 ㉔河口
㉕水質 ㉖調査

2 （右から順に）○・○・×

3 イ

4 ❶知っている ❷選んだり
❸事実 ❹考え
❺言葉 ❻くり返し
❼確かめる ❽興味
❾質問

てびき

4 聞きたいことについて、自分の考えをもっておきましょう。そして、相手の考えを聞いたら、自分の考えと比べて、考えを深めましょう。

【練習】笑うから楽しい
時計の時間と心の時間 ほか

16・17ページ 基本のワーク

1

❶わたし（わたくし） ❷みっせつ
❸よ ❹こきゅう
❺そんざい ❻じこく
❼げき ❽かんたん
❾つくえ ❿むずか
⓫ぎもん

2

❶密接 ❷呼 ❸呼吸
❹存在 ❺難 ❻疑問

3 （右から順に）イ・ア

4 ❶ア ❷ア ❸イ ❹ア
❺ウ ❻ウ ❼イ

内容をつかもう！

☆ 〈笑うから楽しい〉体・心・楽しい

☆ 〈時計の時間と心の時間〉（右から順に）ア・イ・ア・イ

18・19ページ 練習のワーク❶

1 悲しい・笑う
2 泣く・楽しく
3 笑っているときの表情
4 ウ
5 ここちよく
6 血液・楽しい
7 例体の動きも心の動きに働きかけるという考え
〈または体を動かすことで、心を動かすこともできるという考え〉
8 イ

てびき

1 直後に「例えば」とあることに着目しましょう。「私たちは、悲しいときに泣く、楽しいときに笑う」と、具体的に説明しています。
2 次の文で例を挙げて説明しています。
3 次の文の「このとき」とは、「口を横に開いて、歯が見えるように」したときです。そのときの顔の動きは「笑っているときの表情」とよく似ていると書かれています。
4 直後の「このとき」とは、参加者たちが「口を横に開いて、歯が見えるように」したことで「愉《ゆ》快な気持ち」になったときです。愉快になった理由が、「このとき」から後で説明されています。参加者たちは「自分たちがえがおになっていることに気づいていませんでした」とあるので、アはまちがいだと分かります。
5 次の文に「脳を流れる血液の温度が低ければ、ここちよく感じる」と書かれています。
6 直後の「えがおになって、たくさんの空気を吸いこむと」に注目しましょう。この後に、多くの空気を取りこんだ結果、どうなるかが書かれています。
7 ①段落と④段落で、筆者の考えをくり返し述べています。
8 「体を動かす（例笑う）ことで、心を動かす（例楽しくなる）こともできる」（4行目）ということを説明するために、②段落では、笑っているときと似た表情を作ると、自然と愉快な気持ちになったという実験を取り上げています。また、③段落では、「えがおになって、たくさんの空気を吸いこむと、脳を流れる血液が冷やされて、楽しい気持ちが生じる」と、科学的な事実をもとに説明しています。

20・21ページ 練習のワーク❷

1 （一日の）時間帯・「心の時間」の進み方
2 ❶三十 ❷長い ❸速く
3 悪く・かかる
4 ア
5 イ
6 例身の回りから受ける刺激が多いと、時間の進み方がおそく感じるという考え。
7 一日の時間帯・身の回りの環境

てびき

1 「この」は、前の文の内容を指しています。
2 「……ことが分かります。」と事実を述べている部分に注目しましょう。この部分に、このグラフから分かることが書かれています。「感じた時間は同じ三十秒でも、朝や夜は、昼に比べて長い時間がたっていた」とあり、それを「昼よりも時間が速くたつように感じている」と言いかえています。
3 次の文から後で、「その時間帯の体の動きのよさ」と「心の時間」の進み方の関係が説明されています。
4 次の文に「円で表した刺激《し》の数」とあることに注目しましょう。「円の増減によって、円が表示されていた時間をどのくらいに感じたかを調べました」とあるように、「刺激の多さ」を「円の増減」によって示しています。
5 直後に「すると」とあることが手がかりになります。この後に、実験の結果が書かれています。
6 最後の一文の「このような結果から……と考えられます。」に注目しましょう。この「……」の部分に、実験の結果から筆者が考えたことが述べられています。「身の回りから受ける刺激が多い」ことが、「時間の進み方がおそく感じる」原因になっているという考えです。
7 二つの段落の初めが「……によっても、『心の時間』の進み方は変わります。」となっています。この「……」の部分が、「心の時間」

の進み方にえいきょうをあたえるものです。一つ目の段落では「一日の時間帯」による「心の時間」の進み方の変化、二つ目の段落では「身の回りの環境《かん》」による「心の時間」の進み方の変化が、それぞれ述べられています。

文の組み立て

22・23ページ 基本のワーク

❶ ①けんばいき ②こしょう ③りっぱ ④けいさつしょ ⑤せんとう ⑥つと ⑦しょがいこく ⑧ていきょう ⑨しゅうのう

❷ ①二枚 ②染 ③宣言

❸ イ

❹ ①風が ビュービューと ふき、雨が ザーザーと 降る。
②観光客が 乗った バスが 城に 着いた。
③えんぴつが なかった うえ、ペンも なかった。
④弟が 見つけた ちょうが ひらひらと 庭を 飛んだ。

❺ ①イ ②ア

❻ ①・例ぼくが料理を作った。
・例その料理はみんなに好評だった。
②・例冷たい水が水とうに入っている。
・例その水とうがかばんの中にある。
③・例私がメモを書いた。
・例そのメモがどこかに行ってしまった。
④・例たくさんの花が庭にさいた。
・例その庭がわが家のじまんだ。

てびき

❹ ①と③は、二つの主語と述語の関係があり、対等に並んでいます。②と④は、「観光客が―乗った」「弟が―見つけた」が、それぞれの文の中心の主語である「バスが」「ちょうが」を修飾《しょく》しています。

❺ ①は「チームが―出場した」が文の中心で、「兄が―所属する」は「チームが」を修飾しています。②は「鳥が―飛び」と「魚が―泳ぐ」が対等に並んでいます。

❻ 主語と述語の関係を見つけ、どちらが文の中心となるかをとらえましょう。そして、文の中心の主語となる言葉に「その」を付けて、文と文の関係を明らかにしましょう。

時計の時間と心の時間

24・25ページ まとめのテスト

1 (1) 例しばらくの間、机を指で（トントンと）軽くたたく。
(2) ここちよいテンポ

2 （右から順に）心や体・身の回り

3 例（「心の時間」のちがいをこえて、）私たちが社会に関わることを可能にし、社会を成り立たせる役割。

4 ウ

5 考え・計画を立てる

6 (1)（順序なし）㈠時計の時間㈡・㈠心の時間㈡
(2) 例「心の時間」を頭に入れて、「時計の時間」を道具として使うという、「時間」と付き合うちえ。

てびき

1 「机を指でトントンと軽くたたく」という方法で実験をするうちに、「自分にとってここちよいテンポが分かってくる」のです。

2 直後の「心の時間」の進み方のちがいについて述べている部分に注目しましょう。

3 直前の「このことから」に注目しましょう。「このこと」は、さらに前の「そうした、……成り立たせているのが、『時計の時間』」であることを指しています。この部分をまとめます。

4 直前に「『心の時間』の感覚のちがいもあわせて考えれば」とあります。何と「あわせて」考えるのかというと、さらに前にある「『時計の時間』と『心の時間』には、必ずずれが生まれること」です。

5 直後の「それを考えに入れて……でしょう」の「それ」は、「さまざまな事がらのえいきょうで、『心の時間』の進み方が変わる」

ことを指しています。この後に、「心の時間」の感覚が人それぞれだと知っていれば可能なことについても、述べられています。

6 (2) 直後の「そんな私たちに必要なのは」に続く内容をとらえます。

たのしみは

26・27ページ 基本のワーク

❶ ❶く ❷さが ❸せいざ

❷ ❶暮 ❷探 ❸星座

❸ ❶日常 ❷喜 ❸表現 ❹妻 ❺順序

❹ ❶五 ❷七 ❸三十一 ❹一

❺ 1 家族・食べる
2 昨日まで無かりし花
3 楽しみ〈または たのしみ〉

てびき

❺ 1 自分の楽しみは、「妻や子どもたち」つまり家族と仲よく集まり、「何かを食べる」ときだとうたっています。
3 どちらも「たのしみは」で始まり、「時」で結んで、日常の暮らしの中の楽しみを感じるときについてうたっています。

天地《てんち》の文《ふみ》 【情報】情報と情報をつなげて伝えるとき

28・29ページ 基本のワーク

❶ ❶おさな

❷ ❶幼

❸ 1 1…東 2…にし
2 二十四・三十
3 例 一月一日（または 元日）

❹ 1 一度利用しても短期間で再生することができるエネルギー
2 イ

てびき

❸ 1 人が南を向いたとき、左方向は東、右方向は西です。
2 「前後合は《(わ)》せて二十四時、時をあつめて日を計へ《かぞ(え)》」は、二十四時間で一日になるということです。そして、「日数《ひかず》つもりて三十の数に満つれば一か月」は、その日数が積もって三十日になると一か月だということです。
3 「第一月《げつ》の一日」とは、一年の第一の月の一日《ついたち》という意味です。「正月」は本来一月全体を指すので、ふさわしくありません。

❹ 1 「再生可能エネルギーとは……である。」の書き方で定義を述べています。ある情報（A）とその説明（定義）の関係を示すには、「Aとは、——のことだ。」などという書き方をします。

2 ある情報とその具体例の関係を示すには、「——は、Aだ。例えば、——。」「Aには、——や——がある。」などという書き方をします。

デジタル機器と私たち 季節の言葉2 夏のさかり

30・31ページ 基本のワーク

❶ ❶ちょさくけん ❷そんちょう ❸しょうぼうちょう

❷ ❶著作権・尊重 ❷消防庁

❸ ❶提案 ❷説得力 ❸情報 ❹解決 ❺実現 ❻効果 ❼救急車 ❽意識

❹ ❶意図 ❷事実 ❸実現可能 ❹具体

❺ ア・エ

❻ 1 ア
2 イ
3 ❶例 暑さ ❷例 高い

てびき

❻ 2 夏の短い夜のことです。
3 「大暑《たいしょ》」は、晴れた日が続き、一年のうちで最も暑さがきびしいころ（七月二十三日ごろ）です。

32・33ページ 練習のワーク

1 (順序なし)
・例外を歩いているときに、向こうから来る人がスマートフォンの画面を見ていて、ぶつかりそうになったこと。
・例静かな図書館で着信音が鳴って、いやな気持ちになったこと。

2 「歩きスマホ」をしないように呼びかけている・歩きスマホなどによる事故

3 気配り・めいわく・けが

4 (1) 例ベンチなどにすわったり、安全な場所で立ち止まったりしてそうさすること。
(2) 例別の場所に移動して話す(など、周りに気を配る)こと。

5 1…ウ 2…ア 3…イ

6 ア

てびき

1 岩木さんたちは、「この経験をしていた」「……ことがある人もいた」という書き方で、どれが自分たちの体験なのかが分かるように書いています。「この経験」は、前の文の内容を指しています。

2 「インターネットで調べてみると……ことが分かった。」「東京消防庁のウェブサイトによると……」といった書き方に注目しましょう。調べた方法や情報の元を明らかにしながら、「調べて分かったこと」であることがはっきりするように書いています。

3 「体験と、調べて分かったこと」(1)をもとにして、「解決したい課題」(2)を導き出し、まとめて書いています。

4 場合に応じた具体的な提案を、後の(1)・(2)でくわしく書いています。「外でスマートフォンを使う必要があるときは」「電話がかかってきたら」以降の内容を、それぞれ「……こと。」という形でまとめましょう。

5 岩木さんたちは、「体験・調べて分かったこと」「課題」(=事実)と「具体的な提案内容」(=意見)を書き分け、事実をふまえて意見を述べるという構成にしています。

6 『使う場所』に合わせるという意識をもつこと」を提案しています。そのうえで、具体的な方法を後の(1)・(2)でくわしく説明しています。その具体的な提案は、「1. 提案のきっかけ」で書いた、「歩きスマホ」の人にぶつかりそうになった体験と、図書館での着信音にいやな気持ちになった体験に対応し、それぞれの課題を解決する提案になっています。

私と本 星空を届けたい

34・35ページ 基本のワーク

❶ ❶そうち ❷とど ❸そ ❹うちゅう ❺なん ❻じまく ❼まいばん ❽もけい ❾の ❿ぎろん

❷ ❶三冊 ❷俳句 ❸誤 ❹窓

❸ ❶かなでる ❷ふれる

❹ ❶イ ❷ア ❸ウ ❹イ ❺ア ❻イ ❼ア

内容をつかもう!

1 見えない・星空

2 たくさん・サービス

36・37ページ 練習のワーク

1 (1) ぽつっとふくらんでいる点を六個組み合わせて表した、視覚障害者用の文字。
(2) ドレッシング・洗濯機

2 例点字の点は、そのまま星を表現できるのではということ。

3 (1) ウ
(2) プラネタリウムの町の明かりが消えて、満天の星が見えた瞬間にわき起こる(「わあ。」という)感動。

4 (1) イ
(2) 見えていなく・宇宙・語り合ったりするとどくなること

5

てびき

1 (1) 次の文が「点字とは……」で始まっていることに注目しましょう。「どのように表した」ものかを問われているので、「ぽつっとふくらんでいる点を六個組み合わせて表した」という部分を落とさないようにします。

2 次の文の「そのとき……と気づいた」に筆者の気づいたことが書かれています。「ということ」に気づいたかと問われているので、

「……こと。」という形でまとめます。

3 (1) すぐ後に「例えば」とあることに着目して、作るものの例を読み取りましょう。

4 (1) 「つまり」は、前に書かれていることを言いかえたり、まとめたりするときに使われます。ここでは、「宇宙に散らばる星のほとんどは、あまりにも遠くにあるため、目が見える人も肉眼で見ることはできません」ということを、「宇宙は『見えない世界』なのです」と言いかえています。

(2) すぐ後に「そう思うと……ということに気がついた」と、筆者の気づいたことが書かれています。

5 最後の一文の「感じるということは……ということも分かりました」という表現に注目して、何が分かったのかをとらえましょう。

38・39ページ まとめのテスト

1 (1) ユニバーサルデザイン

(2) (順序なし)

・(指でさわれば星座が分かるようにした、)とつ点のある星座早見盤。

・点字や音声がセットになった宇宙の本。

・(3Dプリンターで作った)さわれる大型望遠鏡の模型。

(3) 天文関係の言葉・世界共通で使える(天文関係の)新しい

2 (1) 望遠鏡をのぞくこと。

(2) 例「光ファイバー」を使い、のぞき窓であるレンズを車いすに乗っている人たちの目まで延ばす工夫。

3 イ

4 例星や宇宙がユニバーサルな存在だからこそ、平和や環境問題、人種問題などに対してできる働きかけ

てびき

1 (1) 前の段落に、「ユニバーサルデザインとは……という考え方のことです。」と定義が説明されています。

2 (2) すぐ後の「そこで」に着目し、どのような工夫が行われたのかを読み取りましょう。「どのような工夫がされましたか」と問われているので、「……工夫。」とまとめます。

3 二段落と三段落で「目が見えない人や耳が聞こえない人、車いすに乗った人」といっしょに星や宇宙を楽しむ方法について述べた後、「とはいえ……が必要です。」という表現で、課題を述べていることをおさえましょう。

4 最後の文に「……ことを、改めて実感しました。」とあります。どのようなことを実感したのかを読み取って書きましょう。

せんねん まんねん

40・41ページ 基本のワーク

1 地ひびき・ミミズ

2 ❶ヘビ ❷ワニ ❸ヘビ ❹ワニ

3 いつかのっ

4 例季節がくり返されていること。

5 ア

てびき

1 次の行の「その地ひびき」は、「ヤシのみが地べたに落ちる」ときの地ひびきを指しています。

2 4〜6行目に「ミミズをヘビがのむ」「ヘビをワニがのむ」「ワニを川がのむ」とあります。「……を〜がのむ」という語順になっていることに注意しましょう。

3 1行目の「いつかのっぽのヤシの木になるために」という言葉が、後半で再び現れていることをおさえましょう。

4 春→夏→秋→冬と季節が移り変わり、さらに、それがくり返されて、やがて「せんねんまんねん」たったということです。

5 ミミズをヘビがのみ、そのヘビをワニがのむというように、生き物はつながりをもって暮らしています。それが一年また一年とくり返され、「せんねんまんねん」になるというのです。

名づけられた葉

42・43ページ 基本のワーク

1 ❶じゅえき

2 ❶樹液

3 ❶歴史 ❷幹 ❸小枝 ❹葉脈

4
1 ポプラの葉
2 イ
3 わたし
4 わたしだけの名で（呼ばれる）
5 (1) ポプラ・わたしだけの名 (2) ウ
6 ア

てびき

4 1 第一連（最初のまとまり）にえがかれているのは、一行目にある「ポプラの葉」です。緑に色づいた小さな葉を「緑の小さな手」と表現しています。

2 「ひとつひとつのてのひら」とは、一枚一枚のポプラの葉のことです。それぞれ別の葉なのに、みなひとくくりに〈ポプラの葉〉と呼ばれるのです。

3 第二連（二つ目のまとまり）の初めに「わたしも／いちまいの葉にすぎないけれど」という表現があることに注目しましょう。この連では「わたし」を「葉（葉っぱ）」にたとえています。第一連では「ポプラ」、第二連では「わたし」のことを取り上げ、両者を比べています。

4 言葉の順序がふつうとはちがっていることに注意しましょう。「わたしは呼ばれる／わたしだけの名で　朝に夕に」と、どのように呼ばれるのかが後にきています。

5 第二連で、「わたし」は「葉」にたとえられ、ポプラの葉とちがって「わたしだけの名」で呼ばれる存在だとえがかれています。つまり、「わたし」は、他の人とはちがう、一人だけのかけがえのない存在なのだから、「誰《だれ》のまねでもない／……／うつくしく散る法を」考えなければならないというのです。「葉脈の走らせ方」「刻みのいれ方」「うつくしく散る法」とは、「わたし」を「葉」にたとえて、その生き方を表現した言葉です。その生き方は「誰のまねでもない」自分だけのものであり、「せいいっぱい」生きるものでありたいという、作者の思いがこめられているといえます。

6 この詩では、「わたし」を葉にたとえています。そのことから考えると、「わたし」の人生に試練をあたえる困《こん》難を、葉をゆさぶる「風」にたとえているといえます。

いちばん大事なものは インターネットでニュースを読もう

44・45ページ 基本のワーク

1 ❶らん ❷ねあ ❸しげん ❹はいたい ❺きび ❻はいゆう ❼すいてい ❽きちょう

2 ❶厳 ❷貴重

3 背景・広げ

4
1 （右から順に）東南ニュース・北西新聞
2 (1) イ (2) ア

てびき

4 1 このニュースサイトの場合、左上に大きく示されているのがニュースサイトの名前です。そして、記事の見出しの後に、発信日・時刻があり、最後に【　】で発信者が示されています。

2 (1) この記事は二〇二X年九月二十五日に岩木さんが見つけたもので、発信日は「202X年9月23日」です。記事には「23日……と発表した」とあるので、発表されたのは「九月二十三日」です。

(2) 中野さんが話したことは、記事の「●理科大などの研究チームは……命名した。」という内容に合っています。小川さんと岩木さんは、どちらも、記事の下にある「コメント」の内容を、客観的な事実だと誤ってとらえています。これらは、あくまで、記事を読んだ人の個人的な意見や感想です。それをうらづける事実は、記事の中には示されていません。

文章を推敲《こう》しよう
漢字の広場② 五年生で習った漢字

46・47ページ 基本のワーク

1 ❶たいさく

2 ❶対策

3 ❶許可 ❷条件 ❸混雑 ❹大勢 ❺断 ❻減 ❼増 ❽順序 ❾比 ❿規則

4 1 イ 2 事実 3 ア

てびき

4 1 【木下さんが最初に書いた文章】には、「インターネットで調べた」とあります。これは調べた方法にすぎず、読んだ人には、だれが発信した情報なのかが分かりません。そこで、「環《かん》境省のウェブサイト」から情報を得たことを明らかにして、書き直しました。また、年間の食品ロスの量を「五百二十三万トン」と具体的に示しました。

2 「思います」という書き方では、木下さんの「考え」だととらえられてしまいます。そのため、高橋さんは「事実ですか、それとも、木下さんの考えですか」とたずねたのです。

3 □の前にある「『直接廃棄《はいき》』と『食べ残し』を減らすことが、食品ロスを減らすポイント」だと示して、「食品をむだに買いすぎないことと、料理を残さずに食べること」を提案しています。したがって、□には、前の事がらを受けて次の事がらを述べるときに使う、「そこで」が入ります。

やまなし
【資料】イーハトーヴの夢 ほか

48・49ページ 基本のワーク

1 ❶ちぢ ❷ぼう ❸じゅく ❹じゃく ❺すんぽう ❻しきしゃ ❼いた ❽ひひょう ❾きず ❿わかもの ⓫と ⓬いしょ ⓭よくじつ

2 ❶熟 ❷批評 ❸翌日

3 ❶招待状 ❷快適 ❸迷

4 ❶イ ❷ウ ❸イ ❹ア ❺ア ❻ウ ❼イ

内容をつかもう!

✪〈やまなし〉（右から順に）2→1

✪〈イーハトーヴの夢〉安心・やさしさ

50・51ページ 練習のワーク①

1 日光

2 （魚が、今度は）そこら中の黄金の光をまるっきりくちゃくちゃにして、おまけに自分は鉄色に変に底光りして（、また上の方へ上りました。）

3 (一) 何か悪いことをしてるんだよ。取ってるんだよ。(二)

4 （今度は）ゆっくり落ち着いて、ひれも尾も動かさず、ただ水にだけ流されながら、お口を輪のように円くして（やって来ました。）

5 ア

6 イ

7 (1) 青光りのまるでぎらぎらする鉄砲だまのようなもの。
(2) 例コンパスのように黒くとがっていた。

8 青いもの・魚

9 ウ

10 そのときです。

てびき

1 前の段落に注目しましょう。「日光の黄金《きん》は、夢のように水の中に降ってきました」とは、明るい日光が水の中にさしこんできたことを表しています。その光が水面の波によって、「光のあみ」のように見えるのです。

3 次の会話文が、弟のかにの質問に対する兄さんのかにの答えです。

4 もどってきた魚の様子は、すぐ後に書かれています。

5 「その」は、直前の魚を指しています。

6 かにたちは川底にいます。川の中のかにから見た天井《じょう》、つまり水面に、白いあわが立ったということです。

7 「ような」「ように」というたとえを表す言葉に注意して読み取りましょう。

8 この出来事の前に「青いもの」が飛びこんできたことと、この出来事の後、「青いもの」も魚も見えなくなったということから考えましょう。

9 「居すくまる」は、その場に居たままおそろしさなどで動けなくなるという意味です。「声も出ず」ということからも、かにたちがおそろしさを感じていることが分かります。コンパスのように黒くとがった先をもった、「ぎらぎらする鉄砲《ぽう》だまのようなものが、いきなり飛びこんで」きて、あっというまに魚とともにいなくなるという光景に、とてもこわくなったのです。

10 前半は、明るい日光が降り注ぎ、魚がゆっくり行ったり来たりする、静かでおだやかな世界がえがかれています。しかし、「青光りのまるでぎらぎらする鉄砲だまのようなものが、いきなり飛びこんで」きて、その静けさを破り、かにたちにとっておそろしい場面となってしまいました。

52・53ページ 練習のワーク❷

1 二ひきはまるで声も出ず、居すくまってしまいました。

2 (1)・青光りのまるでぎらぎらする鉄砲だまのようなもの
・青いもの
(2) かわせみ

3 コンパス

4 こわい所

5 (1) (白い)かばの花(びら)
(2) 例 こわがっている二ひきのかにの気をそらせるため。
〈または 兄さんのかにと弟のかにをこれ以上こわがらせないようにするため。〉

6 黄金(色)

7 イ

てびき

1 「居すくまって」は、おそろしさのあまり、身動きできなくなっている状態を表しています。

2 (1) ここで「おかしなもの」と表現しているものは、前の場面で水の中に飛びこんできたものです。最初の段落では「青光りのまるでぎらぎらする鉄砲《ぼう》だまのようなもの」と表現されています。そして、次の段落では「青いもの」と言いかえられています。

3 「青いものの先が、コンパスのように黒くとがっている」(4行目)とあります。

4 すぐ後にあるお父さんのかにの言葉から読み取れます。

5 直前で、お父さんのかにが「いい、いい、だいじょうぶだ。心配するな。そら、かばの花が流れてきた。」と言っていることに注目しましょう。かわせみが魚を連れていったことですっかりこわがってしまった二ひきの気持ちを「かばの花」に向けさせて、気をそらせようとしています。

6 7行目に「光の黄金《きん》のあみ」と表現されていることをおさえましょう。

7 「ぎらぎら」「ゆらゆら」「つぶつぶ」といった言葉のひびきで様子を表す表現や、「鉄砲だま」「コンパス」などのたとえの表現、「青光り」「黒くとがっている」「黄金のあみ」「白いかばの花びら」といった色を表す表現が印象的です。

54・55ページ 練習のワーク③

1 自然災害
2 (1) 例 農作物の被害を少なくし、人々が安心して田畑を耕せるようにすること。
(2) 最新の農業技術
3 イ
4 (一) いねの心が分かる人間になれ。(二)
5 直角・二つ
6 例 その年の気候の特徴を、いろんな角度から見て、しっかりつかむこと。
7 ウ
8 (順序なし)
・苦しい農作業の中に、楽しさを見つけること。
・工夫することに、喜びを見つけること。
・未来に希望をもつこと。

てびき

1 最初の一文に「自然災害のために……農民たちは大変な苦しみを味わった」とあることに注目しましょう。
2 (1) 「その」は、直前で賢治《けんじ》が考えたことを指しています。「なんとかして……田畑を耕せるようにできないものか。」ということです。この文を利用して「……こと。」という形でまとめましょう。
(2) 直後に「まず、最新の農業技術を学ぶことだ」とあります。
3 直前に書かれている、教授からのさそいを断ったのです。教授は「研究室に残って学者の道に進まないか」と賢治をさそいました。
4 「それが生徒たちへの口ぐせだった。」の「それ」は、直前の賢治の言葉を指しています。
5 賢治の言葉の後で、筆者が「曲尺《かね》というのは、直角に曲がったものさしのことだ。」「一度に二つの方向の寸法が測れる」と説明しています。
6 「曲」は、一度に二つの方向の寸法が測れるものさし、「辰《しん》」は、時・年・季節という意味です。これをふまえて、「賢治の言葉は、『その年の気候の特徴《ちょう》を、いろんな角度から見て、しっかりつかむことが大切です。』という意味になる」と書かれています。
7 直前の内容から、春に賢治が田んぼの真ん中に植えたひまわりの種が、夏に花を開いたことが分かります。ひまわりがなければただの田んぼですが、ひまわりがあることでかがやいて見えたということです。
8 「それが、先生としての賢治の理想だった。」とあります。「それ」は、直前の三つの文の内容を指しています。

56・57ページ 練習のワーク④

❶
1 人間らしい生き方・心が通い合う
2 (右から順に) 身を切られるときの痛み・ひなたぼっこのここちよさ・いかり・思い出
3 その木の心を自分のことのように思って
4 なんでも、早く、合理的にできることがよいと思われるような世の中。
5 例 ほとんど売れず、(それどころか、)ひどい批評の言葉が返ってきた。
6 ア

❷
❶飼 ❷現 ❸移動 ❹限界 ❺険 ❻枝 ❼夢 ❽救助

てびき ❶

1 直後の部分で説明されています。
3 「賢治《けんじ》は、その木の心(=痛み・ここちよさ・いかりなど)を自分のことのように思って、物語を書いた。」とあります。人間も動植物も「たがいに心が通い合うような世界」を、物語を通して実現させようとしたのです。
4 「そんな」は直前に書かれているような、賢治が生きていた時代の様子を指しています。
5 この後に、「ほとんど売れなかった」「ひどい批評の言葉が返ってくる」とあります。これらをまとめましょう。
6 「機械の自動化」が始まり、「なんでも、早く、合理的にできることがよいと思われるような世の中」では、「人間らしい生き方」「人間も動物も植物も、たがいに心が通い合うような世界」を理想とする賢治の作品は、受け入れられなかったのです。

熟語の成り立ち　季節の言葉3　秋の深まり

58・59ページ　基本のワーク

1 ①せんがん　②ちゅうせい　③ようさん　④じこ　⑤じょせつ　⑥じんあい　⑦うらにわ　⑧ぎんがけい　⑨かめいこく　⑩いよくてき　⑪かくいつてき　⑫かぶしきがいしゃ

2 ①縦横　②山頂　③強敵　④温泉

3 ①ア　②イ　③エ　④ウ　⑤ア　⑥イ　⑦ウ　⑧エ

4 ①ウ　②ア　③イ　④ア　⑤ア　⑥イ

5 イ

6 ①ウ　②イ　③ア

7 1 立秋
2 B白露〈または露〉　C霜

てびき

3 ①どちらの漢字も、じゅうぶんにあるという意味を表します。「豊か」「富む」と、訓で読んでみると、意味が分かりやすくなります。②「高い」と「低い」という、反対の意味になっています。③「会を開く」という意味です。④「急に増える」という意味です。⑤「永い」「久しい」という、似た意味の漢字の組み合わせです。⑥「勝つ」と「敗れる」という、反対の意味になっています。⑦「品の質」という意味です。⑧「席に着く」という意味です。

4 三字熟語の中に、二字の熟語がふくまれているかどうかを確かめましょう。②は「再－出発」、③は「安心－感」、④は「未－完成」、⑤は「非－公式」、⑥は「効果－的」です。

5 ①「松竹梅」だけが、一字の語の集まりです。アは「天気－予報」、イは「都－道－府－県」、ウは「交通－安全」のように分けることができます。

7 1 「秋立つ日」とは秋が始まる日、つまり立秋《りっしゅう》を意味します。

やまなし　【資料】イーハトーヴの夢

60・61ページ　まとめのテスト

1
1 やまなし
2 例もう二日ばかり待つと、下へしずんできて、ひとりでにおいしいお酒ができる。
3 月光〈または月明かり・月〉

2
1 ウ
2 例農家の若者たちを集め、自分も耕しながら勉強するという目的。
3 例農民の劇団をつくったり、みんなで歌やおどりを楽しんだりする活動。
4 例賢治が、病気のために、ねこんでしまったから。

てびき

1
1 「黒い丸い大きなもの」を、子どものかにたちはかわせみだと思いました。しかし、お父さんのかには、「そうじゃない。あれはやまなしだ。」と言い、ついていってみると、やはりやまなしでした。
2 「もう二日ばかり待つとね、こいつは下へしずんでくる。それから、ひとりでにおいしいお酒ができるから。」と言っています。この部分をまとめましょう。
3 「月明かりの水の中」「月光のにじがもかもか集まりました」という表現から、川が月の光に照らされていることが分かります。

2
1 賢治《けんじ》は、「一度に大勢の生徒を相手に理想を語ってもだめだ。」と思い、「自分も農民になって、自分で耕しながら人と話さなければ」と考えるようになったのです。
2 二つ後の文に「それが賢治の目的だった。」とあることに注目しましょう。「それ」は、「農家の若者たちを集め、自分も耕しながら勉強する。」という一文を指しています。
3 直後に書かれています。「芸術」を生み出す活動を答えることに注意して読み、「劇《げき》団」「歌やおどり」という言葉をおさえましょう。
4 直後に「長くは続かなかった」理由が書かれています。この部分を「……から。」という形でまとめましょう。

みんなで楽しく過ごすために
伝えにくいことを伝える　ほか

62・63ページ　基本のワーク

❶ ❶かいぜんてん　❷はん　❸きけん　❹やくわり　❺ひていてき　❻くちょう　❼しきゅう　❽きたく　❾さとう　❿こうちゃ　⑪たまご　⑫ぎゅうにゅう　⑬そうぎょう

❷ ❶危険　❷役割　❸否定的　❹帰宅　❺砂糖　❻牛乳

❸ ❶イ　❷ウ　❸ア

❹ ❶立場　❷理由　❸共通点　❹改善点　❺条件

❺ ウ

❻ ❶ア　❷イ　❸ア　❹イ　❺イ　❻ア

てびき

❸ ❶理由を述べるときは、「……だから」「……と考えられるため」のような言い方をしましょう。

❷根拠《きょ》を述べるときは、「……に……と書かれている。」「……といわれている。」「……ということがあった。」のような言い方をしましょう。

❸主張を述べるときは、「……がよいと思う。」「……に賛成（反対）だ。」のような言い方をしましょう。

❺ 自分の言いたいことを一方的に、感情的に話すのではなく、事実を具体的に説明し、提案を伝えることが大切です。

❻ ❶後から確かめられないので、相手が理解しやすいように、同じ音でちがう意味を表す言葉は言いかえたり、説明を付け加えたりするなどの工夫をしましょう。

❹書き言葉は、書き手の手元をはなれると、ふつう、書き直すことはできません。他にも誤字に注意する必要があります。

古典芸能の世界
狂言《きょうげん》「柿山伏《かきやまぶし》」を楽しもう

64・65ページ　基本のワーク

❶ ❶そう　❷たんじょう　❸こま　❹かんびょう

❷ ❶奏　❷誕生　❸困　❹看病

❸ ❶死者　❷能面　❸喜劇　❹太夫　❺見得　❻身ぶり　❼落ち

❹ ❶ウ　❷ア　❸イ　❹ア　❺イ　❻ウ　❼イ　❽ウ　❾ア

内容をつかもう！

1　シテ・アド

2　（右から順に）2→3→1

66・67ページ　練習のワーク

1　人ではない

2　ア

3　ウ

4　飛びそう

5　例飛び下りて転んだ〈または飛ぶのに失敗した〉

6　1…からす　2…さる　3…とび

てびき

1　柿《かき》主に見つかったと思った山伏《やまぶし》は、あわててかくれました。しかし、柿主が「人ではないと見えた」と言ったので、安心したのです。

2　柿主は、（木の上にいる者が）鳴かないなら、柿をぬすんだ人間だろうから、矢で射てやろうと言っているのです。

3　「困ること」というのは、山伏が困ることです。もっと動物のまねをさせて、山伏を困らせよう、つまり、こらしめようとしているのです。

4　柿主は、直前で「もはや飛びそうなものじゃが、飛ばぬか知らぬ」と言っています。山伏は、飛ばなければいけないことになって、おどろいたのです。

5　直前の「（足を縮めて飛び下りて、転ぶ。）」は、山伏のしぐさを表しています。とびのまねをして飛び下りた山伏が、転んで足を痛めたのです。

6　山伏は、柿主の言ったとおりに動物のまねをしています。柿主は最初「あれは からすじゃ。」と言いました。そして、次に「からすではのうて さるじゃ」と言い、最後には「からすでもさるでものうて、とびじゃ」と言って、山伏に次々とまねをさせています。

『鳥獣戯画《ちょうじゅうぎが》』を読む

68・69ページ 基本のワーク

❶ ❶すじ ❷も ❸こっかく ❹かん
❺こくほう

❷ ❶筋 ❷盛 ❸骨格 ❹巻末 ❺国宝

❸ ❶イ ❷エ ❸ア ❹オ ❺ウ

❹ ❶ア ❷ウ ❸イ ❹ウ ❺ウ ❻イ
❼ア ❽ウ

内容をつかもう!

1 平安・漫画
2 蛙・相撲

70・71ページ 練習のワーク

1 (1) 気合いの声
(2) 漫画のふき出し
2 動き
3 例投げられた兎の目も口も笑っていること。
4 イ
5 仲良し・和気あいあいとした遊び
6 (右から順に)3→2→1→5→4
7 ポーズと表情
8 ウ

てびき

1 (2) 第一段落の最後で、「まるで漫画《まん》のふき出しと同じようなことを、こんな昔からやっているのだ。」と述べています。

2 直後に「勢いがあって、絵が止まっていない。動きがある。」とあります。

3 直前の文「しかも、投げられたのに目も口も笑っている。」の内容を指しています。この一文を、「……こと。」という形でまとめましょう。

4 前の一文で述べた「ほんのちょっとした筆さばきだけで、見事にそれを表現している。」ということについて、「たいしたものだ。」と言っています。「それ」は、兎《うさぎ》たちの笑っている表情を指しています。

5 直後の一文で筆者の考えを述べています。「……にちがいない。」という文末表現に注目しましょう。

6 次の文の「この場面の全体を見てみよう」の後で、時間の流れが説明されています。「まず」「そして」という、順序を示す言葉に注意して読み取りましょう。

7 この後で、「三匹《びき》の応援蛙《えんがえる》のポーズと表情もまた、実にすばらしい」と述べています。

8 第一・第二段落で、動物たちの気合いや表情、動きを、ちょっとした筆さばきで見事に表現していると述べています。そして、第三段落では、一枚の絵で次々と時間が流れているということを述べています。したがって、ウが正解です。

発見、日本文化のみりょく

72・73ページ 基本のワーク

❶ ❶きょうど ❷うやま

❷ ❶郷土 ❷敬

❸ ❶終わり ❷話題 ❸理由 ❹原因
❺問い

❹ 1 1(段落)
2 (順序なし)
・例そでが広くて帯だけで留めること。
・例男性用も女性用も布が同じ大きさであること。
3 〈3〉(または3)
4 ウ

てびき

❸ 例えば、自分が興味をもった日本文化のよさを伝える文章で考えると、「初め」に、どの日本文化について伝えるのか、話題を提示します。「中」では、その日本文化のよさを具体的に書きます。「終わり」では、それまで書いてきたことをしめくくる文を書きます。よさを伝えるときの言葉には、「いちばん伝えたいみりょくは、——だ。」「——は欠かせない。」「——ならではだ。」「——こそ、——だ。」などがあります。

❹ 1 話題は、ふつう、文章の初めで提示します。この文章でも、「着物」について説明することを初めに明らかにしています。

2 ③段落の初めに、「しかし、私がいちばん伝えたい着物のみりょくは、別にある。」とあります。したがって、③段落以降がくわしく書く部分、②段落が簡単に書く部分であることが分かります。

3 イラストの「立て矢結び」と「文庫結び」は、どちらも帯の結び方です。帯の結び方について書かれているのは、③段落の後半なので、〈3〉の近くにのせるとよいでしょう。

4 「問い」に当たる文は見られないので、アは当てはまりません。結果や原因を説明した文章ではないので、イは当てはまりません。野田さんは、③段落で「着る人の個性や季節感を、布地や色、柄《がら》の選び方で表現できる」「帯の結び方で印象が変わる」という着物のよさを述べた後、それを支える事例を挙げているので、ウが正解です。

『鳥獣戯画《ちょうじゅうぎが》』を読む 発見、日本文化のみりょく

74・75ページ まとめのテスト

1

1 八百五十・平安

2 絵・物語

3 ア・エ

4 例（十二世紀から今日まで、）言葉だけでなく絵の力を使って物語を語るものが、とぎれることなく続いていること。

5 アニメ・モダン

6 自由な心

7 イ・ウ

2

❶筋道 ❷盛 ❸骨格 ❹郷土 ❺敬 ❻宝石

てびき

1

1 文章の最初の部分で、この絵巻がつくられた時代背景について説明されています。

2 直後の文に、「この時代には、ほかにもとびきりすぐれた絵巻がいくつも制作され、上手な絵と言葉で、長い物語を実に生き生きと語っている。」とあります。

3 9行目に「江戸《えど》時代には、絵本（絵入り読み物）や写し絵（幻《げん》灯芝居《しばい》）……が登場し」とあります。

4 第一段落の最後に、「十二世紀から今日《こんにち》まで、言葉だけでなく絵の力を使って物語を語るものが、とぎれることなく続いているのは、日本文化の大きな特色なのだ。」と述べられています。

5 第二段落の「まるで漫《まん》画やアニメのような、こんなに楽しく、とびきりモダンな絵巻物」とは、『鳥獣戯画《ちょうじゅうぎが》』のことです。

6 直後に「描《えが》いた人はきっと……自由な心をもっていたにちがいない。」と書かれています。「きっと……ちがいない」という、筆者の考えを示す表現に注意しましょう。

7 筆者が、『鳥獣戯画』のどういう点を貴重だと考えているかを読み取りましょう。まず、「世界を見渡《わた》しても、そのころの絵で、これほど自由闊《かっ》達なものはどこにも見つかっていない。」とあり、当時の絵としては世界的にもめずらしい自由闊達さが、理由の一つだと分かります。二つ目は、「描かれてから……伝えてくれた。」とあるように、祖先たちがさまざまな困難からこの絵を救って伝えてきたことです。

カンジー博士の漢字学習の秘伝 漢字の広場④ 五年生で習った漢字

76・77ページ 基本のワーク

1 ❶ひでん ❷きぬ ❸てっこう ❹じゅうにんといろ ❺しぼう ❻うめぼ ❼きょうり ❽かんしゅう ❾ゆうびん ❿やちん ⓫こうこう ⓬こくもつ

2 ❶聖火 ❷拝 ❸預金 ❹米俵

3 ❶制作 ❷貿易 ❸測 ❹逆転

4 ❶遺産 ❷講習 ❸正義 ❹習慣 ❺輸出

5 ❶アやかん イよなか ウよるがた ❷アさくせい イさぎょう ❸アかおく イぶけ ウいえもと

6 ❶導く ❷必ず ❸勢い ❹確かめる

てびき

❹ ❶「遺」の四画目は、五画目より下につき出しません。
❷「講」の十五画目は、上につき出します。
❸「義」の最後の点を忘れないようにしましょう。
❹「慣」の七画目は、左右につき出します。
❺「輸」の十画目を忘れないようにしましょう。

❺ 複数の音訓をもつ漢字は、読み方ごとに熟語を作るなどして覚えましょう。
❶「夜」には「ヤ・よ・よる」という読み方があります。
❷「作」には「サク・サ」という音があります。
❸「家」には「カ・ケ・いえ・や」という読み方があります。

❻ それぞれ、❶「導びく」、❷「必らず」、❸「勢おい」、❹「確める」とまちがえやすいので、注意しましょう。

ぼくのブック・ウーマン
おすすめパンフレットを作ろう　ほか

78・79ページ 基本のワーク

❶ ❶やくしゃ　❷わす　❸だん　❹さくし
❷ ❶訳　❷忘　❸暖　❹作詞
❸ ❶冬至　❷ア
❹ ❶ウ　❷ア　❸イ　❹ア　❺ウ　❻ウ　❼イ　❽ア　❾イ

内容をつかもう！

1 学校・妹
2 （右から順に）3→1→2

80・81ページ 練習のワーク

1 例本が大好きだという気持ち。〈または〉本が読みたくてたまらないという気持ち。
2 ア
3 例役に立たない〈または〉実用的でない
4 ウ
5 イ
6 勇ましい・馬

てびき

1 ラークの目がかがやいたのは、女の人の「バッグの中からこぼれ出た物（＝本）」を見たからです。ラークにとっての本が「金のかたまり」「宝物」と表現されていることからも、ラークが本を大好きだということが分かります。

2 直後の内容から考えましょう。「ぼく」は、女の人が「本をいっぱいつめこんだ荷物を持って、一日がかりで山の上まで上がってきた」ことを「むだなこと」（14行目）だと思っています。「信じられるかい。」には、「なんてむだなことをするのだろう」という、あきれた気持ちがこめられています。

3 一つ前の文に「なべや食器みたいな、家で使う道具を売りに来ているのだったら、分かる」とあります。「ぼく」にとって「なべや食器」は、毎日の生活の役に立つ、実用的なものですが、本は、それとは対極にあるものなのです。

4 “にぎりこぶしを固める”という動作にはどのような気持ちがこめられているのかを考えましょう。また、前後の内容にも着目しましょう。父さんは、キイチゴと本を物々交換《かん》しようと、女の人に持ちかけました。しかし、そのキイチゴは、「ぼく」が「母さんにパイを作ってもらうために」つんできたものです。本に価値があると考えていない「ぼく」は、父さんの勝手な行動が許せなかったのです。

5 「今度ぼくのうちへ来るときに、道を忘れて、来られなくなったって、ちっともかまわない」という意味です。この前に書かれているように、「ぼく」は「女の人がここに持ってきた物（＝本）なんかほしくはない」と思っています。つまり、「ぼく」は本を持ってこなくてもよいと思っているのです。

6 直後の「あの人が乗っている馬は、なんと勇ましいんだろうと、ぼくは思った。」に着目しましょう。「ぼく」は、馬のことだけ「勇ましい」とたたえていますが、女の人のことには何もふれていません。

82・83ページ まとめのテスト

1

1 (1) 勇気がある

(2) (外で)風に舞っている雪

2 例かぜをひくことも、それよりもっと危ないめにあうこともおそれずに、ここにやって来るのかを、どうしても知りたくなったから。

3 (1) 例これまでになく雪が深く積もり、いつまでも寒さが続いていたから。

(2) 例本を読むことに夢中になっていたから。

〈または本がおもしろくて、たいくつしなかったから。〉

4 イ

2 ❶イ ❷ア ❸ウ

3 (右から順に)○・×・○

てびき

1

1 (1) 以前の「ぼく」は、馬についていて「勇気がある」と思っていましたが、大雪の日にも女の人が本を届けに来たのを見て、馬だけでなく、「乗っている人だって勇気がある」と思うようになったのです。

(2) 直後の「まるで、外で風に舞《ま》っている雪のように」に着目します。「まるで……ように(ようだ)」は、あるものを他のものに直接たとえる言い方(直喩《ゆ》)です。

2 「ぼく」の気持ちが変わったのは、大雪の日にも本を届けに来たブック・ウーマンの行動に感銘《めい》を受けたからです。18行目に「……知りたくなった」とあることに着目しましょう。「かぜをひくことも、それよりもっと危ないめにあうこともおそれずに」本を届けに来る訳を知りたいと思ったのです。

3 (1) 28行目「父さんは、……」で始まる段落に、その年の冬の様子が書かれています。雪が深く積もり、非常に寒かったので、家から出られなかったのです。

(2) 「ぼく」は、「かぜをひくことも、それよりもっと危ないめにあうこともおそれずに」本を持ってやって来るブック・ウーマンのおかげで本に興味をもち、ラークに本に何が書かれているかをたずねていました。このことから冬の間、ブック・ウーマンが持ってきた本を夢中になって読んでいたと考えられます。

4 女の人に対する呼び方が変わったのは、女の人に対する「ぼく」の気持ちが変わったからです。「ぼく」は、雪の日にも大変な思いをして本を届けに来た女の人に対して「勇気がある」と思うようになりました。だから、敬意をこめて、「ブック・ウーマン」と呼ぶようになったのです。

2 すいせんしたいものを書くパンフレットなので、「初め」に、すいせんするものの簡単な説明を書きます。「中」では、すいせんするものについてのエピソードなど、具体的なことを書きます。「終わり」では、読む人への呼びかけを書いて、まとめとします。

3 パンフレットの構成を考えるときは、全体のページ数を決めてから、それぞれのページに何を書くのかを考えるので、二つ目の文は正しくありません。

84・85ページ 基本のワーク

詩を朗読してしょうかいしよう

❶ ❶ろうどく

❷ ❶朗読

❸ ❶夢 ❷想像

❹ イ

❺ 1 ❶人間 ❷動物たち

2 ア

❻ 1 すきとおる

2 (順序なし)

・例はるのつめたさがにおってくる。

・例うちゅうが一しゅん、しんとする。

3 ウ

てびき

❹ 詩の前半の「まりを ついてると/にがい にがい いままでのことが」につながる部分です。今まで苦い思いをいだいていたのが、まりをつくうちに、おだやかな気持ちになってくるということを、たとえを用いて表現し

ています。

5 1 「動物たちの／恐《おそ》ろしい夢のなかに／人間がいませんように」というのですから、作者は人間のせいで、動物たちが恐ろしい思いをしないようにと伝えたいことが分かります。

2 人間のせいで動物たちが恐ろしい思いをしないようにと伝えているのですから、イ・ウは当てはまりません。作者は、人間を、自分たちの都合のいいように動物をあつかうものとして考えています。

6 1 第一連（一つ目のまとまり）と第二連の一・二行目が、それぞれ「うぐいすのこえ／すきとおる」になっていることに着目しましょう。

2 第一連と第二連から、それぞれ一つずつまとめましょう。

3 「はるのつめたさ」は、はだで感じた春のおとずれ、「うちゅうが 一しゅん／しん、とする」は、耳で感じた春のおとずれをよんでいます。

知ってほしい、この名言 日本の文字文化 ほか

86・87ページ 基本のワーク

1 ❶むね ❷かた

2 ❶胸 ❷片

3 ❶テレビ ❷身近な人 ❸ふせん ❹自分 ❺出典 ❻理由

4 ❶表意 ❷意味 ❸表音 ❹音

5 ❶万葉仮名 ❷平仮名 ❸片仮名

6 ア○ イ× ウ○ エ× オ×

7 ❶やまづ ❷こづつみ ❸そこぢから ❹ちぢ ❺こころづよ ❻みかづき ❼みぢか

てびき

4 ❶・❷漢字は、一字一字が意味を表すので、表意文字といいます。

❸・❹仮名《かな》は、意味を表さず、音だけを表すので、表音文字といいます。

5 ❶「はる（春）」を「波留《ハル》」と表すように、日本語の発音を表すために、漢字の音を借りて表すなどの工夫がなされているのが、万葉仮名《まんようがな》です。

❷「安」が「あ」という文字になったように、万葉仮名をくずして書くところから生まれたのが、平仮名です。

❸「阿」が「ア」という文字になったように、万葉仮名の形の一部を取って書くところから生まれたのが、片仮名です。

6 イ…「布地」は「ぬのじ」と書きます。「ジ」と発音する場合は、ふつうは「じ」と書きます。エ…「鼻血」は「はなぢ」と書きます。「鼻血」は「鼻（はな）」と「血（ち）」が合わさってできた言葉だからです。オ…「続く」は「つづ（く）」と書きます。「ズ」と発音する場合は、ふつうは「ず」と書きますが、二つ続いた「つ」の後ろの字を「ズ」と発音するときは、「づ」と書きます。

7 ❶「山積み」は、「山（やま）」と「積（つ）む」が合わさってできた言葉なので、「やまづ（み）」と書きます。

❷「小包」は、「小（こ）」と「包（つつ）む」が合わさってできた言葉なので、「こづつみ」と書きます。

❸「底力」は、「底（そこ）」と「力（ちから）」が合わさってできた言葉なので、「そこぢから」と書きます。

❹「ジ」と発音する場合は、ふつうは「じ」と書きますが、二つ続いた「ち」の後ろの字を「ジ」と発音するときは、「ぢ」と書きます。

❺「心強い」は、「心（こころ）」と「強（つよ）い」が合わさってできた言葉なので、「こころづよ（い）」と書きます。

❻「三日月」は、「三日（みっか）」と「月（つき）」が合わさってできた言葉なので、「みかづき」と書きます。

❼「身近」は、「身（み）」と「近（ちか）い」が合わさってできた言葉なので、「み

ぢか」と書きます。

漢字の広場⑤ 五年生で習った漢字
「考える」とは

88・89ページ 基本のワーク

❶ ❶えんげき ❷しょうらい
❷ ❶演劇 ❷将来
❸ ❶効 ❷犯罪 ❸豊富 ❹領収 ❺評判 ❻清潔
❹ ❶安心 ❷成功 ❸安全 ❹（順序なし）未来（将来）・現在
❺ ❶イ ❷ア ❸ウ ❹ア ❺ウ ❻イ ❼イ ❽ウ ❾ア

内容をつかもう！

☆ 〈考えることとなやむこと〉区別
☆ 〈考えることを考え続ける〉気持ち・考える
☆ 〈考える人の行動が世界を変える〉ウ

90・91ページ 練習のワーク❶

1 考えて・なやんで
2 （順序なし）
・例自分と似た作品を作っている劇団があるか調査すること。
・例観客が何人以上なら利益が出るか計算すること。
3 考える…例とりあえずやるべきことがうかぶ。
なやむ…例何もうかばず、ただ時間だけが過ぎていく。
4 （順序なし）考える・なやむ〈または〉考えている・なやんでいる
5 ウ
6 イ
7 考えることとなやむこと・問題を解決する
8 （右から順に）○・△・○・○・△

てびき

1 筆者の「目からうろこが落ち」たのは、先輩《ぱい》の言葉を聞いたからです。先輩は、「考えることとなやむことを混同したらだめだよ。」「おまえは……なやんでいるだけだよ。」と言っています。

2 直後に「……考えると」とあるので、先輩が「考えること」の例として挙げている内容をとらえましょう。先輩は、「考えるというのは、自分と似た作品を作っている劇団があるか調査したり、観客が何人以上なら利益が出るか計算したりすることさ。」と言っています。

3 第三段落に着目しましょう。「三時間考えると、とりあえずやるべきことがうかぶ」「三時間なやむだけだと、何もうかばない。ただ時間だけが過ぎていく。」とあります。

5 「何が問題なのか」を箇《か》条書きにしてみると、「やるべきことがはっきりしてくる」のです。

6 筆者はこの文章で、「考えることとなやむことを区別する」ことの大切さをうったえています。「なやむ」ことと「考える」ことは別であり、考えていると、「やるべきことが、はっきりと見えて」具体的になるのです。

7 筆者が最も伝えたいことは、文章の最後に書かれていることが多いです。この文章でも、最後の段落に着目しましょう。設問の（　）の後の「……を区別して」「……ためにやるべきことを」と似た表現が文章中にないか、探してみましょう。

8 文章中で挙げられている「考える」と「なやむ」の具体例を参考にしましょう。何が問題なのか具体的に書かれているのが、「考える」に当たる内容です。

92・93ページ 練習のワーク❷

1 「気持ち」や「考える」とは何か
2 人間らしいロボット
3 例人間みたいに感じたり、考えたりできるよう、ロボットをプログラムすること。
4 （順序なし）
・例人の「気持ち」とは何か（ということ）。
・例人が「考える」とは、何をどうすることなのか（ということ）。
5 (1) （右から順に）計算式・対応策・アイデア・仕組み
(2) ウ

6 ❶できない　❷できない　❸できる　❹できる　❺できない

7 ア

てびき

1 直前の文に『気持ち』や『考える』とは何かという、人間に対する根本的な疑問」とあります。

2 第二段落の初めに「人のような見かけをもち、人と話をする、人間らしいロボットの研究に取り組む現在では」とあります。

3 8行目に「人間らしいロボットを作るためには、人間みたいに感じたり、考えたりできるよう、ロボットをプログラムしなければならない。」とあります。文末を「……こと。」にして、まとめましょう。

4 11行目の「そのためには……」は、「人間みたいに感じたり、考えたりできるよう、ロボットをプログラム」するためには、という意味です。

5 (1) 18行目の「ロボットにもできる」、22行目の「ロボットにはできない」に着目しましょう。

(2) ロボットにとって人間が「何をどうするのかをプログラムできる」ことは簡単で、「どのようにプログラムすればよいかが分かっていない」ことは難しいのです。

6 23行目に「ロボットは、人間のように『考える』ことができない」、26行目に「人間は、……『考える』ことができる。できるけれど、なぜできるのかは説明できない」とあります。

7 最後の段落に着目しましょう。筆者は、人間が「考える」ことができるのはなぜか、「いつかは説明できると信じて」おり、「まだまだ研究を続ける必要がある」と述べています。

94・95ページ まとめのテスト

1

1 (1) (数か月前に戦死した) ムスリム系の友人の妻とむすめ。

(2) 例クロアチア系の兵士たちから助けるため。

2 イ

3 疑問・行動

4 (1) 例過去の多くのデータから効率的な結論を導くだけなので、判断を任せることはできない (と考えている) から。

(2) (順序なし)

・例人間が、弱い立場の人に心を寄せること。

・例何が大切なのか、何が正しいのか、どういう未来にしたいのかを考え、行動すること。

2

ちがい・比較・具体例

てびき

1

1 (2) 男性の言葉に着目しましょう。「ここに連れてくれば、助けてくれるのではないかと思って来ました。」と言っています。「何のため」ときかれているので、文末は「……ため。」としましょう。

2 11行目に、「だって、おかしいじゃないですか。隣《りん》人として暮らしていた人たちと、敵・味方になるなんて。」とあります。

3 直前に「かれらのような人々の行動が」とあります。「かれらのような人々」とは、その前にある「それまで当然とされていたことに疑問をもち、何が正しいのか、どのような社会にしたいのかを考えた」人々です。

4 (1) 直後に「私はちがうと思う」とあるので、筆者はこの意見に反対であることが分かります。なぜ反対なのかは、さらにその後28行目に書かれています。

(2) 最後の一文に「よりよい世界を築くには、……」とあることに着目しましょう。「そして」の前後で二つに分けられます。

2

教科書で三つの文章を比べて、それぞれ表現のしかたにどのような特徴《ちょう》があるかをとらえます。「考えることとなやむこと」の文章では、「考えること」と「なやむこと」の二つを比較《かく》しています。「考えることを考え続ける」の文章では、「人間」と「ロボット」の二つを比較しています。「考える人の行動が世界を変える」の文章では、筆者がボスニア・ヘルツェゴビナの国際連合難民高等弁務官事務所で働いていたときの体験を具体例として挙げて、主張の根拠《きょ》としています。

使える言葉にするために 日本語の特徴《ちょう》

96・97ページ 基本のワーク

1 ①てんのう ②こうごう ③へいか ④けんぽう ⑤せいとう ⑥ないかく ⑦かいかく ⑧しゅうきょう ⑨すいちょく ⑩ちそう ⑪じしゃく

2 ①天皇 ②憲法 ③内閣 ④改革 ⑤垂直 ⑥磁石

3 (それぞれ順序なし)
①段落・要約・表現・主張・朗読
②法律・選挙・裁判所・権利・義務・貿易
③面積・側面・割合・約数・単位・倍数
④呼吸・発芽・養分

4 ①日本語
②日本語
③(右から順に)○・×・○

てびき

4 ①英語の文にはアルファベットしか使われていませんが、日本語の文には漢字、平仮《が》名《な》、片仮名が使われています。使われる文字の種類が多いのも、日本語の特徴《ちょう》です。
②たとえば、日本語ではAさんが「毎日パンを食べるよ。」と言えば、パンを食べる人がAさんだと分かるので、主語を省略することがよくあります。
③英語の文は「I」、日本語の文は「私は」で始まっているので、一つ目は○です。英語では「I eat」「I don't eat」と、初めのほうで「食べる」か「食べない」かが決まるので、二つ目は×です。文中の「パン」は、日本語の文では主語の後ろ、述語の前にありますが、英語の文では主語と述語の後にあります。日本語の文の組み立てとは異なるので、三つ目は○です。

大切にしたい言葉 今、私は、ぼくは

98・99ページ 基本のワーク

1 ①たいそう ②りっこうほ ③たんとう ④すがた ⑤けんとう ⑥せんぞく

2 ①体操 ②立候補 ③担当 ④姿 ⑤検討 ⑥専属

3 ①長さ ②くわしく ③言葉 ④リズム ⑤たとえ ⑥語順

4 ①イ ②ア ③イ ④ウ ⑤イ

5 ①知識 ②図 ③要点 ④大きさ

6 (右から順に)○・×・○・×・○

てびき

3 ①一文が長いときは、文を分けると、読みやすくなります。
⑤様子を表す言葉を使ったり、「……のようだ」というたとえを使ったりして書くと、印象づけることができます。

4 ②〈初め〉の部分には、大切にしたい言葉がだれの言葉かや、どうやって出会ったかなどを書くとよいでしょう。
④〈終わり〉の部分には、その言葉を今後の生活にどのようにいかしたいかなどを書くとよいでしょう。

5 ①聞き手が知らなそうな言葉が出てくるときは、それを文字に書いて提示するなど、聞き手の知識や関心に合わせた資料を作ります。
②図や表、写真や絵などを聞き手に見せるタイミングも工夫しましょう。
③必要な情報をしぼることも必要です。

6 特に伝えたいことを話すときは、声を大きくしたり、ゆっくりと話したりしましょう。また、聞き手の表情を見ながら話し、聞き手が不思議そうな顔をしていたり、首をかしげたりしていたら、説明をくり返したり、補ったりしましょう。

海の命 漢字の広場⑥ 五年生で習った漢字

100・101ページ 基本のワーク

1 ①しお ②ばり ③あな ④はいいろ ⑤こうふん ⑥す

2 ①針 ②灰色 ③興奮 ④済

3 ①習慣 ②所属 ③効率 ④総力 ⑤責任 ⑥経験

❹ ❶例一週間がかりでかいた絵で金賞をとった。
❷例まるで青いガラスのような青空だ。
❸例小説が発表されるや、著者はたちまち有名人になった。

❺ ❶ア ❷イ ❸イ ❹ウ ❺ア ❻ア
❼イ ❽ア ❾ア

内容をつかもう！
（右から順に）1→4→3→2

てびき
❹ ❶「……がかりで」は、それだけの時間や人数などが必要なことを表します。
❷「まるで……」は、下に「……ようだ」「……みたいに」などが付いて、様子をたとえる場合に使います。
❸「……や、……」は、「……するとすぐに、……」という意味です。

102・103ページ 練習のワーク

1 太一の父・漁師
2 ウ
3 (下)千びきに一ぴきでいいんだ。千びきいるうち一ぴきをつれば、ずっとこの海で生きていけるよ。(上)
4 与吉じいさは、毎日タイを二十ぴきとると、もう道具を片づけた。
5 村一番の漁師
6 例与吉じいさが死んだこと。
7 例海に帰った
8 ア

てびき
1 次の文で、「与吉《よきち》じいさは、太一《たいち》の父が死んだ瀬《せ》に、毎日一本づりに行っている漁師だった。」と説明しています。
2 二つ後の段落に、与吉じいさのもとで太一が何をしたかが書かれています。「太一は、なかなかつり糸をにぎらせてもらえなかった。つり針にえさを付け、上がってきた魚からつり針を外す仕事ばかりだ。」とあります。
3 魚を一度にたくさんとってしまうと、海に魚がいなくなって、長い目で見ると、豊かな海は失われてしまいます。海で暮らす生き物の命をむやみに奪わないという愛情をもっていれば、ずっとこの海で暮らしていけるということです。
4 魚を一度にたくさんとらないという与吉じいさの考え方が表れている行動をとらえましょう。与吉じいさの「千びきに一ぴきでいいんだ。」という言葉の後に、「毎日タイを二十ぴきとると、もう道具を片づけた」という行動が書かれています。とれるからいくらでもとる、というのではなく、一日にとるのは二十ぴきと決めているのです。
5 この後の与吉じいさの言葉に、「おまえは村一番の漁師だよ」とあります。
6 真夏の暑さにもかかわらず、毛布をのどまでかけてねむっている姿に、太一は与吉じいさの死をさとりました。そこで、太一は感謝の言葉を述べ、両手を合わせたのです。
7 太一が与吉じいさにかけた言葉に注目しましょう。太一は「海に帰りましたか。」と言っています。
8 太一の「おかげさまでぼくも海で生きられます。」という言葉に注目しましょう。

104・105ページ まとめのテスト

1 例息を吸うため。
2 （順序なし）
・ひとみは黒いしんじゅのようだった。
・刃物のような歯が並んだ灰色のくちびるは、ふくらんでいて大きい。
・岩そのものが魚のようだった。
3 （順序なし）興奮・冷静
4 自分の追い求めてきたまぼろしの魚、村一番のもぐり漁師だった父を破った瀬の主。
5 (1) ウ (2) 永遠
6 おだやかな目
7 例この大魚は自分に殺されたがっているのだという感情。
8 (1) 水の中で太一はふっとほほえみ、口から銀のあぶくを出した。
(2) 例クエを父だと考えたから。
9 イ

てびき
1 直後に「息を吸ってもどると」とあることから、息を吸うために水面にうかんでいったことが分かります。

2 「……のようだ（ような）」という、たとえの表現に注目しましょう。魚のひとみを「黒いしんじゅ」に、歯を「刃《は》物」に、魚を「岩」にたとえています。

3 第二段落の初めに、「興奮していながら、太一《たいち》は冷静だった。」とあります。

4 14行目に「これが自分の追い求めてきたまぼろしの魚、村一番のもぐり漁師だった父を破った瀬《せ》の主なのかもしれない。」とあります。この文は、太一が心の中で思ったことを表しています。

5 (1) 前の文に書かれている「太一は鼻づらに向かってもりをつき出すのだが、クエは動こうとはしない。」という状態を指しています。

(2) 直後に「太一は永遠にここにいられるような気さえした。」とあります。

6 直後に、太一を見るクエの目が「おだやかな目だった。」と書かれています。

7 前の文に「この大魚《たいぎょ》は自分に殺されたがっているのだと、太一は思った」とあります。

8 (1) 28行目の「太一はふっとほほえみ」という部分に着目しましょう。直前では「この魚をとらなければ、本当の一人前の漁師にはなれないのだ」と「泣きそうになりながら」思っていました。しかし、太一はクエの姿に神聖なものを感じて、クエを殺さないという選択《たく》をし、その選択が正しいと思ったのです。

(2) 直前に「こう思うことによって」とあります。「こう思う」とは、その前の太一の言葉から分かるように、クエを父だと考えたことを指しています。

9 クエを、海で死んだ父に見立てていることから、このクエを海に生きるもの全ての象徴《ちょう》とみなしていると考えられます。

生きる

106・107ページ 基本のワーク

1 生きているということ
いま生きているということ

2 美しいもの

3 かくされた悪を注意深くこばむこと

4 イ

5 (1) ウ
(2) いまどこかで兵士が傷つくということ

6 あなたと手をつなぐこと

7 生きている〈または生きる〉

てびき

1 この詩は、どの連（まとまり）も「生きているということ／いま生きているということ」という言葉で始まっています。「生きている」とはどういうことかをうたっているのです。

2 「ミニスカート」はファッション、「プラネタリウム」は科学、「ヨハン・シュトラウス」は音楽、「ピカソ」は美術、「アルプス」は自然を代表するものの例として挙げられています。生きているとは、これらの「美しいもの」に出会うことでもあると伝えています。

3 「そして」という一行でつないで、「かくされた悪を注意深くこばむこと」を付け加えています。

4 「泣ける」「笑える」「怒《おこ》れる」という、感情を表す言葉が集まっていることが手がかりになります。自由に泣いたり笑ったり怒ったりするのは当たり前のことのようですが、それが制限されるような状況《きょう》におかれている人がいることを想像させます。

5 (1) 「産声《うぶごえ》」は、「赤ちゃんが生まれて初めて出す泣き声」のことです。いまどこかで命が誕生したということを表しています。

(2) 傷ついた兵士は、戦争や死を連想させます。産声をあげる赤ちゃんとは対照的な存在です。

6 第一連に「あなた」「手」という言葉があることに注目しましょう。愛する人と手をつなぎ、その「ぬくみ」を感じて、生きていることを実感するのです。

7 題名が「生きる」であること、全ての連が「生きているということ／いま生きているということ」という言葉で始まっていることをおさえましょう。

人間は他の生物と何がちがうのか

108・109ページ 基本のワーク

1 ❶種の保存〈または種を保存すること〉
❷個体の命〈または生まれてきた一人一人の命〉

2 人間はみな平等であり、自由である

3 (1) ウ
(2) 例人間は、進化の過程で言葉を発明することができたから。〈または人間は脳を発達させて、言葉を生み出したから。〉

4 ❶名前 ❷仕組み ❸説明

5 例種の保存より一人一人の命を大切にしたほうが、みんなが幸せになるという考え。

6 イ

てびき

1 ――①の前に、他の生物にとっては「種の保存が、生きるうえで、何よりも大切」とあります。一方、人間は「種の保存よりも、個体の命を最重要に考えている」とあります。

2 直後の一文に着目しましょう。

3 (1) 人間の考え方について述べられている第二段落に着目します。人間は「生まれてきた一人一人の命に、最も尊い価値を置いています。」(ア)、「自分の命が大切であるのと同時に、他の人の命も大切にします。」(イ)とあります。「年齢《れい》や人種、障害の有《う》無、性的な指向などにかかわらず、だれもが平等に大切な存在」とあるので、ウは当てはまりません。

(2) 直後の「進化の過程で、人間だけがすばらしいものを発明することができたから」という理由を表す言い方に着目して、「すばらしいもの」が「言葉」であることを明らかにしてまとめます。その後の「人間は脳を発達させ、言葉を生み出しました。」をまとめても正解です。

4 直後に、言葉があることでできることが述べられています。言葉で世界を知ることができるので、「道具」といっているのです。

5 「その」という言葉があるので、それより前の部分に着目します。言葉を使って「種の保存より大切なことがないか」を考えた結果、どのような考えに至ったかをとらえましょう。

6 筆者が最もうったえたいことは、文章の初めか終わりに書かれていることが多いです。人間は、「言葉で世界を知り、言葉で世界を作ってきた」「それゆえにこそ、私たちは言葉を大切にしなければならない」というのが、筆者が読者にうったえていることなので、正解はイです。

物語の世界を作る表現 詩から表現の工夫を学ぶ

110・111ページ まとめのテスト

1

1 ❶例サンムトリが立っている様子。
❷例黄金色の溶岩が流れ出す様子。

2 けむり…真っ黒(な)
溶岩…黄金(色の)

3 ア

2

1 (1) なみだ・(小さな)海
(2) イ

2 (1) (順序なし)とんとん・ぴちぴち
(2) 例雨が土の上ではねて、音がすること。

3 (1) (順序なし)つるつる・ゆらゆら
(2) ウ

4 ❶イ ❷ア

てびき

1

1 ❶「ひっそり」は、物音や人の気配がなく、静かな様子を表す言葉です。ここでは、サンムトリという火山が立っている様子を形容しています。
❷「きらきら」は、美しく光りかがやく様子を表す言葉です。ここでは、「黄金《きん》色の溶《よう》岩」が流れ出す様子を形容しています。

2 けむりについては7～8行目に、溶岩については9～10行目に書かれています。

3 この文章には、「ひっそり」「ぐらぐらっと」「ぱっと」のように、事物の動きや様子を表す言葉が多く用いられています。これによって、場面の様子がよく伝わります。「にわかに……」（7行目）のように非常に長い文もありますが、全ての文が長いわけではないので、ウは当てはまりません。

2

1 (1)「なみだは／……／海です」とあるので、なみだを海にたとえていることが分かります。

(2)「――ようだ」「――みたいだ」などの言葉を使わずに、なみだを海にたとえているので、隠喩《いんゆ》です。

2 (1)「とんとん」「ぴちぴち」は、それぞれ雨が屋根と土に当たった音を表しています。

(2) 雨が土の上ではねて、音がすることを、「つちのうた」と、まるで土が歌っているようにたとえて、表現しています。

3 (1)「つるつる」「ゆらゆら」は、それぞれ「さわっ」たり「おし」たりしたときの感じや動きを表しています。

(2) どちらの行も、「……かなあ」の後に擬《ぎ》態語を続ける形になっています。

4 ❶倒《とう》置は、例えば「海は広いなあ」という言い方を、「広いなあ、海は」とする方法です。言葉の順序を入れかえることで、印象を強めたり強調したりする効果があります。

❷反復は、「海は広いなあ／海は広いなあ」のように、同じ、もしくは似た言葉や文をくり返す方法です。リズム感が出て、印象を強める効果があります。

平和のとりでを築く

112ページ まとめのテスト

1 認められる・不安〈[または]心配〉

2 ア

3 （順序なし）
・[例]原子爆弾が人間や都市にどんな惨害をもたらすかということ。
・[例]未来の世界で核兵器を二度と使ってはならず、むしろ不必要だということ。

てびき

1 直後に「私《わたし》は、ちょっぴり不安を覚えた」とあります。12行目に「しかし、心配は無用だった。」とあるので、「心配」と答えても正解です。

2 13行目に「決定の知らせが届《とど》いたとき、私は、世界の人々の、平和を求める気持ちの強さを改めて感じた」とあります。

3 最後の段《だん》落に注目しましょう。「……を私たちに無言で告げている」「……と、世界の人々に警《けい》告する」という表現があります。

実力判定テスト　答えとてびき

夏休みのテスト①

1 高校生・(お)弁当

2 例みんなが持ってくる弁当とちがっていて、いやだ。

3 例みんなとちがっていて、かっこいい。

4 ウ

5 木目・弁当〈または料理、食事〉

6 イ

てびき

1 前の部分もふくめて考えます。「高校生になったら、毎日が弁当になる。それまでに、ちゃんと料理ができる人になりたい。」とあります。嘉穂《かほ》は自分で弁当を作りたいのです。

2・3 嘉穂は、祖母の作ってくれる弁当にハンバーグやウインナーが入っていないことについて、「いやなんじゃん」と言っています。明仁《あきひと》は、嘉穂の弁当には、みんなが持ってくるおかずが入っていないので、「みんなとちがうって、かっこいいじゃん。」と言っています。

4 嘉穂は、祖母の作ってくれる弁当のおかずがいやだと思っており、そういう不満の気持ちが、箸《はし》でそら豆をつつくしぐさに表れています。

5 ここで嘉穂は、「そら豆をオレンジ色の箸でつまんで、持ち上げて」います。そして、「この箸が、きれいな木目のついた木の箸だったら。」と想像して、「悪くないんじゃないか」「ちょっと、いいかも」と思ったのです。

6 嘉穂は、そら豆をゆっくりかみながら、「なじみのある味」だと感じています。明仁の言うように、木の弁当箱なら祖母の作ったおかずにも合うので、祖母の作る弁当も悪くないかもしれないと思い始めていると考えられます。

夏休みのテスト②

1 ❶みと　❷おさな　❸そんざい　❹く　❺つくえ・なら　❻むずか・たいしょ　❼ちょさくけん・そんちょう

2 ❶展示　❷単純　❸地域　❹降　❺就職　❻従　❼券売機・故障　❽沿・延

3 (右から順に)　❶清・静・晴(青)　❷官・館・管

4 ❶イ　❷ア　❸エ　❹ウ

5 ❶妹は　絵本を　読み、弟は　テレビを　見る。
❷かねが　鳴る　音が、町中に　ひびいた。

6 ❶・例松が私の家の庭にある。
・例その松は私が生まれたときに植えられた。
❷・例田中さんが外国で写真をとった。
・例その写真を私はとても気に入った。

てびき

1 ❸「存」には、「ソン」「ゾン」という二つの音があります。

2 ❼「券」の「刀」を「力」としないように注意しましょう。

3 ❶「青」の部分が、「セイ」という音を表しています。❷「官」の部分が「カン」という音を表しています。

4 ❶「月」(にくづき)をもつ漢字には「脳」「腸」などがあります。❷「忄」(りっしんべん)をもつ漢字には「情」「快」などがあります。❸「扌」(てへん)をもつ漢字には「投」「持」などがあります。❹「氵」(さんずい)をもつ漢字には「海」「液」などがあります。

5 ❶二つの主語と述語の関係が対等に並んでいます。❷「かねが—鳴る」は、文の中心の主語「音が」を修飾《しょく》しています。

6 一つの文の中に、二組の主語と述語の関係がありますが、文の中心となっているのは、どちらか一組だけです。もう一組は、中心となる主語を修飾しています。まず主語と述語の関係を探し、どちらが文の中心なのかを考えましょう。

冬休みのテスト①

1 降水量

2 急流・海・蒸発

3 例せまい地域に、たくさんの人びとがくらしているから。

4 (1)(順序なし)水田・ため池・小川

(2) イ・エ

5 さばく

6 例めぐる水をもっと計画的に利用すること。

てびき

1 すぐ前に「日本は世界でも降水量が多く」とあります。雪や雨が多いので、水が豊富にあるのです。

2 前の部分に注目します。「日本の川は急流が多く、ふった雨の多くは、あっというまに海へ流れてしまいます」とあります。あっというまに流れていってしまうので、利用できる水が少ないのです。また、「蒸発してしまう水もあります」とも述べています。

3 すぐ前に「日本はせまい地域に、たくさんの人びとがくらしています」とあります。多くの人で分け合わなくてはいけないので、一人あたりの量が少なくなるのです。

4 水田やため池、小川などがあるうちは、雨が地面にすいこまれたり、小川などにたくわえられたりしていました。しかし、それがなくなって、代わりに下水管やコンクリート、アスファルトになると、雨がしみこまないので、そのまま流れていってしまいます。また、大雨になると、行き場のなくなった水が急に集まってくるので、小さな川がはんらんしやすくなります。

5 「まるでさばくのような気候です」と述べています。「緑」と「水」がないという点で、都市とさばくは似ていると考えたのです。

6 最後の段落に注目します。筆者は、現代の都市は、「めぐる水をもっと計画的に利用する必要」があると意見を述べています。

冬休みのテスト②

1 ❶はいゆう　❷せいか　❸よきん　❹たいさく　❺わす・こま　❻さんちょう・おが　❼きず・かんびょう

2 ❶演奏　❷卵　❸危険　❹縮　❺観衆　❻郵便　❼強敵・敗退　❽紅茶・砂糖

3 ❶ア　❷ウ　❸イ　❹ア

4 ❶イ　❷ウ　❸イ　❹ウ　❺ア

5 例まず、肉をいためます。肉に火が通ったら、玉ねぎ、にんじん、じゃがいもの順にいためます。

6 ❶権利　❷鉄棒　❸回覧

てびき

1 ❸「貯金(ちょきん)」と混同しないように注意しましょう。

2 ❼「敵」を「適」と書かないように注意しましょう。

3 ❶アは意味が対《つい》になる漢字の組み合わせ、ほかは似た意味の漢字の組み合わせです。❷ウは上の漢字が下の漢字を修飾《しょく》する関係にある組み合わせです。❸イと❹アは、「——を」「——に」に当たる意味の漢字が下に来る組み合わせです。

4 ❶「高性能」は、上の一字の語が下の語の性質・状態などを限定しています。❷「不」が、下の語を打ち消しています。❸上の二字の語が下の語を修飾して、物事の名前になっています。❹「的」が、上の語に意味をそえて、様子や状態を表しています。❺一字の語の集まりから成っています。

5 話し言葉では、「ええと」「あ」という言葉が入ったり、文末に「ね」「よ」が付いたりして、語順も整っていません。文章にするときは、不要な言葉を省き、語順を整えます。また、「肉の次に玉ねぎ」をいためるよう後で言い直しているので、文章にするときはあらかじめ順番を整えることに注意しましょう。

6 ❷「棒」の右上の横画は三本、右下の横画は二本です。

実力判定テスト 答えとてびき

学年末のテスト①

1 例こいつと一緒に雨やどりをしなくてはいけない

2 (1) ウ
(2) (順序なし)
・例地面はびちょびちょで、転んだら泥まみれになってしまうだろうから。
・例雨で、髪も服もびっしょり濡れているので、早く家に帰って、服を着替えたいから。

3 ノリオの気持ち…そっぽを向いたまま
少年の気持ち…ムスッとしたまま

4 例腹が減っており、服も濡れて気持ち悪い

5 イ

てびき

1 少年が思ったのは、「なんでこいつと一緒《しょ》に雨やどりしなくちゃいけないんだ」ということです。

2 少年が決闘《とう》を再開するのはやめたいと考えた理由は、直後の三文に書かれています。これを二つにまとめましょう。

3 ハンドを認める言葉を、ノリオは「そっぽを向いたまま」言っています。それはすなおに認めたくないからです。それを聞いた少年は、「べつにいいよ。」と、「ムスッとしたまま」言いました。ノリオにおこるのも「バカらしく」なったからです。

4 少年が「腹、減ったし」と言うと、ノリオも「オレも。」と言い、さらに「服も濡《ぬ》れて気持ち悪いし」と、前半で少年が思っていたのと同じことを言っています。

5 最後の場面の二人の気持ちを読み取ります。「決闘、やめっか。」と言った少年に、ノリオは「だな。」とうなずいています。ここから、二人の気持ちがうちとけてきていることが分かります。明るくなりつつある空の情景は、それを表していると考えられます。

学年末のテスト②

1 ❶すいちょく ❷けんぽう ❸かいかく ❹じしゃく ❺げきじょう・こうふん ❻りっこうほ・むね ❼しょうらい・たいそう

2 ❶潮 ❷済 ❸宗教 ❹朗読 ❺地層 ❻政党 ❼陛下・姿 ❽針・穴

3 ❶ア公演 イ講演 ❷ア指示 イ支持 ❸ア回答 イ解答

4 ❶イ ❷ア ❸イ ❹イ ❺ア

5 ❶意図 ❷納税 ❸円柱 ❹蒸発

てびき

1 ❺「興」には「コウ・キョウ」という二つの音があります。

2 ❶同じ読み方の「塩」と書かないように注意しましょう。❷同じ読み方の漢字の「住む」と混同しないように注意しましょう。❼「陛」と形の似た「陸」を書かないように注意しましょう。

3 ❶ア「公演」は「おおやけの場で劇や音楽、おどりなどをして見せること」、イ「講演」は「大勢の人の前で、ある話題について話をすること」という意味です。❷ア「指示」は「指図すること」、イ「支持」は「人の意見や考えに賛成して、応援《えん》すること」という意味です。❸ア「回答」は「質問や要求などに答えること」、イ「解答」は「問題を解いた答え」という意味です。

4 ❶・❷「ジ」と発音する場合、ふつうは「じ」と書きます。❸「ズ」と発音する場合、ふつうは「ず」と書きます。❹二つ続いた「ち」の後ろの字を、「ジ」と発音するときは、「ぢ」と書きます。❺二つ続いた「つ」の後ろの字を、「ズ」と発音するときは、「づ」と書きます。

5 ❶「意図」は「考えやねらい」という意味です。

実力判定テスト 答えとてびき

漢字リレー①

1 奏
2 済ます
3 異
4 胃腸
5 展覧
6 沿う
7 裁
8 窓
9 幼い
10 宗派
11 映
12 策
13 創
14 翌晩
15 延びる
16 冊
17 装
18 裏
19 預
20 域

21 蚕
22 層
23 律
24 背筋
25 恩
26 至る
27 臓
28 臨
29 縮尺
30 我
31 姿
32 退く
33 朗
34 操縦
35 磁針
36 宅
37 推
38 拡
39 灰
40 誌

41 担
42 警視庁
43 詞
44 革
45 射る
46 誕
47 閣
48 捨てる
49 暖かい
50 衆
51 株
52 若
53 樹
54 頂
55 呼吸
56 簡
57 就
58 討論
59 著
60 看

61 収納
62 危ない
63 敵
64 遺骨
65 机
66 従う
67 党
68 揮
69 熟
70 届く
71 貴
72 純
73 乳
74 供
75 疑う
76 処
77 厳密
78 宇宙
79 署
80 脳

漢字リレー②

81 認める
82 忠誠
83 皇后陛
84 胸
85 諸
86 拝む
87 郷
88 除く
89 肺
90 勤める
91 将
92 班
93 干潮
94 系
95 承
96 否
97 障
98 俵
99 劇
100 傷

101 卵・割る
102 己
103 尊敬
104 穴
105 券
106 蒸
107 奮う
108 激痛
109 仁
110 並ぶ
111 批
112 聖
113 暮れる
114 権
115 垂れる
116 寸
117 片
118 俳優
119 憲
120 源

121 盛る
122 補う
123 閉幕
124 穀
125 泉
126 訳
127 誤る
128 舌
129 私欲
130 訪ねる
131 困難
132 孝
133 宣
134 忘れる
135 紅
136 専
137 棒
138 存亡
139 枚
140 鋼

141 降る
142 洗う
143 絹・染める
144 盟
145 砂糖
146 刻
147 銭
148 郵
149 賃
150 秘蔵
151 乱れる
152 値段
153 巻
154 宝・探す
155 善い
156 模
157 腹
158 座

3 2 1 0 9 8 7 6 5 4
* * D C B A